21世纪保安职业技术培训系列教材

治安管理基础教程

（修订本）

谢川豫　主　编

中国商业出版社

图书在版编目（CIP）数据

治安管理基础教程/谢川豫主编．—2版（修订本）
--北京：中国商业出版社，2007.5（2021.2重印）
（保安职业技术培训系列教材）
ISBN978-7-5044-3955-0

Ⅰ．治… Ⅱ．谢… Ⅲ．治安管理—中国—技术培训—教材 Ⅳ．D631.4

中国版本图书馆 CIP 数据核字（2007）第 072671 号

责任编辑：**刘洪涛**

中国商业出版社出版发行
010-63180647　www.c-cbook.com
（100053　北京广安门内报国寺 1 号）
新 华 书 店 经 销
三河市天润建兴印务有限公司印刷
* * *
710 毫米×1000 毫米　16 开　13.75 印张　222 千字
2007 年 7 月第 2 版　2021 年 2 月第 2 次印刷
定价：36.00 元
* * * *
（如有印装质量问题可更换）

《治安管理基础教程》编写人员

主　编　谢川豫
副主编　郭正伟　李哲宇
撰稿人　谢川豫　郭正伟　李哲宇　梁桂英
　　　　张春虎　罗维雄　高　川　陈小伟
　　　　赵　东

编写人员基本情况

谢川豫　中国人民公安大学治安系治安管理教研室、法学硕士、副教授
郭正伟　河南省公安厅洛阳市公安局、政委
李哲宇　公安部宣传局新闻中心、法学博士、副教授
梁桂英　公安部管理干部学院山西分院治保系
张春虎　安徽省公安厅治安处
罗维雄　广东省公安厅珠海市公安局治安处
高　川　广东省公安厅珠海市公安局治安处
赵　东　首都机场公安分局
陈小伟　中国人民公安大学治安系96级师资班

修订说明

当 2000 年保安职业技术培训系列教材集成出版的时候，我和我的同事们就希望对这套系列丛书进行修订，以弥补我们对保安理论与实践不能同步的遗憾，或许每一次修订都会留下遗憾。

2000 年的这套书，顺应了那样的一个年代，顺应了那一阶段保安业发展的现状，可以说填补了当时保安职业技术培训系列教材的空白。从今天的保安业发展来看，我们强烈地意识到我国保安业的发展势头。2006 年 9 月 20 日，公安部副部长刘金国在 "2006 北京国际保安研讨会" 上提出 "除部分涉及枪支管理和重点要害的安全守卫以外，允许国有、控股、民营等资本开办保安服务公司。""中国保安业正处于快速发展的时期，中国愿意在平等互利，互惠双赢的基础上，依法有步骤地对外开放保安服务市场。2006 年 12 月 11 日，随着中国加入 WTO 五年过渡期的结束，保安业作为一个潜力巨大的朝阳产业，即将迎来社会化、市场化的发展方向，中国保安业发展的战略方针为："立足中国，面向世界，提高素质，争创一流，严格管理，注重效益"。据公安部三局 2006 年 9 月的统计数据，我国目前有从事安保、人保的服务企业 2300 多家，从业人数 110 多万人，从事技术防范的保安服务企业 1 万多家，从业人员 20 多万。保安产业年产值达到 400 亿人民币。我国保安业无论从人力上、技术上、资金上及综合实力上，已经具备了快速发展的基础。

回头审视 2000 年版的保安职业技术培训系列教材，其中的不足显而易见，特别是对保安业发展的新理论、新思维和新政策，是个空缺。因此，在这样的背景下，为适应我国保安业快速发展的需求，为完成保安职业技术培训的知识更新，我们对系列教材作了调整。保留了原12本教材中的八本，即：《保安学原理》《保安勤务》《国外保安业》《保安防卫技能》《保安防范技术》《保安业法律教程》《治安管理基础教程》《保安业经营管理》。从内容上看，对保安业发展中必须面对的新的理论加以补充。如补充了保安业监管、保安押运行业的发展趋势、保安业市场化、保安业并购等方面的内容。根据2000年以后我国法律制度的变化，对涉及保安业的法律、法规体系及内容作了最新的调整。同时也根据保安科技的发展，增补了保安防范技术的新内容，使这套丛书更加科学、完整和规范，更加适应现阶段保安职业培训的需求和能力的要求。

为反映此套丛书的历史原貌和演变过程，本套修订版丛书保留了原书的编写说明和序。其目的就是让作者在比较这新、旧两套丛书中，从中可以获取保安业理论和实践的发展变化，从比较中获取有益的思考。

序

由中国人民公安大学、各地公安院校和实践部门的同志共同参与编写的《保安职业技术培训教材》系列丛书，即将由中国商业出版社出版发行。这是我国保安服务业发展中的一件大事。

我国保安服务业自20世纪80年代中期创立以来，至今已有十余年的历史。据统计，全国有公安机关批准的保安服务公司1500余家，从业人员25万余人，保安服务业正在迅猛地发展。实践证明，保安服务业作为一个特殊的行业，不仅在一定程度上满足了社会各界不同层次的安全需求，有效地保证了客户的财产和人身的安全，增强了客户单位的安全防范能力，缓解了我国警力不足的矛盾；而且在强化社会治安管理、维护社会秩序、优化社会安全环境等方面，发挥了重要作用，成为协助公安机关维护社会治安的一支重要力量。由于我国的保安服务业尚处于初级发展阶段，保安服务业无论是在理论上，还是实践上与国外的保安业都存在较大的差距，因此加强保安人员培训，发展保安教育事业势在必行。目前我国的保安服务业教育培训明显滞后，尽管国内出版了许多保安服务业专著，但缺一套完善、规范、系统、科学、具有针对性的教材。

为了适应我国保安服务业的发展，满足保安服务任务和保安队伍建设的需要，构建具有中国特色的、与国际保安业接轨的保安教育体系，促进保安职业教育逐步走向正规化、制度化和现代化，我国各地的保安理论研究者和公安院校的专业教师，历时二年的时间，借鉴古今中外的保安理论的优秀成果，终于完成了这项具有开拓性的工作，可喜可贺。

该系列丛书以建设有中国特色的社会主义市场经济理论为依据，以国家法律法规和公安部的文件为基本出发点，从保安服务业发展的趋势和保安服务员的实际工作出发，总结历史和现实的经验，在吸收和借鉴国内外研究成果和资料的基础上编写完成。

本套教材，突出了职业教育的特点，力求理论性、系统性和科学性的统一，在内容上，强调实用性、普及性和专业性结合。在如何构建保安专业的学科体系结构上作了开创性的探索，在学科内容上也有所拓展，如《保安心理学》等。当然，这套教材也存在着不足。尽管如此，作为我国第一套保安职业技术培训的系列教材，它的出版将会起到抛砖引玉的作用，存在的不足和问题希望广大理论和实践部门的同志批评指正，以便进一步修改和完善。

中国保安协会副会长　韩庆章
2000 年 5 月

目 录

第一章 治安管理古述 ... 1
- 第一节 治安及治安管理概念 ... 1
- 第二节 治安管理的任务及范围 ... 6
- 第三节 治安管理的依据 ... 13
- 第四节 治安管理机构 ... 16
- 第五节 保安工作与治安管理的关系 ... 18

第二章 治安行政措施 ... 21
- 第一节 治安行政措施的性质及种类 ... 21
- 第二节 治安行政教育 ... 23
- 第三节 治安行政监督 ... 25
- 第四节 治安行政强制 ... 28
- 第五节 治安行政处罚 ... 33
- 第六节 治安紧急处置 ... 37

第三章 公共场所治安管理 ... 40
- 第一节 公共场所概述 ... 40
- 第二节 公共娱乐场所治安管理 ... 42

第四章 特种行业管理 ... 56
- 第一节 特种行业概述 ... 56
- 第二节 旅馆业治安管理 ... 62
- 第三节 其他特种行业治安管理 ... 67

第五章 危险物品管理 ... 76
第一节 危险物品概述 ... 76
第二节 枪支管理 ... 77
第三节 管制刀具管理 ... 80
第四节 爆炸物品管理 ... 81
第五节 毒害品管理 ... 91
第六节 放射性物品管理 ... 104

第六章 消防监管管理 ... 107
第一节 消防工作方针及原则 ... 107
第二节 消防监督机构及职责 ... 112
第三节 消防安全责任 ... 115

第七章 治安案件查处 ... 126
第一节 治安案件查处概述 ... 126
第二节 治安案件的管辖、受理和立案 ... 129
第三节 治安案件的调查 ... 135
第四节 治安案件的裁决 ... 139

第八章 大型群体活动治安管理 ... 146
第一节 大型群体活动的概念和分类 ... 146
第二节 群众性文化体育活动治安管理 ... 148
第三节 集会、游行、示威管理 ... 154

第九章 治安事件的预防及处置 ... 162
第一节 治安事件的概念及特征 ... 162
第二节 治安事件的成因 ... 168
第三节 治安事件的预防 ... 176
第四节 治安事件的处置 ... 179

附录 ... 187

后记 ... 208

第一章　治安管理概述

第一节 治安及治安管理概念

一、治安的含义

（一）古代"治安"的含义

在我国古代，"治"和"安"一开始是代表两个独立的字意分别使用的，含义也有所不同。据《说文解字》释义？．"治"，从水从台，象形文为治，原是一条河的名字，这条河"水出东莱曲城阳丘山南人海"，即河水顺着岸边流人大海，意味着一种动态的秩序井然，顺理流畅。"安"，《说文解字》释义："静也，从女在宀下"。"宀"，是指屋檐，有家的含义。屋檐下（即家中）有女则家中秩序安静，和谐归顺，这是一种静态的秩序井然。治和安则分虽表现出动态和静态的秩序井然、安宁、安全的状况。在古文中，"治"的含义与"乱"相对，"安"则与"危"相对。如《易·系辞下》记载的"黄帝尧舜垂衣裳而天下治"、"君子安而不忘危"就是此含义。

但现在"治安"已成为专门的词汇。二是是何时被连起来作为一个专门的词汇泥？据考证，首先将"治"与"安"连起来用的是战国时期的韩非子[①]，在《显学·第五十》中的一段叙述是迄今考证的治、安连用的开端："今上急耕

[①] 韩非子（公元前280~前233年），法家的主要代表人物，提出了以"法治"为核心的法律思想。

田垦草以厚民产也，而以上为酷；修刑重罚以为禁邪也，而以上为严；征赋钱粟以这仓库，且以救饥、备军旅也，而以上为贪；境内必知介①而无私解，并力疾斗，所以禽虏也，而以上为暴。此四者，所以治安也，而民不知悦也。"

这段叙述中讲到：国王从农业、法制、财政税收、军事四个方面来治理国家，这四个方面做好了，国家就能达到"治安"的状态了。这里，治安还只是一种状态，是一种"政治清明、国家安定"的状态。

古代"治安"作为动词，则是"治国安邦"的意思，通过治国安邦，达到"政治清明、国家安定"的状态。——这就是古代"治安"一词的含义。

(二) 对古代"治安"一词的认识

古代的治安含义与现代治安有所不同，古代讲到治安，是治理国家，统治民众，管理社会，使天下太平，国泰民安的意思。古代治国的方略也即治安方略，这是理解古代治安含义的关键。我国四大思想流派均提出了具有代表性的治安思想。

以孔子②为代表的儒家提出"以德教为主、辅之以刑"的社会治安与犯罪预防理论。主张"正名"，以法律维护等级名分；主张"以政为德"，用礼义规范约束民众，用道德教育感化民众，以维护社会秩序。以老子③为代表的道家，提出"无为"的治安思想。对统治者而言，"无为"就是减少欲望，"我无为而民自化，我好静而民自正，我无事而民自富，我无欲而民自朴。"对被统治的民众而言，"无为"就是要求人们放弃对名利的追求、争夺，则社会呈现出祥和安定。以墨子④为代表的墨家提出以"兼爱"为核心的治安思想。墨家认为，社会的动乱不安，根本原因就在于人们相互之间"不相爱"、"交相贼"。要改变这种状况，就必须使人人"兼相爱，交相利"，建立一个互爱互利的理想社会。人们不分亲疏、贵贱、贫富，一视同仁地爱所有人，这样才能消除纷争，消灭各种犯

---

① 必知介：意思是一定要经常练习、操练，而不能私自偷懒。
② 孔子（前551~前479年），姓孔，名丘，字仲尼，鲁国陬邑（今山东曲阜）人，是中国古代对后世影响深远的思想家和教育家。
③ 老子，也叫老聃，原姓李，春秋末期楚国人，道家代表人物。其主要思想收于《老子》一书。
④ 墨子，名墨翟（约前480~前400年），法家主要代表人物。

罪现象，实现社会的安定。以韩非、商鞅①等为代表的法家的治安思想，是以"法治"为核心的。然而此"法治"是强调以法治国，运用法律作统治工具，并非现代"依法治国"的法治，即主张通过法律手段，严厉打击、制裁各种侵犯及危害社会治安的行为，维护社会秩序的稳定，主张"严刑峻罚"，"以刑去刑"。法家还提出了"明法"、"壹法"等法治的具体方法。

中国封建王朝的统治者受到法家治安思想影响颇深，"严刑峻罚"、"以刑去刑"等治安思想对维护中国的封建统治起到功不可没的作用。中国古代刑民不分，军警不分，行政、司法不分，实际上并不存在独立的、系统的现代意义上的治安管理制度。直到清末民初随着近代警察制度在中国的出现，才有了近代意义警察制度下的治安管理。

（三）现代"治安"的含义

在近代社会，治安一词主要是指稳定的社会秩序和安宁的生活环境。警察制度形成以后的现代社会，治安的含义较为复杂，它既可以指国家整体上的安定状况，如"搞好社会治安，是关系人民群众生命财产安全和改革、发展、稳定的大事"就是此含义；也可以代表公民对公安机关维护公共秩序的理解，如我们常说"这个城市的治安不错"；也可以具体到公安机关的治安管理业务，如公安局下设的"治安处"、"治安科"等等。因此，**根据划分的范围不同，治安有广义和狭义之分，又有大、中、小治安之说**。

1. 治安有广义和狭义之分。广义的治安，即社会治安，是从一个国家、一个社会总体的角度上讲的，指国家通过一定的法律和行政手段，意在维护正常、安定的社会秩序。广义的治安既包括党委、政府的领导、规划和决策，又有公安机关、检察机关、审判机关、司法行政机关、安全机关和其他各有关机关、单位的共同努力与配合，还包括广大群众的关心和维护。狭义的治安则单指专门的治安管理工作，它是整个公安工作的重要组成部分，是公安机关的一项重要职能，主要包括户籍管理、公共场所管理、特种行业管理、大型活动管理、消防监督、治安案件查处、治安事件处置等具体业务工作。本课程研究的就是狭义的治安。

---

① 商鞅（约公元前390~公元前338年），战国时期著名的政治家和思想家。秦孝公六年（公元前356年）任秦左庶长，旋升大良造。公元前340年，封于商15邑，号商君，因称商鞅。秦孝公亡，商鞅遭车裂。

2. 大、中、小治安之说。当用大、中、小来区别不同意义上的治安含义时，所谓大治安，是指国家的秩序及稳定状态，实际上与古人的"政治清明、国家安定"的含义相同；所谓中治安，指的是公安机关所履行的维护社会治安的全部职能以及人民警察的保驾护航的作用；而小治安则如广义狭义说中狭义的治安一样，专门指公安机关业务分工中的治安管理工作。

二、治安管理的概念

治安管理是国家警察部门为了维护社会治安秩序，以保障社会生活的正常进行而依法从事的行政管理行为。对治安管理的概念，可以从以下几个方面来理解：

（一）治安管理是一项行政管理活动

这是治安管理的本质属性。所谓行政，是指国家机关以政府名义，依据一定的法律法规，对国家事务进行管理的一种组织活动，是国家行政权力的运用和实施。在我国，人民政府是国家的行政机关，担负着对公共事务的组织管理职责。作为国家行政机关的人民政府为了组织管理各项行政事务，相应地设置了各种行政管理机构，如国防、外交、经济、财政、文化、教育、科技、公安、安全、司法行政、工商、税务等各个部门，它们动用国家赋予的行政权力，分别管理国家各项事务。治安管理是公安行政事务的一项内容，与国家其他行政管理工作一样，依照国家法律法规，行使行政管理职权，对社会治安秩序进行管理。它与国家其他各项行政管理工作相互配合、相互促进，发挥着重要作用，并成为其他各项行政管理工作顺利开展的有力保障和强大后盾，是国家行政管理的重要组成部分。

治安管理与其他国家行政管理的关系。治安管理是国家行政管理的重要组成部分。没有治安管理，或者治安管理工作不力，国家其他行政管理就会受到影响，甚至无法进行。在一定意义上说，治安管理是其他行政管理得以正常实施的保障。同时，治安管理也不是_的，它要在各级党委和人民政府的领导下，与国家其他行政管理相互持，相互配合，协调进行。

（二）治安管理的目的是通过维护社会治安秩序，保障社会生活的正常进行

所谓秩序，就是有条理、不混乱的状况。社会秩序可以分为许多方面，如社会生产秩序，社会经济秩序，社会教育、科学研究和文化秩序，社会公共生活秩

序……等等。其中社会治安秩序是社会秩序的重要组成部分，是指符合统治阶级意志和利益并由具有社会安定和公共安全内容的法律所规范的客观状况。

社会治安秩序虽然是社会秩序的一部分，但它不是孤存在的，它与各个方面的社会秩序密切联系，并渗透于社会其他秩序当中，没有社会其他方面秩序的存在，就没有社会治安秩序的存在；而没有良好的社会治安秩序，社会其他秩序也不能正常存在和顺利发展。治安管理维护治安秩序的目的，就是为社会各方面的秩序创造安定的环境或条件，从而保障社会的发展。治安管理的范围和内容渗透到社会生活的方方面面，社会各个部门、单位、组织和每个公民，都有责任维护社会治安秩序，有义务协助、支持治安管理工作。

(三) 治安管理的实施主体是国家警察机关

国家职能只有通过一定的机关来体现，通过一定的人员来行使，才能得到实现。实施治安管理的专门机关是国家警察机关，但各国警察机关的名称不尽相同，如有的称内务部，有的称内政部，有的称警察厅，有的称社会安全部，我国是公安部。我国公安机关的职能包括治安行政执法、刑事执法和部分武装军事职能。其中的治安行政执法职能即治安管理；公安机关的刑事执法和武装军事职能，是其履行治安管理职能的后盾。因此，治安管理具有特殊强制性，这是其他一般行政管理所不具备的。

根据《中华人民共和国人民警察法》的规定，人民警察包括公安机关、国家安全机关、监狱、劳动教养管理机关的人民警察和人民法院、人民检察院的司法警察。在我国，治安管理只能由公安机关的人民警察实施。这是国家赋予公安机关的专门职能，其他任何机关、部门、单位和个人都无权取代或干涉。如保安人员、联防队员、治保会人员虽然都从事着与维护某一辖区的社会治安相关的工作，并有协助公安机关治安管理的义务，但却不能代替人民警察行使治安管理的权力。

(四) 治安管理的主要方式是依法公开管理

现代行政管理的要求和特点是依法行政，政务公开，因为治安管理是国家行政管理的一部分，由此而决定治安管理必须依法进行，公开管理。国家为了规范社会治安秩序，制定了相关的法律、法令，治安管理部门及其工作人员的职责，就是贯彻、执行或者监督、保证治安行政法律、法令的切实实施。治安管理的内容、范围、方法、手段、程序等，都要遵循相应的法律规范；没有具体法律规范的，要依据有关政策，没有具体政策的，要依据法律的精神和原则，以维护国家利益，方便人民群众生活为宗旨来办。治安管理以公开的方式进行，就是说治安管理的法律依据是公开的，治安管理的方法和手段，内容和程序是公开的，如治安管理部门公开的检查、巡逻、收缴违禁品等工作。公民还可以对公安机关的治安管理工作进行监督。治安管理"公开"的特点，区别于公安机关的刑侦工作。但是，由于治安管理的性质、内容、对象具有不同于国家其他行政管理的特殊性，所以也需采取某些必要的秘密手段，以辅助和补充公开的管理活动。

第二节　治安管理的任务及范围

由于不同国家的政治制度、政权组织形式、历史传统、法律规范等的不同，治安管理的内容和范围在不同国家和同一国家的不同时期，都不完全相同。了解我国治安管理的任务和范围，对进一步准确地理解和把握治安管理的概念有非常重要的意义。

一、治安管理的任务

治安管理的任务是治安管理职能的具体化。我国治安管理的任务，在各个不同时期，根据形势的要求，有不同的内容。在当前社会主义初级阶段，根据党的基本路线和国家经济建设的总任务，以及《人民警察法》规定的人民警察的任务，治安管理的任务可以概括为：依据治安管理法律、法规，运用行政管理手段，主要通过公开管理，预防和制止违法犯罪，保护公民合法权益，维护社会治安秩序和公共安全，保障社会主义现代化建设的顺利进行。具体地说，治安管理的主要任务可以归纳为以下四个方面：

（一）创造良好的治安环境，维护稳定的治安局面

良好的治安环境和稳定的治安局面是建立社会主义市场经济的重要前提，也是改革开放顺利进行的重要保障。创造良好的治安环境和维护治安秩序的稳定，是治安管理的首要任务和基本目标。

维护稳定的治安局面重点是要加强社会面的治安管理。社会面治安秩序是整个社会治安好坏的晴雨表，对整个社会秩序和群众安全感影响最大。要确保社会

面治安秩序的稳定，关键是要建立以动为主、动静结合、快速反应的治安调控机制，做到社会治安动态能及时掌握，突发事件能及时处置，社会面不发生大的骚乱和动荡，对复杂场所和重点地区控制得住，能堵塞那些影响社会治安稳定的重大漏洞和空隙。

加强社会面的治安管理。首先，治安部门以派出所、治安检查站等为依托，以治安巡逻为主要手段，对人口密集，社会治安情况复杂，政治、经济、文化活动频繁的地区加以严密控制，发现和处理社会面上的各种治安问题；查获现行的违法犯罪人员，追捕、堵截逃犯；协助有关部门收容乞丐、精神病人等妨碍社会治安秩序的人员，以维护社会面的治安秩序。其次，治安部门对机关、学校、厂矿、企业等单位以及街道群众性治安防范工作进行指导，贯彻执行各项治安管理法律规范，使群众自觉地用法律来规范和约束自己的行为，同违法犯罪行为作斗争。第三，治安部门对公共场所及旅馆业，印章、印刷业，废旧金属收购业，信托寄卖、典当、拍卖业，机动车修理业、报废机动车回收业等特种行业和民用危险物品等进行专业管理。强化社会面的治安控制，对维护稳定的治安局面起着重要作用。

维护稳定的治安秩序，公安机关还需依靠和组织社会各方面力量，实行社会治安综合治理。治安秩序是社会秩序的重要组成部分，社会生活的各个方面都直接或间接地影响着社会治安秩序的稳定。要维护社会治安秩序，单靠公安机关是不够的，必须要有社会各部门和各界群众的支持、配合和参与。因此，不仅要有专职协助治安管理的单位保卫人员、保安人员、居民（村民）委员会保安人员、由群众组成的联防队员等的密切配合，还要有社会各部门和各界和广大群众的配合，实行社会治安综合治理，是确保社会治安秩序稳定的基本路线和根本措施。

（二）预防、发现、控制刑事犯罪

在社会主义初级阶段，犯罪将会长期存在，在某些条件下还会激化。20世纪80年代以来，我国的刑事犯罪总体上呈增长状态。近几年来，凶杀、抢劫、爆炸、纵火、强奸、重大盗窃等重、特大刑事犯罪案件明显增加；拐卖妇女、儿童，组织卖淫、嫖娼，贩卖、吸食毒品，赌博，制作、贩卖、传播淫秽物品以及封建迷信等社会丑恶现象沉渣泛起，蔓延势猛；带有黑社会性质的有组织犯罪日益猖獗，甚至在有些地方已经形成气候；突发性的暴力犯罪和重特大治安事件时有发生。这些情况严重地影响着社会治安秩序，干扰、破坏改革开放和社会主义市场经济建设。我们与各种犯罪分子的斗争将是长期的。因此，预防、发现和控制各种犯罪活动，是治安管理的一项长期任务。

治安管理部门同各种犯罪活动作斗争的形式和手段不同于政治侦察、刑事侦察部门。治安管理部门主要是以公开的形式，依照治安行政管理的法律规范，采用行政管理的手段、方法，通过各种防范措施，以防止和减少犯罪。它侧重于对犯罪的防范工作，实行社会面的控制，堵塞犯罪渠道和防范漏洞，及早发现犯罪行为的发生，采取措施予以控制和制止。这同政治侦察、刑事侦察部门主要采用秘密斗争的形式和手段、方法是有所不同的，但是，治安管理部门同政治侦察和刑事侦察部门在工作上又是分工合作，密切配合的。

治安管理同各种犯罪分子的斗争，应本着预防为主的原则，依靠群众，依法进行。治安部门还应开展对违法青少年的帮教工作，做好青少年的犯罪预防。当前，青少年违法犯罪问题，已成为危害社会治安的一个严重的社会问题。青少年，尤其是已满14岁不满18岁的未成年人，本身具有一定的认识和控制自己行为的能力，但其身心的发展还不完全成熟，可塑性很大，容易受社会上的不良影响而走上违法犯罪的道路。做好青少年的犯罪预防工作，需要家庭、学校和全社会的共同努力，但是，治安管理部门负有特别重要的责任。开展对违法青少年的帮教工作，是治安管理的重要任务之一。治安部门应对违法青少年建立帮教小组，落实帮教措施，做好对他们的教育、挽救、感化工作，努力化消极因素为积极因素，预防和制止他们重新走上违法犯罪的道路。

预防、控制和制止违法犯罪，治安部门还应加强对被依法判处管制、剥夺政治权利、缓刑、假释、保外就医等而留在社会上监督改造的犯罪分子，进行监督和改造。以上人员是犯罪被依法判处刑罚的人，经认定其危害社会的可能性不大，对符合法定条件的，放在社会上改造，而不在监狱或其他劳动改造场所进行，但是，他们仍然存在着一种潜在的危害性，有的甚至还可能继续犯罪。因此，公安机关必须依法对这些尚未改造好的犯罪分子进行监督、考察和改造工作，而这项工作主要由治安管理部门负责实施。

(三) 预防、查处各种治安案件

由公安机关负责查处的案件主要是两类，一类是治安案件，一类是刑事案件。治安案件是由违反治安管理的行为构成的案件。各种违反治安管理行为，数量大，涉及面广，虽然它同需要追究刑事责任的犯罪行为是两类不同性质的行为，但行政违法行为与犯罪行为之间并没有不可逾越的鸿沟。违反治安管理行为不仅危害社会治安，而且极容易发展为触犯刑律的犯罪行为。它同犯罪行为一样，都是对社会治安秩序具有危害性的行为，只是危害程度不同。查处治安案件，对违反治安管理行为予以及时、正确的处罚，无论对于维护社会治安秩序，还是对于预防犯罪，都有重要意义。

预防、查处各种治安案件，治安部门一方面在要广泛地开展法制宣传教育，做好各项治安行政管理工作，加强群众性的治安联防，取缔和铲除各种易于产生违法犯罪的诱因和条件。另一方面是对已经发生的各类治安案件和违反治安管理行为，严格按照法律规定，认真开展调查，在查清案件事实真相的基础上，本着教育与处罚相结合的原则，对违反治安管理行为人依法给予处理。

(四) 预防、查处治安事件和治安灾害事故

治安事件，是指群体或个人出于某种动机、目的，在特定环境中实施危害公共安全、破坏社会秩序行为，并导致事态加剧、扩大，在客观上造成一定社会影响的事件。治安事件无论出于何种原因，都往往导致多数人卷入其中，形成群体型的集聚、聚合，并随着事态的不断发展扩大，对社会造成不同层次和多方面的危害和影响。

公安机关的治安管理部门，对于预防和处置治安事件负有重要责任。治安管理部门负有搜集社会治安信息的任务，治安部门随时关注着社会上人和事的动向，对发现的有可能引发治安事件的信息，应及时向党和政府或有关部门报告，并及早开展工作，采取预防措施，开展工作。治安部门还可依靠有关单位保卫部门、保安人员、联防队员、群众治保组织等，收集有关治安事件的情报信息，并依靠他们做好内部宣传教育工作，预防治安事件的苗头形成对社会具有危害性的治安事件的发生。对已经发生的治安事件，治安部门应采取有利于稳定群众情绪，有利于维护社会安定的措施，予以妥善处理。

治安灾害事故，是指故意或过失地违反治安管理法律、法规，造成重大人身伤亡和财产损失的事故。治安灾害事故直接危害人民生命财产安全，往往造成不特定多数人的人身伤亡或巨大的经济损失，给社会治安秩序的稳定和社会主义现

代化建设的顺利进行带来不利影响。因此，同治安灾害事故作斗争，是治安管理的又一重要任务。

预防治安灾害事故，最主要的是要对各行各业的广大职工群众进行安全防范的宣传教育工作和组织工作，使广大群众有自觉的安全意识和防范观念。同时，治安管理部门要经常督促、检查各有关单位建立健全各项安全生产、安全工作的规章制度，并督促这些制度落到实处。治安部门通过各项工作的检查，及时发现安全隐患，及时督促有关单位进行整改。特别是对于可能发生火灾、爆炸、中毒等重大事故的部位和场所，要安装安全防范技术设施，组织专门人员严密管理，尽量避免和减少事故的发生。

对已经发生的治安灾害事故，治安管理部门应立即派员赶赴现场，适时开展现场勘查和调查取证工作，查清事故发生的原因、造成事故的责任者、人身财产损失情况等，认定事故性质、区别不同情况，追究责任者的犯罪责任或违反治安管理责任，并作好有关事宜的善后处理工作。同时，治安部门应与有关部门密切配合，对现场的受伤人员进行积极的救护，并指挥人员疏散和维护事故现场的秩序。

二、治安管理的范围

治安管理的范围和内容不是一成不变的，它是随着经济、社会及科学技术的发展，特别是社会治安形势的变化和公安工作的需要，而不断发展、变化的。根据不同的标准与理论和实际工作的需要，治安管理的范围可以作不同分类。按照不同的业务进行分类，我国治安管理主要包括以下几类业务：

（一）公共场所治安管理

通常公安机关把人员多、流动性大的繁华、复杂的公共场所作为治安管理的重点，又叫做公共复杂场所。根据场所不同的性质及活动内容，公安机关又将其分为：（1）公共娱乐场所；（2）交通客运中转场所；（3）公共服务场所；（4）风景游览场所；（5）商品交易场所。公共场所治安管理的任务，主要是维护这些场所中的活动秩序，保护场所及人、财、物的安全，查处治安违法活动，处置突发性治安事件，取缔流浪乞讨、上访滋事、有伤风化、精神病人和醉酒滋事等妨碍治安秩序的行为的发生。

（二）大型群体活动治安管理

如举办群众性文化体育活动、集会、游行、示威活动，展销、展览活动，演出、比赛、庆典活动等，不仅需要事先经过公安机关治安部门的批准，而且举办单位需要采取特殊的安全保卫措施。公安机关的任务则是指导并监督安全保卫措施的落实，保障大型活动正常、安全地进行。

（三）特种行业管理

特种行业是治安管理非常重要的内容。目前，通过全国性统一法律、法规规定的特种行业范围包括：旅馆业；印章、印刷业；废旧金属收购业；信托寄卖、典当、拍卖业；机动车修理业、报废机动车回收业。公安机关对纳入治安管理范围的特种行业，实行开业审批、检查监督、变更登记、处罚、撤销等制度。目的在于通过对特种行业实行特殊的治安管理制度，便于公安机关及时发现和查控在特种行业中进行的违法犯罪活动或利用这些行业进行的违法犯罪活动，以维护社会治安秩序。

（四）违禁、危险物品管理

违禁物品，是指国家法律规定实施特别管制，禁止擅自制造、储存、买卖、运输、使用的物品。包括毒品、淫秽物品、迷信物品、危险物品，以及赃物等。

公安机关治安部门对危险物品的制造、生产、储存、运输、买卖、使用、销毁等各个环节，实施安全监督，并实行特别许可（证）制度。对危险物品的治安管理任务，主要是审批发证、监督检查、查处事故等；对其他违禁物品的治安管理，主要是查禁、取缔、收缴等。

（五）户口管理

户口管理是公安机关依法搜集、确认和提供居民的公民身份、亲属关系及法定住址等事项的行政管理。户口管理的内容包括：户口登记、户口迁移、户口调查、重点人口管理、暂住人口管理、户口统计、居民身份证的颁发和管理等。

户口管理是我国公安机关治安管理的重要组成部分，是其他治安管理的基础和依托。基层民警通过对户口管辖区居民情况的熟悉和掌握，从而掌握辖区治安情况，一向是治安管理最重要的方面。随着近些年来经济的发展，城乡之间、沿海与内陆之间、城市与城市或农村与农村之间经济、科技、人才、劳力的交流的加速，人户分离情况增多，流动人口急增，城市的暂住人口增多，甚至占到当地人口相当大的比例。与此同时，以巡逻、治安秩序的维护为基础的动态的治安管理模式，越来越体现出更加适应新时期治安形势需要的特点。但这并不是说户口管理的作用就减小了。如今，传统的户口管理模式正在逐渐被新的、更科学的户口管理模式所代替，计算机与户口管理相结合，利用计算机管理居民情况、人口资料和信息、犯罪人员资料等，并且已经或正在形成地域的、全国的联网，这不仅充实了户口管理的内容，也对户口管理提出了更新、更高的要求。户口管理仍然并将长期地成为治安管理的一个重要组成部门。

（六）消防监督检查

消防监督，即公安机关对社会消防工作实施的监督、检查、指挥、控制、协调的活动。公安机关消防监督的内容主要包括：进行消防监督检查，落实防火责任制；审核建筑工程的消防设计以及进行消防验收；确定消防重点单位并进行定期监督检查；对危险物品的消防管理和监督；监督有关单位和居民区消除火险隐患；组织和指挥火灾扑救工作，调查火灾原因和事故责任等。

（七）道路交通管理

公安机关对道路交通管理的内容，包括道路交通设施的规划设置，车辆登记检验，驾驶员考核，交通疏导和指挥，纠正交通违章行为，交通事故查处等。公安机关进行道路交通管理的目的，就是通过动用法律、工程技术、宣传教育与管理科学的理论、手段和方法，协调处理人、车、路及交通环境之间的关系，达到交通安全、畅通、低公害、低能耗的行政管理活动。

（八）出入境与外国人管理

出入境与外国人管理，在许多国家由移民局负责，我国则是公安机关的职责。它是指公安机关依法对中国公民和外国人出入中国国境及相关事务实施调节、控制的行政活动。它包括：中国人出入境管理，外国人入出境及居留、旅行管理，涉外事件查处，国籍审批等。

（九）查处治安案件、治安事件、治安灾害事故

在进行治安管理工作中，难免有违反治安管理法规、不服从治安管理的人或单位。对由违反治安管理行为构成的治安案件，治安管理部门负责受理、立案、调动和处理工作，并有权予以治安管理处罚。查处治安案件的法律依据主要是《中华人民共和国治安管理处罚法》，有关行政法规和公安部规章等。此外，治安管理部门还承担治安事件、治安灾害事故的预防、调查和处置工作。

（十）社会治安防范监督指导

社会治安防范是治安管理的重要方面。社会组织的治安保卫工作和群众性治安防范工作是国家治安管理职能的重要补充。社会治安防范监督指导的内容主要包括：指导和监督国家其他机关、社会团体、企业事业组织等单位内部和重要建设工程的治安保卫工作，指导治安保卫委员会等群众性治安自治组织开展治安防范工作，指导保安服务公民的保安业务，组织、指导犯罪预防和预防技术工作，开展治安法律宣传和安全防范知识教育等。

第三节　治安管理的依据

一、宪法

宪法是国家的根本大法，它规定了国家的性质，国家的政治、经济制度，国家机关组织与活动的基本原则等根本问题，具有最高的法律权威和最高法律效力，是制定与实施一切法律、法规，以及国家机关一切活动的依据。

治安管理法律、法规的制定与实施也不例外。我国治安管理的目的，实质上就是保卫国家人民民主专政的政治制度和社会主义市场经济制度，保护宪法规定的公民的权利和利益，保障社会主义建设的顺利进行。研究治安管理的职能、任务、治安管理机构、组织和活动的基本原则等，都离不开宪法有关理论的指导。

治安管理活动必须接受宪法的指导，不得与宪法相抵触。比如说，宪法中规定公民享有广泛的人身自由和权利，不受非法侵犯。这样，治安管理机关在调查治安案件时，应遵守有关法律对讯问时限的规定，非经法律程序，不得限制公民的人身自由。再如，宪法赋予公民集会、游行、示威的自由，凡经合法程序批准进行集会、游行、示威活动的，治安管理部门应维护集会、游行、示威活动的现场秩序，保障活动的顺利进行。

二、治安管理法律、行政法规

有关治安管理的法律及行政法规、行政规章的数量是相当多的，内容涉及治安管理的各个方面。实施治安管理的依据，主要包括以下三部分内容：

（一）与治安管理直接相关的法律

这里所说的治安管理的"法律"，是指由全国人大或全国人大常委会通过的，其效力等级低于宪法而高于行政法规的规范性法律文件。

与治安管理直接相关的法律主要是 2005 年由全国人大常委会通过、2006 年 3 月 1 日实施的《中华人民共和国治安管理处罚法》，1998 年通过的《中华人民共和国消防法》，1996 年通过的《中华人民共和国枪支法》，1996 年通过的《中华人民共和国拍卖法》，1989 年通过的《中华人民共和国集会、游行、示威法》，1985 年通过的《中华人民共和国居民身份证条例》等。其中，《治安管理处罚法》是治安管理法律体系中重要的组成部分，它不仅是治安案件查处的最主要法律依据，也是治安部门进行治安管理最直接、最得力的法律依据。但是，它并不是治安管理惟一的法律依据，运用《治安管理处罚法》时，往往要与其他法律、法规结合起来，才能准确地把握和使用。

（二）涉及治安管理的法律

有些法律，虽然不是直接规定治安管理方面的内容，但是它涉及治安管理的某些方面，公安机关在进行治安管理时，必然要用到这些法律。比如，1995 年 2 月 28 日由全国人大常委会颁布并施行的《人民警察法》，1996 年 3 月 17 日由全国人大通过、于 1996 年 10 月 1 日起施行的《行政处罚法》，1999 年 4 月 29 日由全国人大常委会通过，自 1999 年 10 月 1 日起施行的《行政复议法》，1994 年 5 月 12 日全国人大常委会通过，自 1995 年 1 月 1 日起施行的《国家赔偿法》，等等。这些法律，也是治安管理的法律依据，是治安民警应该熟悉和掌握的。

一些刑事法律也涉及治安管理方面的规定，如查处治安案件时，判定是治安案件还是刑事案件时，必须参照有关刑事法律的规定，因此，《中华人民共和国刑法》、《刑事诉讼法》，是治安管理过程中需要经常用到、治安民警必须非常熟悉的法律。此外，《全国人大常委会关于禁毒的决定》（1990 年 12 月 28 日）、《全国人大常委会关于严禁卖淫嫖娼的决定》（1991 年 9 月 4 日）等刑事法律，也都涉及相关治安案件以及治安管理处罚，因此，这些都是治安管理重要的法律依据。

（三）有关治安管理的行政法规、行政规章等

从制定法的主体来讲，行政法规是指由最高国家行政机关——国务院制定的规范性文件；行政规章是指由国务院各部委制定的规范性文件。有关治安管理的行政法规及行政规章的数量是非常多的，而且涉及治安管理的各个方面。有的涉

及治安管理的各个具体业务，如《娱乐场所管理条例》（2006年1月18日由国务院通过，2006年3月1日起实施《机动车修理业、报废机动车回收业治安管理办法》（1999年3月25日公安部发布施行），《旅馆业治安管理办法》（1987年），《废旧金属收购业治安管理办法》（1994年），《典当业治安管理办法》（1995年），《火灾事故调查规定》（1999年），《民用爆炸物品安全管理条例》（2006年），《租赁房屋治安管理规定》（1995年），《治安拘留所管理办法》（1990年），《卖淫嫖娼人员收容教育办法》（1993年）等行政法规及规章。

治安管理法律、法规的补充或解释，也是治安管理的重要法律依据。如《公安机关办理行政案件程序规定》（2006年）、《公安机关执行〈中华人民共和国治安管理处罚法〉有关问题的解释》（2006年）、《公安部关于公安机关执行〈人民警察法〉有关问题的解释》等等。

以上这些法律、法规、规章既是人们在社会生活中的行为准则，又是公安机关治安管理的法律武器。它们相互之间密切联系，有机协调，共同构成治安管理法律依据的组成部分。

三、地方性治安法规、规章、条例

地方性治安法规，是指省、自治区、直辖市的人民代表大会及其常委会，省、自治区人民政府所在地的市和国务院批准的较大的市的人民代表大会及其常委会，在不与宪法、治安行政法律、法规相抵触的前提下，所制定的关于治安管理的规范性文件。如《山东省公共场所治安管理办法》、《上海市体育活动场（馆）治安管理规定》、《上海市严禁赌博条例》、《北京市禁止赌博条例》、《北京市道路交通管理暂行规定》，等等。

地方性治安规章，是指由省、自治区、直辖市的人民政府，省、自治区人民政府所在地的市和国务院批准的较大的市的人民政府，根据治安行政法律和治安行政法规所制定的关于治安管理的规范性文件。如上海市人民政府制定的《上海市暂住人口管理规定》，《上海市对部分刀具实行管制的暂行办法》，北京市人民政府《关于收缴爆炸物品的通告》，《关于处理卖淫活动的暂行规定》，《烟花爆竹安全管理暂行规定》，等等。

地方性治安自治条例和单行条例，是民族自治地方的人民代表大会，依照宪法、民族区域自治法和其他法律规定的权限，结合当地的环境和社会治安特点，所制定的关于当地治安管理的规范性法律文件，如《新疆维吾尔自治区消防条例》。

四、党和政府的政策

治安管理的范围大，涉及面广，内容复杂，而法律和法规不可能涉及社会生活的每一方面。在法律、法规没有做出明确规定的时候，要依照党和政府的有关政策和精神进行治安管理。待这一类问题有具体的法律、法规规定的时候，再依照具体的法律、法规进行管理。

第四节　治安管理机构

治安管理机构，是国家依法设置的以维护社会治安秩序、履行行政管理职能的专门组织，是公安机关的主要业务部门。

了解公安机关的治安管理机构设置，以及不同机构的治安管理职责，对保安人员协助不同的治安管理机构进行治安管理，掌握如何与各级治安管理机构相配合，具有现实意义。

一、治安管理机构的分类

由于我国警察组织法规不健全，加之我国正处在社会转型时期，目前全国的治安管理机构不统一，名称也不一致。根据不同标准，可以作不同分类。

1. 按照行政层级，治安管理机构可以分为中央治安管理机构和地方治安管理机构；地方治安管理机构又可以分为省级治安管理机构，市、县级治安管理机构，基层治安管理机构。

2. 按照具体业务分工，治安管理机构可以分为公共治安秩序管理部门，特种行业管理部门，危险物品管理部门，户口与居民身份证管理部门，道路交通管理部门，消防监督管理部门，出入境与外国人管理部门，社会安全防范指导部门等。

3. 按照是否直接隶属政府机关或者管辖区域的不同，可以分为地方治安管理部门和专门治安管理部门。后者包括铁路治安管理部门，交通（公路、内河、海运）治安管理部门，民用航空治安管理部门，森林治安管理部门，边境治安管理部门，内陆水上（江河、湖泊）治安管理部门，等等。

二、县级以上治安管理机构及职责

县级以上治安管理机构包括中央治安管理机构，省级治安管理机构，以及市级（此处指的是除直辖市之外的地级以上市，包括计划单列市、副省级市、省会市、地级市）治安管理机构。中央治安管理机构是指国务院公安部门内设置的履行治安管理行政职能的各有关业务局，有治安管理局、交通管理局、消防局和出入境管理局，各局按照业务内容设置若干处和直接查办某些特殊治安案件的行动队。省级治安管理机构，以及地级以上的市级治安管理机构是指我国省、自治区、直辖市人民政府，或市级人民政府公安部门（厅、局）内设置的履行治安管理行政职能的有关机构，包括治安管理处（治安总队），户政处，经济文化保卫处、技术防范工作办公室，巡警总队，交通管理局（交通警察总队），消防监督处，消防总队，出入境管理处，有的地方还设有水上警察总队、旅游保卫处、外来人口管理处，等等。各处和总队再按照业务内容设置若干科（处）和直接查办某些特殊治安案件的行动队。

一般来讲，治安管理的具体业务的实施，主要是在基层治安管理机构。县级以上治安管理机构主要是起指导和领导作用，主要职责是对全国或省、自治区、直辖市所辖区治安管理业务进行指导和领导，制定或草拟全国或地方性治安管理法规草案，对重大专门治安问题进行调查和处理，指导或组织对重大治安事件、事故的处置，掌管有关治安情况的信息，指导监督对社会安全防范组织的管理，指导派出所、巡警队、防暴队、交警队、消防队的建设。

三、基层治安管理机构及职责

基层治安管理机构指的是县一级治安管理机构，包括县级市、县、市区人民政府公安部门（局、处）内设置的履行治安管理行政职能的有关机构，包括治安科（队）、户政科、经济文化保卫科、技术防范工作办公室、巡警队、交警队、消防监督科、消防队、出入境管理处（科）、外来人口管理办公室、水上警察队，以及治安拘留所、收容教育所、强制戒毒所、精神病管治院等。

基层治安管理机构是具体实施各项治安管理业务的部门，对治安管理负有最直接的义务和责任，执行绝大部分治安管理的具体工作。其主要职责是：贯彻国家及上级治安管理法律、法规，研究、制订当地具体的治安管理计划、方案，贯彻执行上级治安管理机构的工作部署并汇报情况，实施治安管理各项业务，进行各种治安问题的调查和处理，查处治安案件、事件和事故，与相邻区域开展治安管理业务协作，进行有关治安情况的统计、分析，推广、应用有关科技成果，监督指导社会安全防范组织，执行治安管理处罚和强制措施，指导公安派出所，管理巡警处、防暴队、交警队、消防队等民警队伍的建设和进行训练等。

第五节　保安工作与治安管理的关系

保安工作与治安管理的关系主要体现在以下几个方面：

一、承担所服务单位的治安职责

一般来说，各党政机关、企事业单位均设有专门的保卫部门（如保卫处、科等）负责单位内部的治安秩序，以及单位内部的防火、防盗、防事故、防破坏等工作，承担相应的治安义务和责任。对于一般的经营单位，其负责人、主管领导应负责该单位的治安保卫等工作，承担单位的治安义务和责任。但是，具体的治安保卫工作，一般由保安人员落实。因此，保安人员应了解公安机关的具体要求，应该就如何贯彻落实有关防火、防盗、防破坏、防事故的措施，以及对重点部位作守卫、安全检查等工作。

二、对公安机关治安管理负有协助义务

保安队伍是治安管理的一支重要的辅助力量。保安人员在日常工作中，最有机会发现场所或单位存在的治安隐患，他们应首先采取措施进行整改，有关部门不予整改或配合的，可以报告单位主管安全保卫工作的领导督促整改，仍不改正的，应报告治安管理部门命令其整改。这样，对治安管理部门监督和安全检查工作起到极大的帮助作用。

由于我国物力、财力的限制，在我国对外开放、对内经济搞活的转型期，我国的警力远远无法满足日益严峻的社会治安形势的需要。保安服务业的发展在没有增加国家财政负担的情况下，缓解了公安机关警力不足的困难，对维护社会治安秩序起到了重要作用。另一方面，随着改革开放和新旧体制的交替，社会生活的许多方面发生了巨大变化，治安情况变化很大，对安全防范工作提出了一些新要求，保安公司的安全服务业务不仅弥补了这一时期犯罪预防工作的空当，而且极大地满足了社会各界对安全的需求。因此，保安业已经成为公安机关打击违法犯罪和维护社会治安的一支重要辅助力量。到2005年，保安人员已超过75万人，随着时间的推移，相信这支社会治安辅助力量将会发挥越来越重要的作用。

三、搜集并向公安机关提供治安信息

保安人员的工作岗位，多是在人员众多的公共场所，或者单位的出入口或重要部位，人员、车辆进出较频繁，因而，保安人员在日常的保安服务中，能够接触到各种有关人、车、物的信息。在这些信息中，不乏有违法犯罪的信息及嫌疑情况，因此，发现和识别违法犯罪的嫌疑，以及如何控制违法犯罪嫌疑人，是对保安人员的一项基本业务要求。不仅如此，保安人员在其工作岗位上，在和众多人的接触过程中，还要注意搜集各种治安信息，并主动及时地向公安机关汇报。

四、制止和控制违法犯罪行为，为维护治安和公安机关进一步调查取证提供有利的帮助

保安人员仅仅学会发现和识别违法犯罪是远远不够的，还应学会制止和控制违法犯罪行为及违法犯罪嫌疑人的基本技能。

保安人员发现有现行违法犯罪行为的，有权予以制止，但针对不同的违法犯罪行为，应采取不同的方式予以制止或控制。例如，发现违法犯罪嫌疑人持械作案的，可立即使用保安器械予以制止，不足以制止暴力的，应立即向公安机关报案，同时召集其他保安人员或者群众对其进行围堵，伺机夺取犯罪嫌疑人所持器械或武器。若犯罪嫌疑人持有枪支或其他致命性武器难以夺取的，主要应根据地形，将犯罪嫌疑人围堵至不易逃跑的地方，待人民警察赶到现场再予以处置；如果发现有赌博、卖淫、嫖娼、吸毒或制作、传播淫秽物品活动的应立即报告公安机关，同时监视违法活动现场，以待人民警察到现场抓获现行犯罪嫌疑人，若情况紧急，也可先予制止，然后送交当地公安机关；对一般的违反治安管理行为，一般可先予制止，然后报告或送交公安机关处理。

保安人员制止和控制违法犯罪行为，不仅维护了社会治安，及时挽回了有关人身或财产的损失，而且为公安机关进一步调查取证提供了有利的帮助。

五、采取恰当措施保护案件及事故现场

案件的现场是行为人实施不法行为的客观反映，事故的现场则能客观地反映事故发生、发展的有关信息。办案人员就是要尽快地、全面地、客观地获取、分析这些信息。因此，案件或事故发生后，现场的保护情况直接关系到查破案件及

查清事故原因的进程。在大中城市，案件或事故的发生地周围，一般都有保安人员，他们往往有条件比警察更快赶到现场，因此，在警察赶到现场之前，保安人员如何正确、有效地保护现场，疏散现场滞留或围观群众，对人民警察到现场后的调查、破案、救援工作有直接的影响。

有的治安管理的法律规范中直接规定了现场人员（包括保安人员）负有组织疏散的义务。如《消防法》第三十二条第二款、第三款规定："公共场所发生火灾时，该公共场所的现场工作人员有组织、引导在场群众疏散的义务。发生火灾的单位必须立即组织力量扑救火灾。邻近单位应当给予支援。"《公共娱乐场所消防安全管理规定》第二十条也规定："公共娱乐场所应当建立全员防火安全责任制度，全体员工都应当熟知必要的消防安全知识，会报火警，会使用灭火器材，会组织人员疏散。新职工上岗前必须进行消防安全培训。"

六、宣传有关安全防范的法律知识

保安人员从事的是为单位和群众提供安全的服务，他们不仅应掌握和熟知一些基本法律及有关治安管理的法律、法规，而且还应向有关单位和群众，尤其在工作中碰到的不遵守安全规定或导致治安隐患的人/宣传有关安全防范的法律知识，使群众树立安全防范意识，配合公安机关的治安工作，争取做到少发案、少发事故，保障公共安全。这样，使得治安管理工作建立在群众知法、懂法的基础上，实现人人守法、维护法律及社会治安的美好前景就可能逐渐呈现在我们面前。

思 考 题

1. 古代治安和现代治安的含义有什么不同？
2. 治安管理的概念和特征是什么？
3. 治安管理的任务是什么？
4. 治安管理的范围有哪些？

第二章 治安行政措施

第一章我们提到，治安行政管理有其特有的任务有范围，而治安警察履行其职责，必须有其相应的权力和手段。这些权力和手段，我们称其为治安行政措施，在治安管理时使用。治安行政措施是国家通过法律所赋予的，治安警察在使用时，应严格依法使用。通过对本章的学习，我们应知道治安警察可以行使哪些治安行政措施，如何使用才是正确的，以杜绝非法行使治安行政措施及行使治安行政措施不力的情况。

第一节 治安行政措施的性质及种类

一、治安行政措施的概念及种类

治安行政措施，是法律赋予公安机关治安管理部门和人员在履行职责时可以采取的具体措施和方法，是国家赋予治安管理部门权力的具体体现。

治安行政措施有治安行政教育措施、治安行政监督措施、治安行政强制措施、治安行政处罚措施、紧急处置措施六种。

二、治安行政措施的性质

治安行政措施实际上就是治安管理措施，或曰治安管理的手段。社会治安秩序由相关法律加以规范，治安管理部门和治安民警①作为执法主体或者治安管理主体，拥有治安管理的"权力"，运用这一权力去组织、指挥、监督管理客体去遵守治安管理法律。

治安行政措施具有以下特性：

1. 权威性。治安行政措施由国家赋予，以法律形式来表现，既不是凭空而来的，也不是领导"给予"的，更不是民警随意创造的，它是通过立法的形式确定下来的。治安行政措施只能由公安机关的人民警察在治安管理过程中使用，其他任何机关、组织、单位和个人，都不能随意规定和使用治安行政措施。

治安行政措施是由国家法律、法规加以规定的，它具有权威性。这种权威性表现在它具有全国性的普遍适用性和统一性，具有一定时期内的相对稳定性，具有适用的规范性和对相同对象适用的同一性等。

2. 强制性。治安行政措施体现运用警察力量组织、管理社会治安秩序的国家意志，具有强制性。治安行政措施是由公安机关代表国家行使，是国家行政权和警察权的一部分，它不同于一般的国家行政权，而是以警察力量为后盾的，以武装强制力保障其实施的。治安行政措施是由治安警察根据情况单方面作出的，并不需要征求被适用措施人的意见，只要符合法律的要求和程序即可，而治安行政措施一经作出，被适用措施的人就必须接受，或者通过复议程序进行复议，但不得违抗。

治安行政措施体现着运用警察力 | it 的国家意志，对社会治安秩序行使组织、管理职能。社会组织和公民依法履行维护社会治安义务的行为，不是运用警察力量，不属于治安行政措施；刑事侦查、武装守卫等，虽然也是将警察力量运用于维护社会治安的行为，但不是组织、管理职能的范畴，也不属于治安行政措施。

3. 专属性。治安行政措施是治安管理部门和治安民警依法享有的"权利"，是其履行职责的保障，没有治安行政措施，治安管理部门和治安民警就无法履行维护社会治安秩序的职责，治安管理就是一句空话。治安行政措施被依法赋予治安管理部门和治安民警，就是他们专有的权利，其他国家机关、公安机关的其他

---

① 本书中的"治安民警"，是指进行治安管理的公安机关的人民警察，包括各级治安管理机构中从事治安管理工作的民警。

部门、社会组织（包括保安人员）和公民个人都无权行使，否则，不仅是无效的，而且将构成"侵权"。

治安行政措施的专属性还表现在它的适用客体的专门性、实施主体的限定性。治安行政措施是用于管理社会治安的，也只能用于管理社会治安；不能将治妄行政措施用于其他方面，更不能用于维护私利，否则，就是非法行使权力，而且同样是无效的。具有特定治安管理权限的治安管理部门和治安民警，只能在自己的权限范围内依法行使治安行政措施，不能越权行使，越权行使的治安行政措施是无效的。

第二节 治安行政教育

治安行政教育措施是指治安民警在治安管理过程中，以警察为后盾，以说服、批评、责令等方式要求管理客体改正违法行为、遵守治安管理法律、服从管理、履行治安法律义务而采取的各种措施。这里的行政教育措施不是指传授知识、培养人的教育，而是通过说服、规劝，即"用道理说服人使人照着做"（《现代汉语词典》）。教育手段也带有一定的强制性，即被教育人必须接受教育，行政教育措施被采用后，若无效则可根据情况依法采取治安管理强制措施或给予治安管理处罚。

一、劝阻和制止

劝阻、制止是治安民警对正在实施违反治安管理行为的人，以批评指正、下达口令或作出手势的方式加以规劝和干预，使之停止违法活动、恢复治安秩序所采取的措施。

违反治安管理行为被劝阻和制止后立即停止违法活动，依据《治安管理处罚法》的规定无需处罚的，治安警察不应再对其进行治安处罚；对不听劝阻、制止的，可以采取强制手段强制其停止违反治安管理的行为，或者予以治安管理处罚。例如，交通警察在路口指挥交通，这时有一位行人在红灯状态下要横穿马路，交通打手势让其停止横穿马路的行为，如果他停止了，则交警就不必要对其处罚，如果他不理睬交警的手势而继续横穿马路，这时，交警就应对其进行治安管理处罚。

劝阻和制止这一措施，体现了治安管理教育和处罚相结合、重在教育的原则。因此，人民警察在治安管理时，可以运用劝阻、制止这一措施时，应尽量运用，不要生硬地直接采取处罚措施。在劝阻和制止时，态度要严肃，但是语言要文明，以真正达到教育违反治安管理行为人的目的。

二、训诫

训诫是治安民警对违反治安管理但未达到责任年龄的人，进行严肃的批评教育，令其不再违犯而采取的谴责、告诫等措施。

受治安管理处罚的责任年龄是 14 岁，因此对不满 14 周岁违反治安管理的，治安民警不对其进行治安管理处罚，而是给予严肃的批评教育，即训诫。训诫一般在民警办公处所内进行，必要时民警可以通知其家长或学校老师到场。

三、责令改正

责令改正是治安民警在治安检查时，对发现违反治安管理法律、存在不安全隐患的居民住宅和有关单位，以口头方式限令其改正所采取的措施。

责令改正措施既可以适用于公民个人，也可以适用于公共场所、特种行业及承担防火、安全等责任的单位。适用的前提条件是这些单位或居民住宅存在不安全隐患，必须予以消除。单位或公民就某一隐患被责令改正后，应立即予以改正，如果不能马上改正，也应在民警规定的时限内改正好。治安民警对不改正或经改正仍不符合治安管理法律规定的，可以给予治安管理处罚或对单位作出（书面）限期整改的强制措施。

四、责令具结悔过

责令具结悔过是治安民警对卖淫、嫖娼情节轻微的人，以及在集会、游行、示威活动的现场因违法行为被强行带离现场后，经审查不需要追究法律责任的人，责令其作出书面保证，承认错误、表示改悔、不再违犯所采取的措施。

责令具结悔过的对象有两种：一种是卖淫、嫖娼情节轻微的人；另一种是在集会、游行、示威现场不听民警指挥、拒不离开现场、或有其他违法行为的人，被强行带离现场后，经审查没有其他违法犯罪行为并能积极承认其错误的。

责令具结悔过的目的在于教育违法行为人不再违犯。具结悔过人应以书面形式承认自己的错误，并保证今后不再违犯，治安部门则应将具结悔过书妥善归档保存。对卖淫、嫖娼活动被公安机关责令具结悔过后再犯的，公安机关可以从重处罚。

五、责令管教

责令管教是治安民警对不满14岁违反治安管理的人,责令其家长或其他监护人履行管教责任所采取的措施。

例如,有的家长或监护人不关心孩子,没有尽到应有的教育义务,致使孩子经常和社会上不良青年接触,并有打架、斗殴、偷窃或其他违法行为,对这样的家长或监护人,应对其没有管教好孩子的行为进行批评,并责令其履行管教义务,如果不满14岁的人违反治安管理造成他人损失或伤害的,其监护人应当负责赔偿损失或者负担疗伤的医疗费用。

六、责令看管和治疗

责令看管和治疗,是指治安民警为督促有违法行为的精神病人的监护人履行看管和治疗义务,所采取的批评、教育措施。

精神病人在不能辨认或者不能控制自己行为的时候,做出的违反法律、危害社会的行为,法律对其是不予处罚的。但是精神病人的监护人有对其监管的义务和责任,使其不发生危害社会的行为。因此,责令看管和治疗措施虽然是由于精神病人实施了违法行为所引起的,但却是针对其监护人的,以促使监护人履行其应尽的义务和责任。精神病人违反治安管理行为造成损失或者伤害的,其监护人还要负责赔偿损失或者负担疗伤的医疗费用。

第三节 治安行政监督

治安行政监督措施是指治安管理部门和治安民警在治安管理过程中,为了获取信息、实施控制,对治安管理客体或者专门问题进行了解、督促、观察、检验等所采取的措施。

一、安全检查

安全检查是指治安民警为了掌握治安管理客体遵守治安管理法律的情况,防范、发现违法犯罪嫌疑,对场所、人员、物品、证件进行了解、观察、审查、核实所采取的措施。

安全检查是治安民警为了进行治安监督,在日常治安管理工作中所经常用到的措施。例如对公共场所进行的安全检查；对特种行业是否落实安全防范制度以及是否有违法犯罪行为进行的安全检查；检查居民和单位的安全防范情况；检查危险物品的生产、运输、使用、购销、贮存、销毁等各个环节的安全情况；检查机动车辆的安全行驶情况等。对在安全检查中发现的问题，治安民警有权依法采取劝阻、制止、责令改正、取缔、暂扣有关证件、限期整改等措施或依法实施治安管理处罚。

二、治安调查

治安调查是治安管理部门和治安民警为了掌握社会治安情况、获取专门信息，进行专门考察、调查所采取的措施。通过治安调查，可以对一定时期，一定范围内治安方面存在的问题，发生的原因及其发展趋势，做出科学的判断和预测，从而采取有效的对策和相应的措施，克服盲目性，把握治安管理的主动权。

治安调查不同于一般的社会调查，它是公安机关了解和掌握社会治安形势，调查处理治安案件、治安事件和治安灾害事故的专门措施，也是治安管理人员必须具备的基本功。治安调查的方式主要是公开的，如户籍民警入户调查户口情况（俗语也常称为"查户口"）；交通民警对交通事故责任的调查；治安民警向治安案件的受害人或有关证人调查案情，或者通过传唤违法嫌疑人进行讯问，调查治安案件；为获取有关的治安信息开展的调查等。

治安调查可以运用统计、专题调查报告、个案调查等具体调查方法。调查结果应当形成专题报告或者相应的法律文书。

三、治安巡逻

治安巡逻是指为了防止影响、危害社会治安秩序的事件发生，由治安民警在一定区域内进行的有组织、有计划的巡行、查看活动。

巡逻是控制社会治安的一个重要手段，也是治安民警的一项基本勤务。这里的治安巡逻含义比作为一个警种的巡警巡逻的含义要广。治安巡逻是治安民警为掌握辖区治安情况而使用的经常性的、必要的工作方法，是一项经常性的工作。民警组织治安巡逻时，既可以由辖区民警进行，也可以根据情况组织联防队员、保安人员、治保积极分子在一定民警的带领下，在一定范围内进行巡逻，以便观察治安情况。

四、设卡、盘查

设卡是指治安管理部门在交通要道、复杂地区设置专门机构或人员，检查过往人员、车辆、物品，以发现违法犯罪嫌疑所采取的措施。根据所设岗卡的时间长短不同，分为固定卡（也称治安检查站）和临时卡（也称"堵截"、"守候"）。盘查是指公安机关的人民警察为维护社会治安秩序，依法对有违法犯罪嫌疑的人员进行盘问、检查的活动。

设卡和盘查是对社会治安的重要控制手段。人民警察在盘查时，可以依法询问可疑人员，并检查他们的身份证件及随身携带的物品，这是警察依法行使的一项特殊权力。除此之外，公民的身体、证件及携带物品等，不受其他人员的非法检验。保安人员在所服务的一些特殊单位履行保安义务时，往往遇到可疑人员，或者携带的可疑物品，按照单位的规定应拒绝进入或者需要查明身份或物品的，保安人员并无警察的盘查权力，但是可以根据单位的规定（此规定应不违反有关法律、法规），要求来宾出示证件或打开所携物品，或经安检仪器检查后再进入该单位。

人民警察实施盘查的对象是有违法犯罪嫌疑的或者形迹可疑的人员。这是公安民警实施盘查的正当理由和根据。

盘查，应依程序进行。对违法犯罪嫌疑人或者形迹可疑的人，当场盘查的程序如下：首先，人民警察应出示证件，表明身份，同时应指出被盘查人的嫌疑或形迹可疑之处。然后，可以要求查验其有关的身份证件，盘问其基本情况及其他可疑情况。接下来，可以要求检查其携带的物品或者驾驶的车辆，必要时，可以对被盘查人进行搜身。最后，经过盘问检查后，可能引起两种结果：一是对可以排除其违法犯罪嫌疑的，结束盘查，恢复被盘查人的正常活动；如果经当场盘问检查，不能排除其违法犯罪嫌疑的，可以依法对其采取行政强制措施——带回公安机关进行留置盘问。

五、检验和考核

检验、考核是治安管理部门及其人员为了作出许可、赋予等决定，对有关安全设施、设备和人员等进行鉴定、审核、考试、验收等所采取的措施。如对爆破员的考核，经考核合格的发给《爆破员作业证》；对机动车辆的年检，核发年检合格证；对机动车驾驶员考核合格的，发驾驶证件，并对驾驶证件进行年审；对竣工的建筑进行消防验收等。

六、技术监控

技术监控是治安管理部门为了防范违法犯罪和治安灾害事故，设置仪器设备对社会治安客体进行的技术性监督、控制措施。如在一些重点部位安装安全检测设备，防范报警设备，交通监控设备以及计算机信息系统安全监控设备等。

第四节 治安行政强制

治安行政强制措施是指治安管理部门和人员对不履行治安管理法律规定义务的公民和法人，依法运用行政权力和警察力量迫使其履行，或者为了排除妨碍治安管理的障碍，以保证治安管理的顺利进行而采取的各种手段。

根据所强制的对象或者目的不同，治安行政强制措施可以分为4种，即：对人身的强制，对财物的强制，对经营权利及有关证件的强制和对执行的强制措施。以下分别加以介绍。

一、对人身的强制措施

对人身的强制措施在法律上一般规定得比较严格，一般也只有人民警察才可以使用，而其他国家行政机关一般没有对公民人身强制的权力。治安行政管理中对人身的强制措施有以下几种：

1. 强制传唤。强制传唤是指公安机关在调查治安案件时，强行将无正当理由不接受传唤或者逃避传唤的违反治安管理的行为人，带到民警办公处所接受询问所采取的措施。治安民警在进行强制传唤时，强制的方法应以能将被传唤人传唤到公安机关为限度，不使用械具就能将被传唤人传唤到公安机关的，就不必使用械具。必要时经派出所所长以上负责人批准，可以使用械具。

2. 留置盘问。留置是指对有违法犯罪嫌疑，经当地盘查不能排除嫌疑或查清事实的人，需要继续审查的，由人民警察依法将其滞留在公安机关并限制其人身自由，以便继续审查的措施。

公安机关的人民警察对公民留置盘问必须符合以下两个条件：一是已经进行过盘问检查。二是经盘问检查发现有下列情形之一的：（1）被指控有犯罪行为的；（2）有现场作案嫌疑的；（3）有作案嫌疑身份不明的；（4）携带的物品有可能是赃物的。

留置盘问应履行有关程序。首先，应由民警填写审批表报有关负责人批准。将公民强制带入公安机关留置盘问的，应填写《继续（留置）盘问审批表》，报请派出所所长以上负责人批准。接下来，对于批准继续盘问的公安机关有权对被盘查人留置24小时以内。但是办案民警应当立即通知被留置人的家属或单位。对于不批准留置盘问的，应当立即释放被盘问人。

若案情复杂、对违法犯罪嫌疑人在24小时内不能作出处置决定的，应再填写《延长继续（留置）盘问审批表》，经县级以上公安机关批准，可以延长至48小时。

公安机关进行留置盘问应按照规定作盘问记录。非经合法程序，公安机关不得随意扣留公民，否则，构成非法拘禁。

3. 约束。约束是治安民警对醉酒的人或精神病人，在他们危害到他人安全或不能保障自身的安全时，所采取的暂时限制其人身自由的措施。

使用约束这一强制措施，一般是因以下情形：患病期间的精神病人实施了或正在实施危害公共安全或他人安全的行为的；患病期间的精神病人自身安全受到威胁或有可能受到侵害的；处于酒醉状态的人实施了违法、犯罪行为的；醉酒的人无他人陪伴或看管，自身安全没有保障的。

警察进行约束时可以使用约束带或警绳，但应注意被约束人的安全，防止对被约束人造成伤害。被约束的精神病人精神恢复正常或者醉酒的人酒醒后，约束即被解除。如果醉酒的人同时有违反治安管理行为，治安民警将其约束至酒醒后，再进行治安管理处罚；对严重危害公共安全的精神病人虽然不予处罚，但民警要责令其监护人严加看管和进行治疗。

4. 强行带离现场。强行带离现场是指人民警察强行将正在严重危害公共治安秩序或者有可以威胁公共安全的人带离现场，以作进一步处理所采取的措施。

强行带离现场的对象是严重危害社会治安秩序或者威胁公共安全的人。例如有可能威胁公共安全的，在公共场所闹事或煽动闹事的，为上访或游行示威故意堵塞交通的，非法集会、游行、示威经人民警察命令解散或强行驱散而拒不服从的。

强行带离现场的措施只是为了保障进一步调查处理的顺利进行而采取的强制

措施，这一措施并不是结果，也不是一种处罚，人民警察将以上人员强行带离现场后，经过调查，对符合治安管理处罚条件的，可以作出治安管理处罚；对构成刑事案件立案条件的，应移交刑侦部门进一步侦查；对没有造成严重危害结果，经过批评教育就可改正的，给予严厉的批评教育，并令其具结悔过后就可以解除这一措施。

5. 强行遣送。强行遣送是指对在本人居住地以外的城市发动、组织集会、游行、示威的人，强制其返回原居住地所采取的措施。运用这一措施，一般是人民警察在非法的集会、游行、示威活动现场执行任务时，发现集会、游行、示威活动是由居住在外地的人发动或组织的，则对该发动人、组织遣送原居住地；或者是在集会、游行、示威活动现场，发现有符合以上强行遣送条件的，可以采用这一措施。

执行强行遣送时，由行为地的县一级公安机关制作《强行遣送决定书》，并派人民警察执行。负责执行的人民警察将被遣送人送回其居住地后，连同《强行遣送决定书》交给被遣送人居住地公安机关，由居住地公安机关依法处理。

6. 收容教育。收容教育是指对卖淫、嫖娼人员依法处罚后，强制其在专门处所（收容教育所）接受教育矫正所采取的措施。

收容教育的对象一般是卖淫、嫖娼屡教不改的人，或者卖淫、嫖娼经检查患有性病的人。收容教育决定由县一级公安机关作出，期限为6个月至2年。收容教育并非刑事处罚措施或行政处罚措施，而是一项限制人身自由的行政强制措施，因此，治安管理处罚并不能代替收容教育，收容教育也不能免除他们应受的治安管理处罚。收容教育期间，被"收教"人要进行适当的劳动，国家按规定付给相应的报酬。收容教育并未剥夺被收教人的政治权利，他们在收容教育期间与正常公民一样享有宪法所赋予的政治权利。

7. 收容治疗。收容治疗是指对患有严重精神病或某些传染病的人，强制其在专门处所接受医治的措施。

收容治疗的对象有家庭无力监管的严重精神病人、卖淫、嫖娼染上性病的人以及麻风病人三种，对他们进行收容治疗的处所分别是精神病管治院（对外称为××市公安局安康医院）、收容教育所、麻风病院（包括专设的麻风病村）。对精神病患者的治疗和看管义务应由其家庭或其监护人承担，严重精神病患者更应当受到家庭悉心的治疗和看管。但如果家庭不履行监管义务或者确实无力尽到监管义务，而致使精神病人危害社会治安，或自身有受危害的危险，则公安机关治安管理部门有权强制精神病人到精神病管治院接受治疗和监管。我国对麻风病人也实行强制治疗的措施，一般在一些麻风病高发地区专设麻风病村，或有专门麻风病院，对麻风病患者进行治疗。性病的治疗分为两种情况，一种情况是患者因卖淫或嫖娼染上的，公安机关发现后，治安部门不仅给予卖淫、嫖娼人员治安管理处罚，而且要强制其在收容教育所治疗性病；另一种情况是患有性病的人被发现时，没有卖淫或嫖娼的违法行为，公安机关并不干预患者的治疗情况。

8. 强制戒毒。强制戒毒是指对吸毒成瘾的人强制其在专门处所（强制戒毒所）接受治疗以戒除毒瘾所采取的措施。强制戒毒同样也不具有处罚性质，治安部门对发现的吸毒成瘾人员首先进行治安管理处罚，然后采取强制戒毒措施；同时，未被公安机关发现的吸毒人员也可以自愿申请到戒毒所接受戒毒治疗。

强制戒毒决定由县级公安机关作出，期限为3个月至6个月。

二、对财物的强制措施

1. 扣押

公安机关在办理治安案件过程中，依据《治安管理处罚法》第89条第1款的规定，对与案件有关的需要作为证据的物品，可以扣押。因此，扣押必须符合下列两个条件：（1）必须是在案件调查中发现的可用以证明案件事实的物品和文件，也就是物证和书证。（2）对处于被侵害人和善意第三人控制中的合法财产，不得扣押，可以先行登记保存。需要注意的是，如果发现是违禁品，无论是否与本案有关，都应先行扣押，然后交有关部门处理。

2. 收缴

公安机关的人民警察在治安管理过程中发现以下财物，可以收缴：（1）办理治安案件所查获的违禁物品，如毒品、淫秽物品等。（2）办理治安案件所查获的赌具、赌资、吸食、注射毒品的用具。（3）其他直接用于实施违反治安管理行为的本人所有的工具，如打架斗殴中使用的工具。如果实施违反治安管理的工具是从他人处借来或者是非法取得的，应当将工具退还给其合法的所有人，不能予以收缴。

3. 追缴

追缴是指在治安管理过程中，针对违法所得，进一步追查和收缴。根据《治安管理处罚法》第 11 条第 2 款的规定，违反治安管理所得的财物，应当追缴退还被侵害人；没有被侵害人的，由公安机关详细登记造册，公开拍卖或者按照国家的有关规定处理，所得款项上缴国库。追缴的对象主要是违法所得的财物，并且这些财物是属于明确的所有人的；收缴的对象是违禁品、违反治安管理的工具，这些物品不属于被侵害人，或是无法查清所有人。追缴的财物如有所有人的，必须返还；收缴的物品一般是销毁或上缴国库。

三、对经营权及有关证件的强制措施

1. 限期整改。限期整改是指治安部门对存在安全隐患的单位发出书面通知（"整改通知书"），令其在一定期限内予以整顿、改正所采取的措施。治安部门作出限期整改的强制措施后，有关单位未整改或整改不符合要求的，治安部门可以予以停业整顿等治安管理处罚。根据现行治安管理法律规定，限期整改的部位主要有：（1）存在不安全隐患的生产、储存、销售爆炸物品的单位；（2）存在火灾隐患的生产单位（部位）；（3）容留卖淫、嫖娼的旅馆业、餐饮业、服务业、娱乐业、出租汽车业等。

2. 暂时收回许可证。暂时收回许可证是指治安管理部门对不适合继续从事公安机关所许可工作的人，暂时收回由公安机关发给的特许证件，待条件具备（恢复）后再予以发还所采取的措施。目前，可以暂时收回的许可证件的主要是《爆破员作业证》和《持枪证》。

四、对执行的强制措施

1. 强制拘留。强制拘留是指在执行治安行政拘留的过程中，对抗拒执行的违反治安管理的人，强行将其解送到治安拘留所接受处罚所采取的强制措施。《治安管理处罚法》第 103 条规定："对被决定给予行政拘留处罚的人，由作出决定的公安机关送达拘留所执行。"《公安机关办理行政案件程序规定》（2006 年）第 173 条规定："对被决定行政拘留的人，由作出决定的公安机关送拘留所执行。对抗拒执行的，可以使用约束性警械。"

2. 强制检查性病。强制检查性病是指对公安机关发现的卖淫、嫖娼人员，强令其接受性病检查的措施。经检查，确实患有性病的人要进行强制治疗。检

查、治疗的费用由本人负担。

3. 扣缴、折抵。扣缴、折抵是指对不缴纳治安管理处罚罚款的违反治安管理行为人，经加处拘留处罚（执行罚）后仍不缴纳原罚款处罚的；以及对裁决赔偿损失、负担医疗费用拒不执行的，治安管理部门强行扣押违反治安管理行为人相应的财物予以拍卖、折抵缴纳罚款数额的措施。

4. 退还、退赔。退还、退赔是指对侵犯公私财物已将所获赃物使用、变卖、销毁、转移的人，公安机关责令其限期退出、归还或者赔偿相应的物品或价款的措施。

第五节　治安行政处罚

治安行政处罚措施指的就是治安管理处罚，它是指治安管理部门及其人员，依据《治安管理处罚法》和其他有关治安行政处罚的法律规定，剥夺违反治安管理行为人的人身自由、名誉、财产或其他权利的法律制裁。它是治安管理强制措施的延续和补充，是治安管理得以顺利实施的重要保障。没有治安管理处罚措施，违法的人得不到惩戒，治安管理就难以顺利进行。

根据处罚适用对象或目的的不同，治安管理处罚措施分为一般治安行政处罚、特殊治安行政处罚和执行罚三种。

一、一般治安行政处罚

《治安管理处罚法》中规定的处罚方法有四种，即警告、罚款、行政拘留和吊销公安机关发放的许可证。其中警告、罚款和行政拘留，这三种就是我们所说的一般治安行政处罚。

1. 警告。警告是对违反治安管理行为人以书面方式作出谴责和告诫，指出其行为违法，教育行为人不得再犯的一种治安管理处罚。

警告处罚是一种申诫罚，是治安管理处罚中最轻的一种处罚，主要适用违反治安管理情节轻微的人。警告既适合于公民，也适用于法人和其他组织。它的特点在于对违反治安管理行为人实施的是精神上或者名誉、信誉等方面的惩戒，并不剥夺或限制行为人的实体权利。

但是，警告不同于一般的口头批评教育，它是一种行政法律制裁，具有法律效力，警告的执行由国家强制力加以保证。而批评教育不仅适用的范围很广，而且适用的方式也有各种各样，诸如老师对学生、领导对下级、父母对子女等各种批评教育，它们虽然也具有一定的强制性，却没有法律上的强制效力。

2. 罚款。罚款是责令违反治安管理行为人在一定期限内，向国家缴纳一定数额人民币现款的治安管理处罚。

罚款是一种财产罚，是对违法行为人在经济上给予制裁，迫使其向国家交纳一定的金钱，使其受到财产上的损失，而达到惩戒的目的。罚款并不影响违反治安管理行为人的人身自由和其他活动，又能起到惩戒作用，是治安管理处罚中适用最灵活的一种处罚方式。

罚款既适用于公民，也适用于法人和其他组织。在《治安管理处罚法》及其他有关治安管理的法律规范中，针对不同的违反治安管理行为，规定了不同的罚款数额的幅度。

治安管理处罚中的罚款与刑罚处罚中的罚金不同。一是两者性质不同，罚金是刑罚的附加刑，而罚款是一种行政处罚；二是两者的适用对象不同，罚金适用于触犯刑法构成犯罪的个人或者组织，而罚款适用于违反治安管理的个人或法人；三是两者适用的程序不同，罚金是根据刑事诉讼程序由人民法院判决的，而罚款是根据治安管理法律的规定由公安机关裁决并执行的。

治安管理处罚中的罚款也不同于民事责任中的损害赔偿。前者是公安机关代表国家对违反治安管理行为人施以剥夺金钱的行政处罚，罚款金额如数上交国家。后者是民事违法行为人对被害人遭受的经济损失所给予的赔偿，交付的钱款不需上交国家，而是给因其违法行为蒙受损失的被害人。

罚款的执行，是当场处罚的，应当场向民警缴纳人民币现款，不是当场处罚的，应当由被处罚人接到罚款裁决书之日起十五日内，到指定的银行缴纳罚款。

3. 拘留。拘留又称治安拘留、行政拘留，是指将治安违法行为人强制关押在专门处所（治安拘留所），在一定时间内剥夺其人身自由权利，促使其不再违犯治安管理处罚法。

治安拘留属于人身罚、自由罚，它只适用于自然人而不适用法人，是对自然人治安管理处罚中最严厉的一种。在行政处罚中，限制或者剥夺违法行为人的人身自由的处罚只有《治安管理处罚法》中规定的治安拘留一种，且只有公安机关可以行使，其他任何单位或个人都没有对公民处以行政拘留的权力。

治安拘留与刑事拘留和司法拘留以及其他限制人身自由的强制措施，有着重要的区别：

治安拘留与刑事拘留都由公安机关执行，但两者有着根本的区别。第一，两者性质不同。刑事拘留是一种刑事强制措施，是在紧急情况下，公安机关来不及办理逮捕手续，又必须限制其人身自由以保证侦查和讯问的顺利进行时使用的，因而在拘留到期后，被拘留人可能会受到逮捕，接受公安及司法机关的继续审查及审判；而治安拘留是一种行政处罚措施，是公安机关在查清了违反治安管理行为后作出的裁决，治安拘留到期后，治安管理处罚也执行完毕。第二，两者适用的对象不同。刑事拘留是公安机关对于罪该逮捕的现行犯或者重大嫌疑分子在法定的紧急情况下适用的；而治安拘留对违反治安管理行为人适用，是违反治安管理行为人应承担的法律责任。第三，两者适用的目的不同。对罪该逮捕的现行犯或重大嫌疑分子适用刑事拘留的目的是为了防止其逃避侦查、审判或者继续进行犯罪活动；而对违反治安管理行为人适用治安拘留的目的在于让其接受处罚；第四，执行拘留的场所不同。被刑事拘留的人收押于看守所监管；而治安拘留是在治安拘留所进行。

治安拘留与司法拘留也不同。司法拘留是人民法院对妨害民事诉讼秩序情节严重的人，在一定期间内限制其人身自由的一种强制措施。它和治安拘留有以下不同之处：一是两者的性质不同。司法拘留是一种民事强制措施，而治安拘留是一种行政处罚。二是拘留的目的不同。司法拘留是为了排除妨害，保障民事诉讼活动的顺利进行；而治安拘留是对违反治安管理行为人的处罚，是以惩罚和教育为目的的。三是适用的对象不同。司法拘留是对妨害民事诉讼情节严重，但未构成犯罪的人采取的强制措施；而治安拘留是对违反治安管理的人运用的。四是决定拘留的部门不同。司法拘留由人民法院决定；治安拘留由公安机关决定。

拘留的执行，对被决定给予行政拘留处罚的人，由作出决定的公安机关送达拘留所执行。对决定给予行政拘留处罚的人，公安机关还应当及时通知被处罚人的家属。

二、特殊的治安行政处罚

所谓特殊治安行政处罚，是指对特定的、具有特殊身份或条件的人（包括单位）有违反治安管理行为后，所采取的法律制裁措施。包括停业整顿，吊销证照，限期出境、驱逐出境等。

1. 停业整顿。停业整顿是指对存在严重不安全隐患或者经限期整改仍不符合治安管理要求的单位，令其在一定期限内停止生产、经营，以促使其认真整顿，消除不安全隐患的处罚措施。经停业整顿处罚后仍无改进的，治安部门可以进一步作出吊销证件等处罚。

2. 吊销公安机关发放的许可证。吊销公安机关发放的许可证是指公安机关对违反治安管理行为人所采取的限制或剥夺其特定行为能力的处罚，即剥夺其从事治安管理行政许可项目经营活动的权利，是一种资格罚。公安机关发放的许可证有"特种行业许可证"、"爆炸物品安全许可证"、"枪支制造、配售许可证"等。在《治安管理处罚法》中，公安机关发放的许可证主要是特种行业许可证和设立保安服务、保安培训机构许可证。

3. 吊扣驾驶证。吊扣驾驶证是指将违反交通管理情节严重的机动车驾驶员的驾驶证收回扣留，在一定期限内剥夺其驾驶机动车权利、促使其不再违犯，待期满后发还、恢复其驾驶权利而采取的措施。驾驶员在被吊扣驾驶证期间，不得驾驶机动车辆，同时应进行有关法律、法规及驾驶技术的学习。

4. 限期出境、驱逐出境。限期出境、驱逐出境都是附加适用，即都是在给予治安管理处罚之后，由公安部作出决定后执行。

三、执行罚

执行罚是指被裁决治安管理处罚的人，在裁决生效后一定期限内不履行处罚，从而构成新的违法行为，公安机关对此加以处罚，以示惩戒，并督促原处罚的执行，公安机关所施加的这种新的处罚就称为执行罚。执行罚具有处罚与强制措施的双重属性，其目的一方面在于对当事人的惩罚，另一方面在于强制其履行原来未履行的治安管理处罚裁决。执行罚的罚种又可分为罚款、拘留、吊扣驾驶证三种。

1. 罚款。执行罚的罚款，是指对违反治安管理裁定罚款处罚超过 5 日无正当理由不交纳罚款的，按超过期限每日增加罚款 1 至 5 元，以促使其缴纳原罚款金额的处罚。被处以执行罚的罚款后，并不免除原罚款金额，原罚款处罚仍应执行。

2. 拘留。执行罚的拘留，是指对违反治安管理裁定罚款处罚超过15日无正当理由拒不交纳罚款的，处15日以下拘留，以迫使其交纳原处罚款而采取的处罚方法。被拘留后，原罚款处罚仍应执行。

3. 吊扣驾驶证。执行罚的吊扣驾驶证，是指对违反交通管理受吊扣驾驶证处罚无正当理由不按规定时间交出驾驶证的，按超过期限每日增加吊扣驾驶证期限1至5日，以促使其交出驾驶证的处罚方法。

第六节　治安紧急处置

治安紧急处置措施是指治安管理部门和治安民警在执行特殊任务或遇有紧急状态时，为了排除治安障碍或者防范治安危害的发生和扩大，而依法采取的武装性强制措施。根据现行治安管理法律的有关规定，治安紧急处置措施主要有紧急征调使用、紧急排险和紧急管制三种。

一、紧急征调使用

1. 概念。紧急征调使用也简称紧急征用，指的是人民警察为了追捕罪犯，抢救公民生命，或者灭火等需要，可以征集、调用单位或个人的交通工具、通讯设备、场地、建筑物以及供水、供电、医疗设施（设备）等所采取的措施。

2. 使用条件。紧急征用措施必须是在紧急情况下才能使用，而公安机关在一般的治安管理工作中或是一般的侦察犯罪工作中，不能随意使用这项措施。被公安机关紧急征用的器械、场地等，用毕应当归还；造成损失或者损坏的，由公安机关给予一定的补偿或赔偿。

二、紧急排险

1. 概念。紧急排险是指在发生火灾的现场，为了避免更大的损失，火场指挥员决定破坏、拆除与火场相毗邻的建筑物及强制有关人员转移所采取的措施。

2. 与紧急避险的区别。紧急排险措施与刑法中的紧急避险容易发生混淆，但两者的性质根本不同。紧急避险是指公民为了使公共利益、本人或者他人的人身安全和其他权利免遭正在发生的危险不得已而采取的损害另一较小合法权益，以保护较大的合法权益的行为。紧急避险和紧急排险都是在发生某种危险的情况下使用的，但紧急避险中的危险是公共利益、本人或者他人的人身安全或其他权利面临危险的情况下使用的,而紧急排险中的危险是发生火灾的危险;紧急避险是公民可以采取的行为,而紧急排险只能是人民警察使用的;紧急避险可采取的方式很多,没有局限性,而紧急排险一般只是破坏、拆除建筑物或强制转移人员的方式;紧急避险所损害的另一利益必须比所保护的利益小,而紧急排险对所破坏、拆除或强制转移的利益没有特别的要求。

三、紧急管制

1. 概念。紧急管制是指在发生重大紧急治安事件、刑事犯罪、交通事故及举行重大活动时,治安管理部门以发布通告或临时下达命令等方式,对有关场所、道路限制通行、停留及对过往人员、车辆实施检查、盘查等而采取的措施。

2. 分类。根据管制的范围不同,紧急管制分为交通管制和现场管制。在以下情形出现时,县级以上人民政府公安机关可以决定交通管制:(1)举行重要的大型活动时;(2)在制止骚乱时;(3)戒严时。

以上情形出现时,县级以上人民政府公安机关可以决定现场管制措施,同时要报同级人民政府和上级公安机关批准后实施:(1)案件和事故的现场;(2)戒严时;(3)自然灾害救险时。

3. 具体强制方法。紧急管制措施的具体强制方法有限制通行和停留,限时离开现场,强行驱散,强行带离现场或立即拘留四种。限制通行和停留一般是针对机动车辆,但也可以限制非机动车辆及行人通行和停留;限时离开现场即要求现场人员在公安机关规定的时限内离开现场;强行驱散一般是针对在限定时限内拒不离开现场的人员所使用的,人民警察进行强行驱散时可以使用警械或非杀伤性武器;强行带离现场是针对经强行驱散仍拒不服从的人,或者在发生紧急事件的现场有违法犯罪行为的人,人民警察可以将其强行带离现场或者立即予以拘留。

思 考 题

1. 什么是治安行政措施?它可以分为哪些种类?
2. 治安行政教育措施有哪些?应如何正确使用这些措施?
3. 治安行政监督措施有哪些?人民警察应如何正确使用盘查权?

4. 根据使用的对象不同，治安行政强制措施可以分为哪几类？
5. 对人身的治安行政强制措施有哪些？分别在什么情况下才能使用？
6. 对有关财物采取强制措施时需要哪些前提？
7. 治安行政处罚措施共有哪些？
8. 强制执行有哪几种？强制执行和执行罚有什么不同？

第三章　公共场所治安管理

公共场所的范围很广，针对不同类型的公共场所，治安管理部门的治安管理措施有所不同，由于近些年来娱乐场所急剧增多，并出现一些新问题，因此本章只重点讲述公共娱乐场所的治安管理措施。

第一节　公共场所概述

一、公共场所的含义

公共场所，是指社会成员可以自由到达、停留或往来涉足，进行社会活动的场所。公安机关还常把那些人员特别集中、流动频繁、情况复杂，容易发生违法犯罪活动和治安灾害事故，可能影响治安秩序和社会安全的公共场所，称为公共复杂场所。

二、公共场所的特点

（一）分布面广，种类及数量多

这是由公共场所本身的功能所决定的。人们为满足物质与精神方面的需求而参加的政治、经济、文化以及社会服务等各类社会活动，大多是在公共场所进行的。在现代社会，公共场所的种类多、数量大、且分布面广，以满足不同人们的需要。

（二）人员构成复杂，彼此之间没有特定关系

由于这些场所往往汇集着社会各阶层的人员，且人们参与这些场所的活动都

具有临时性，因此，公共场所人员构成极为复杂，而且彼此之间没有特定关系，一些不法人员也常常混迹其中，致使公共场所的人员结构和组织状态往往处于混乱的无序状态，易为犯罪分子所利用。

（三）人、财、物聚集，流动性大

公共场所是人、财、物高度聚集的场所，是人员流动的中转站和财富、物资的集散中心。人、财、物大量汇集和流动，对发展生产、繁荣市场经济、传播文化与精神文明起着积极的作用，但也会给社会增加不安定因素，诱发一些治安问题。

（四）信息交流量大，传递速度快

人作为信息的一种载体，在公共场所高度聚集、频繁交往和流动，决定了公共场所的信息交流不仅量大，而且迅速。尤其在现代科学技术特别是电子和通讯技术高度发达的时代，信息在人们社会生活中起着越来越重要的作用。对于公安机关来说，充分利用公共场所搜集信息，积极掌握社会动态，对侦查破案、预防治安事件和采取有效措施进行治安管理都是很重要的。

（五）易于发生各种治安问题

公共场所的各类人员之间，容易产生各种矛盾、冲突和纠纷；公共场所中人员来自四面八方，一旦发生矛盾冲突，易发生连锁反应，诱发新的问题，而且影响面广，处理不当还会引起群众不满，诱发治安事件；公共场所的特殊环境容易隐藏、容纳违法犯罪分子，而场所的某些经营者，为了片面追求经济效益，常为违法犯罪提供条件；某些场所的管理者、活动的主办者违反禁令，置社会效益于不顾，片面追求经济效益，会产生治安隐患和灾害事故；公共场所人员密度高，一旦受到自然灾害袭击，容易造成重大伤亡和财产损失等。

三、公共场所治安管理的范围和任务

（一）公共场所管理的范围

由于公共场所具有易被不法分子利用进行各种违法犯罪，又易发生各类治安事件和治安灾害事故的特点，公安机关必须把它作为治安管理的重点。由公安机关实行治安管理的公共场所主要有：公共交通场所、公共娱乐场所、饮食服务场所、参观游览场所、商业贸易场所等。

（二）公共场所治安管理的任务

公安机关管理公共场所的基本任务是：配合相关部门对场所设立的申请进行

审核,对场所情况的变更进行登记备案;依法查处场所内各种违法犯罪案件、治安事件和治安灾害事故,督促指导公共场所搞好治安防范,保障场所内国家、集体和公民的财产安全和人身安全,保障公共场所的治安秩序。

公安机关管理公共场所的具体任务是:审批发证或对其变更、注销进行备案登记;指导场所及其负责人制定安全管理制度,落实安全保卫责任制;协助、督促场所维护自身秩序,预防影响秩序的行为和事件的发生;监督、检查危险物品的保管、使用和运输的安全,查禁场所内的违禁物品;对场所内有违法犯罪嫌疑的人进行依法审查;对在场所发生的突发性事件和灾害事故进行现场处置;协助有关部门查缉罪犯、堵截逃犯、侦破一般刑事案件;查处治安案件、治安事件和治安灾害事故等。

第二节 公共娱乐场所治安管理

近些年来,公共娱乐场所的发展变化非常大。在20世纪80年代初期,我国政府曾经"取缔营业性舞会、伤风败欲的舞会、公共场所自发舞会"。而今,各类歌舞厅遍布城镇的大街小巷,在人们休闲、娱乐活动中发挥着重要作用,即使在农村,娱乐场所也早已不再是新鲜事物。对娱乐场所的管理,一直是治安管理的难点和重点。如何管好娱乐场所,使娱乐场所不至于"一管就死",既而丧失其活跃经济以及丰富人们业余文化生活的功能,又不至于"一放就乱",既而滋生蔓延社会丑恶现象,阻碍社会主义精神文明建设,这不仅需要治安部门依照现有法律、法规进行管理,还需要汉字部门结合各地方实际,不断地探索和总结经验,逐步走向规范和成熟。

一、公共娱乐场所的概念、管理范围及特点

(一)公共娱乐场所的概念

根据2006年1月28日国务院通过的《娱乐场所管理条例》的规定,娱乐场所是指"以营利为目的,并向公众开放、消费者自娱自乐的歌舞、游艺等场所。"这个概念说明,纳入公安机关治安管理的娱乐场所,是经工商登记的,向公众开放的营业性场所;单位内部兴办的歌舞、游艺等娱乐活动以及向内部职工开放的非营业性的娱乐场馆,私人、家庭举办的娱乐活动,均不是我们这里所说

的治安管理的范围。

(二) 公共娱乐场所的管理范围

娱乐场所的管理范围也即是在管理中对娱乐场所进行的分类。1999年5月25日由公安部发布实行的《公共娱乐场所消防安全管理规定》，将公共娱乐场所的类别进行了细分，主要包括以下四类室内场所：

1. 演出、放映场所，如影剧院、录像厅、礼堂等；
2. 歌舞娱乐场所，如舞厅、卡拉OK厅等，以及具有娱乐功能的夜总会、音乐茶座和餐饮场所；
3. 室内游艺、游乐场所，如电子游戏厅、台球室等；
4. 营业性健身、休闲场所，如保龄球馆、旱冰场、桑拿浴室等。

进入21世纪，我国的公共娱乐场所快速发展起来，各种形式的娱乐活动也被广泛地引入到各种类型的公共场所之中，酒吧、茶吧、咖啡厅、饭店、网吧、桑拿、按摩、洗浴等场所中的娱乐活动也普遍存在。这些场所虽然也可能有专业演员的文艺演出活动，但这些演出是整个营业项目的组成部分，因此不属于公共娱乐场所管理的范畴，应当按照《营业性演出管理条例》的规定去管理。网吧则按照《互联网上网服务营业场所管理条例》进行管理。公共娱乐场所是反映我国社会主义精神文明和物质文明的重要"窗口"。

公共娱乐场所是反映我国社会主义精神文明和物质文明的重要"窗口"。它是繁荣社会主义文化的阵地，是丰富广大人民群众业余生活、进行精神享受和娱乐、休闲的场所。随着我国改革开放不断深入发展，人们的物质生活水平日益提高，公共娱乐场所发展迅猛，娱乐内容不断变化，形式不断翻新，在公共娱乐场所进行娱乐活动的人员空前增多。也正是因此，近年来公共娱乐场所呈现出新的特点，并出现许多新的治安问题，相应地，治安管理工作也应适应公共娱乐场所的发展变化，采取适当的管理措施。

(三) 公共娱乐场所的特点

1. 公共娱乐场所的数量及种类都在不断地增多。改革开放以前，我国经济比较落后，人们的业余生活非常单一，除了电影、戏剧、文艺宣传等娱乐外，营业性的公共娱乐场所几乎没有，歌舞等娱乐活动是受到政府文化部门和公安机关的严厉禁止和取缔的。1979年末在广州的东方宾馆出现的有轻音乐伴奏的音乐茶座，是全国首家具有经营性质的公共娱乐场所。随后，公共娱乐场所开始了其快速发展的历程。1985年，全国各类公共娱乐场所还不足万家，而进入到20世纪90年代以后，娱乐业的发展，不仅在数量上，而且在种类上都有了极大的变化，它已不再是单纯的唱歌、跳舞等娱乐活动，还出现了大量的电子游戏、台球等室内游艺、游乐场所，以及保龄球、桑拿浴室等休闲娱乐场所。娱乐场所也不再像以往一样仅仅集中于繁华闹市区，在市郊、县城、乡镇乃至农村都已出现了档次不一的娱乐场所。娱乐场所的种类及数量如此之多，分布面如此之广，不仅丰富了人们的业余生活，满足不同文化程度、不同欣赏水平、不同消费水平的人们的休闲娱乐需求，而且，它对拉动我国第三产业的发展，刺激消费，解决一部分人的就业问题等，都起到了积极的作用。

2. 公共娱乐场所向综合化、大型化发展。无论是传统的，还是新兴的娱乐场所，目前都正朝着集多种娱乐和其他消费于一体的方向发展，且规模越来越大。这种综合化、大型化娱乐场所的形成，弥补了单一经营的缺陷，使消费者在一个场所内就可以享受到多种娱乐服务，不但给消费者提供了方便，对经营者来说，也提高了综合效益。如有些电影院、剧场经改造，增设了录像厅、小放映厅、台球厅、小商店等，一些有条件的餐饮场所内增设了卡拉OK、歌舞表演等娱乐项目，而集娱乐、餐饮、购物、健身、桑拿为一体的综合性娱乐场所，如夜总会、俱乐部等也越来越多。娱乐场所朝着综合化、大型化发展的这种趋势，虽然符合社会发展的规律，但也给治安管理工作带来了新的问题和挑战。

3. 公共娱乐场所是社会治安问题的多发区，这些社会治安问题主要体现在以下6个方面：

（1）近年来色情活动、赌博、卖淫嫖娼等违法活动在公共娱乐场所得以滋生、蔓延。20世纪80年代的卡拉OK这种娱乐方式传入我国，西方文化及娱乐方式逐渐被接受，歌舞厅、卡拉OK厅、夜总会、康乐中心、酒吧等娱乐场所如雨后春笋般出现在城镇的街头巷尾，虽然这些娱乐场所大部分是健康的，但它们也容易被一些人利用进行色情、赌博、卖淫嫖娼等违法犯罪活动。一些经营者不按法律法规规定正当经营，如歌舞厅灯光过于黑暗，或播放不健康的音乐。甚至有的经营者以歌舞娱乐为幌子，实质上从事非法经营，如在歌舞厅、卡拉OK厅、夜总会、酒吧提供以营利为目的的色情陪侍，或直接提供卖淫嫖娼的条件，场所内设置一些赌博项目等，甚至有的地方出现了变相的红灯区、赌博城，严重影响了娱乐场所的健康发展。这种状况迫切需要管理部门予以规范和正确引导。

（2）淫秽的影像及音乐制品在一些录像厅、录影厅大肆传播，严重污染了社会主义精神文明建设。近年来，全球录像、影碟、VCD、DVD技术发展迅速，由于国外一些淫秽的录像和光盘大量走私进入我国境内，国内也有一些地下工厂盗版制作淫秽光盘，虽然公安机关一再严厉打击制作、贩卖和传播淫秽物品的活动，但流入市场的淫秽光盘仍非常之多。而各地迅速增多的录像厅、录影厅，更为传播淫秽物品在客观上提供了一定的机会和条件。一些经营者，受非法暴利的诱惑，无视国家法律，在录像厅、录影厅大肆传播淫秽的影像制品，严重污染了人们的精神生活，尤其是对青少年的健康成长极为不利。

（3）寻衅滋事、聚众斗殴的现象在娱乐场所屡禁不止。人们到娱乐场所娱乐，是为了休闲、放松和心理愉悦，在娱乐过程中产生兴奋、激动和冲动等情绪都是正常的。饮酒又通常成为娱乐时不可或缺的内容，但是，有些人在过于亢奋的情绪下，往往做出一些过激行为，有些人则是借助亢奋的情绪故意滋事。因此，公共娱乐场所的寻衅滋事、聚众斗殴行为屡禁不绝，一向是公共娱乐场所突出的治安问题。因此，公安机关除了对娱乐场所进行经常性的监督检查外，督促娱乐场所加强保安力量，搞好自身的保安工作是非常必要的。

（4）流氓滋扰、侮辱妇女的行为在公共娱乐场所不断发生，严重破坏了场所的秩序。在娱乐活动中，一些人趁人多拥挤对妇女进行流氓滋扰，也有的人依仗钱多势众，故意刁难、侮辱女服务员、女歌手，不仅危害了妇女的身心健康，而且影响了娱乐场所的正常秩序。

（5）安全防范措施不到位，治安灾害事故多发。开办娱乐场所的主要目的是盈利，但是如果忽视安全防范工作，则极有可能导致各种治安灾害事故的发生。以火灾事故为例，娱乐场所具有人员密集、易燃可燃材料多的特点，火灾危险性本身就较大。再加上一些娱乐场所经营者为了追求利润，经常超过额定人数接纳消费者；有些经营者不切实履行消防安全责任，锁闭、封堵、占用疏散通道或者安全出口，致使火灾一旦发生往往造成群死群伤。

（6）娱乐场所内聚众吸食、贩卖毒品现象严重。近年来，在娱乐场所查处的涉毒案件连年攀升，吸食新型毒品的人数迅速增长，青少年成为主要的消费群体。一些不法分子利用娱乐场所引诱、教唆他人吸食、贩卖 K 粉、摇头丸等毒品，冰毒的消费群体也在不断扩大。贩毒、吸毒者利用包厢等较为隐蔽的场所，伴随着有强烈刺激的音乐、酒水和饮料，群体吸食毒品。部分娱乐场所的经营业主、从业人员放任、纵容甚至参与场所内吸食、贩卖毒品的活动，逃避公安机关的查验，为有关部门发现和查处娱乐场所涉毒问题设置障碍。娱乐场所涉毒引发了一系列社会危害，对社会治安秩序产生了一定程度的影响。

娱乐场所的经营过程中，还存在其他一些可能导致社会治安问题的现象。如一些娱乐场所存在扰民现象，影响周边群众和其他单位的正常工作、生活。部分娱乐服务场所不认真执行保安派驻规定，私自雇用社会闲散人员充当保安来维持场内的经营秩序，发生治安问题依靠私自雇用的保安人员强行解决，使娱乐服务场所内的打架斗殴、聚众闹事的情况屡有发生，甚至充当黑恶势力的打手，严重影响了娱乐服务场所的正常经营秩序。这些治安问题，公共娱乐场所的管理部门都必须重视起来，齐抓共管。

二、娱乐场所管理法规

2006 年 1 月 18 日由国务院通过，自 2006 年 3 月 1 日起实行的《娱乐场所管理条例》，给娱乐场所治安管理提供了最有力的法律依据。此外，1999 年 5 月 25 日由公安部发布的《公共娱乐场所消防安全管理规定》，以及 1998 年 11 月 3 日公安部颁布的《公安派出所实行公共娱乐服务场所治安管理责任制暂行规定》，都是公共娱乐场所管理的依据。这些法律、法规对娱乐场所的经营主体、经营内容、经营环境、对人员的要求及治安管理义务等，以及相关的法律责任做出了详细的规定。

（一）经营主体的限制

娱乐业的经营主体，既可以是单位，也可以是公民个人，但都必须经过工商管理部门的登记和注册。根据《娱乐场所管理条例》的规定，设立娱乐场所，应当具备四个条件：一是有单位名称、住所、组织机构和章程；二是有确定的经营范围和娱乐项目；三是有与其提供的娱乐项目相适应的场地和器材设备；四是公共娱乐场所的安全、消防设施和卫生条件符合国家规定的标准。

1. 国家机关及其工作人员不得开办娱乐场所，不得参与或者变相参与娱乐场所的经营活动。与文化主管部门、公安部门的工作人员有夫妻关系、直系血亲关系、三代以内旁系血亲关系以及近姻亲关系的亲属,不得开办娱乐场所,不得参与或者变相参与娱乐场所的经营活动。国家机关及其工作人员开办娱乐场所,参与或者变相参与娱乐场所经营活动的,对直接负责的主管人员和其他直接责任人员依法给予撤职或者开除的行政处分。

文化主管部门、公安部门的工作人员明知其亲属开办娱乐场所或者发现其亲属参与、变相参与娱乐场所的经营活动,不予制止或者制止不力的,依法给予行政处分;情节严重的,依法给予撤职或者开除的行政处分。

2. 有下列情形之一的人员,不得开办娱乐场所或者在娱乐场所内从业:

(1)曾犯有组织、强迫、引诱、容留、介绍卖淫罪,制作、贩卖、传播淫秽物品罪,走私、贩卖、运输、制造毒品罪,强奸罪,强制猥亵、侮辱妇女罪,赌博罪,洗钱罪,组织、领导、参加黑社会性质组织罪的;(2)因犯罪曾被剥夺政治权利的;(3)因吸食、注射毒品曾被强制戒毒的;(4)因卖淫、嫖娼曾被处以行政拘留的。

以上四个条件是对经营娱乐场所最基本的要求。除此之外,《娱乐场所管理条例》还对经营娱乐场所的法人及其代表人,经营娱乐场所的主管人员,予以一定限制:

1. 各级人民政府文化行政主管部门、公安机关及其工作人员不得举办公共娱乐场所,并不得参与或者变相参与娱乐场所的经营活动。如果文化行政主管部门、公安机关的工作人员举办娱乐场所,参与或者变相参与娱乐场所经营活动的,由上级行政机关给予撤职或者开除的行政处分。文化行政主管部门、公安机关和其他有关行政主管部门的工作人员滥用职权、玩忽职守、徇私舞弊、参与或者包庇违法行为,构成犯罪的,依法追究刑事责任;尚不构成犯罪的,依法给予行政处分。

2. 下列人员不得担任娱乐场所经营单位的法定代表人和主管人员,并不得参与娱乐场所的经营管理活动:(1)因犯有强奸罪、强制猥亵、侮辱妇女罪,组织、强迫、引诱、容留、介绍卖淫罪,赌博罪,制作、贩卖、传播淫秽物品罪,或者走私、贩卖、运输、制造毒品罪,曾被判处有期徒刑以上刑罚的;(2)因犯罪曾被剥夺政治权利的。

3. 外商不得独资经营娱乐场所。这是因为国家禁止设立外商独资经营的娱乐场所，但是如果外商投资我国境内的娱乐业，可以采取合资或者合作经营的方式。

(二) 公共娱乐场所的经营地点

经营公共娱乐场所，需要有一定的环境。这个环境，对经营者来说，必须是适合进行娱乐活动以及便于营利的环境，一般经营者都选择繁华、热闹、人员流动多的地方设立娱乐场所；而对于管理部门来说，这个环境必须不得干扰机关、团体、单位和公民正常的生活及办公秩序，不得对公共安全形成威胁，因此，在《娱乐场所管理条例》和《公共娱乐场所消防安全管理规定》中，对公共娱乐场所的设立的外部环境及娱乐场所经营地点提出了一定要求。

(1) 居民楼、博物馆、图书馆和被核定为文物保护单位的建筑物内；(2) 居民住宅区和学校、医院、机关周围；(3) 车站、机场等人群密集的场所；(4) 建筑物地下一层以下；(5) 与危险化学品仓库毗连的区域。娱乐场所的边界噪声，应当符合国家规定的环境噪声标准。

公安及工商行政管理部门在审核娱乐场所开业条件时，要对其设立的外部环境进行考察，对不符合条件的，不发给营业执照。

(三) 娱乐场所的内部环境

国家为了防止社会丑恶现象以及其他违法犯罪活动在娱乐场所内滋生蔓延，在《娱乐场所管理条例》中规定：严禁娱乐场所经营单位及其人员组织、强迫、引诱、容留、介绍他人卖淫，开设赌场、赌局，引诱、教唆、欺骗、强迫他人吸食、注射毒品，进行封建迷信活动，贩卖、传播淫秽书刊、影片、录像带、录音带、图片及其他淫秽物品，提供以营利为目的的陪侍，或者为进入娱乐场所的人员从事上述活动提供方便和条件。

仅有以上禁止性规定并不能够当然地避免违法犯罪活动的发生，娱乐场所做好预防工作极为重要。《娱乐场所管理条例》以及《公共娱乐场所消防安全规定》对公共娱乐场所的内部环境，提出了一些较为具体的要求：

1. 歌舞娱乐场所内部要求。一是歌舞娱乐场所的包厢、包间内不得设置隔断，并应当安装展现室内整体环境的透明门窗。二是包厢、包间的门不得有内锁装置。三是歌舞娱乐场所应当按照国务院公安部门的规定在营业场所的出入口、主要通道安装闭路电视监控设备，并应当保证闭路电视监控设备在营业期间正常运行，不得中断。歌舞娱乐场所应当将闭路电视监控录像资料留存30日备查，不得删改或者挪作他用。四是营业期间，歌舞娱乐场所内亮度不得低于国家规定的标准。

2. 消防要求。娱乐场所经营单位应当加强防火措施，保证消防设施的正常使用。在设立公共娱乐场所以及场所进行施工或改建时，应当符合《公共娱乐场所消防安全管理规定》及其他消防管理法律、法规的规定，具体地说，有以下几方面的要求：（1）疏散门。公共娱乐场所的疏散门应向外开启，不得采用卷帘门、转门、吊门和侧拉门，门口不得设置门帘、屏风等影响疏散的遮挡物。（2）安全出口。公共娱乐场所的安全出口处不得设置门槛、台阶。在营业时，公共娱乐场所必须保持安全出口畅通，严禁将其上锁、阻塞；安全出口、疏散通道和楼梯口应当设置符合标准的灯光疏散指示标志；指示标志应当设在门的顶部、疏散通道和转角处距地面1米以下的墙面上；设在走道上的指示标志的间距不得大于20米。（3）地下建筑内公共娱乐场所的消防要求。地下建筑内设置公共娱乐场所，除应符合一般公共娱乐场所的要求外，还应满足以下特殊要求：只允许设在地下一层；通往地面的安全出口不应少于2个；应当设置机械防烟排烟设施；应当设置火灾自动报警系统和自动喷水灭火系统；不允许使用液化石油气。（4）其他消防要求。如公共娱乐场所内应当设置火灾事故应急照明灯，照明供电时间不得少于20分钟；不得在公共娱乐场所内存放易燃易爆物品，不得在公共娱乐场所营业时进行设备检修、电气焊、油漆粉刷等施工、维修作业；公共娱乐场所在营业时，不得超过额定人数；公共娱乐场所应当制定防火安全管理制度，制定紧急安全疏散方案；在营业时间和营业结束后，娱乐场所应当指定专人进行安全巡视检查，等等。

公安机关消防部门对公共娱乐场所是否符合有关消防规定进行审查，审查合格的，才允许其开业。开业后，娱乐场所内的消防情况主要由治安民警以及消防部门进行监督。

3. 声响要求。公共娱乐场所的边界噪声必须符合国家规定的标准[①]，声响不得过大，不得干扰场所周围的办公秩序和场所周围居民的休息。如果边界噪声超

---

① 具体标准，参照1993年1月1日起实施的《城市区域噪声标准》。

过国家规定的标准,公安机关及有关行政部门可以责令其整改,同时可提请环保行政部门予以处理①。

4. 营业时间要求。《娱乐场所管理条例》规定娱乐场所每日凌晨2时至上午8时不得营业。对娱乐场所的营业时间加以限制,主要是防止娱乐场所的喧嚣噪音、通宵经营对周围居民休息造成严重的干扰,有利于人民群众的正常生活。同时考虑到凌晨2点之后往往是黄、赌、毒违法犯罪行为和安全事故多发时段,为了防止违法犯罪和事故发生,保障消费者生命财产安全,也有必要对娱乐场所营业时间予以限止。对违反本规定的,由县级人民政府文化主管部门责令改正,给予警告;情节严重的,责令停业整顿1个月至3个月。

(四)娱乐场所的治安义务

1. 娱乐场所雇佣的从业人员必须符合法律规定的义务。娱乐场所的从业人员,是指在娱乐场所就业,为消费者提供各种合法服务的人员,包括服务员、保安人员、表演人员、音响师、调酒师、厨师、勤杂工,等等。有人将色情活动称为"色情服务",然而,所谓的"色情服务"是不被我国法律所允许的,凡是进行色情活动的人员,不是娱乐场所的合法从业人员。娱乐场所在雇佣从业人员时,必须符合法律的有关规定:(1)从业人员必须是年满16周岁的公民。娱乐场所不得雇佣不满16周岁,还没有领取居民身份证的人在娱乐场所从业,这个规定,也符合《未成年人保护法》对未成年人的保护②。(2)从业人员应当持有相应证件,以备检查。居民身份证是从业人员应当持有的最基本的证件。除此之外,外地务工人员还应当持有《暂住证》和务工证明;外国人及其他境外人员在娱乐场所就业的,还应持有《外国人就业许可证》。娱乐场所经营单位不得雇佣没有前款所列证件或者证件不齐全的人员就业。(3)娱乐场所应当配备保安人员,保安人员须经县级以上地方人民政府公安机关培训,经培训并取得资格证书的,方可上岗。条例规定,娱乐场所要配备专业的保安人员,必须与保安服务企业签订合同。(4)娱乐场所的从业人员在营业时间内,应当统一着装并佩带

---

① 1994年国家环保局对福建省"关于歌舞厅等娱乐场所噪声超标收费问题的请示"的批复中指出:歌舞厅等娱乐场所噪声超标的,环保部门应收取超标排污费。

② 《未成年保护法》第二十八条规定,任何组织和个人不得招用未满十六周岁的未成年人,国家另有规定的除外。

工作标志。

2. 不得提供以营利为目的的陪侍，或者为进入娱乐场所的人员从事上述活动提供方便和条件。娱乐场所的此项治安义务包含两层含义，一是场所本身不得提供以营利为目的的陪侍活动，如雇佣专门从事以营利为目的的陪侍活动的人员在场所内从事此项"经营"，或者为以营利为目的的陪侍人员搭桥牵线等；二是不得为进入到娱乐场所的人员从事以营利为目的的陪侍活动提供方便和条件，如帮助介绍，搭桥牵线，给予开包房的便利和条件等等。

3. 娱乐场所及其从业人员不得贩卖、提供毒品，或者组织、强迫、教唆、引诱、欺骗、容留他人吸食、注射毒品，不得为进入娱乐场所的人员实施上述行为提供条件。这项治安义务要求娱乐场所的从业人员自身不得贩卖或以其他方式为他人提供毒品，也不得为他人在娱乐场所内贩卖、吸食毒品提供条件。如为了招揽生意，娱乐场所的从业人员帮助联络购买毒品，有的在公安机关清查场所时为贩毒人员通风报信、协助吸毒人员逃离，为执法机关发现和查处娱乐场所的涉毒问题制造障碍。

4. 游艺娱乐场所中设置的电子游戏机，除国家法定节假日外，不得向未成年人提供的义务。这是为了保护未成年人健康成长而给游艺娱乐场所设定的治安义务。通常未成年人的自控能力较弱，因此单纯教育未成年人少玩电子游戏，并不能起到实质作用。因此，由法律来规定游艺娱乐场所不得向未成年人提供电子游戏机的义务，对保护未成年人的健康成长具有非常重要的意义。在国家法定节假日以外，即使是未成年人主动要求玩电子游戏机，娱乐场所也不能向其提供，否则，该娱乐场所即构成违法。游艺娱乐场所对于难以判明是否已成年的，工作人员可以要求其出示身份证件。同样，根据《中华人民共和国预防未成年人犯罪法》的规定，游艺娱乐场所也应当设置明显的未成年人禁止进入标志①，不得允许未成年人进入。

5. 娱乐场所不得提供利用电子计算机从事娱乐活动的义务。游艺娱乐场所

---

① 《中华人民共和国预防未成年人犯罪法》第三十三条规定："营业性歌舞厅以及其他未成年人不适宜进入的场所，应当设置明显的未成年人禁止进入标志，不得允许未成年人进入；营业性电子游戏场所在国家法定节假日外，不得允许未成年人进入，并应当设置明显的未成年人禁止进入标志；对于难以判明是否已成年的，上述场所的工作人员可以要求其出示身份证件。"

不得设置使用具有退币、退钢珠、退奖券等赌博功能的电子游戏机机型、机种、电路板。

6. 制止和报告违法犯罪情况的义务。娱乐场所经营单位发现进入娱乐场所的人员有法律所禁止的下列行为之一的，必须予以制止，并立即向当地公安机关报告：（1）在娱乐场所内打架斗殴、酗酒、滋事、调戏、侮辱妇女，或扰乱娱乐场所正常经营秩序的。（2）非法携带枪支、弹药、管制刀具和爆炸性、易燃性、放射性、毒害性、腐蚀性物品进入娱乐场所的。（3）进入娱乐场所的人员在娱乐场所卖淫、嫖娼、赌博、吸毒、贩卖、传播淫秽书刊、影片、录像带、录音带、图片及其他淫秽物品，从事淫秽、色情或者违背社会公德的活动和封建迷信活动，或者从事以营利为目的的陪侍活动的。

三、娱乐场所治安管理措施

（一）配合文化主管部门对娱乐场所进行开业审批，做好登记备案工作

《娱乐场所管理条例》规定娱乐场所的开业必须取得文化主管部门发放的娱乐业经营许可证，并且办理其他必须的消防、卫生、环境保护等审批手续。原先的公安机关治安审批已经被取消，但在娱乐场所的开业审批的过程中公安机关应当配合文化主管部门开展工作。娱乐场所取得营业执照后，应当在15日内向所在地县级公安部门备案。娱乐场所改建、扩建营业场所或者变更场地、主要设施设备、投资人员，或者变更娱乐经营许可证载明的事项的，应当向原发证机关申请重新核发娱乐经营许可证，并向公安部门备案。

（二）加强监督和检查

公安机关治安管理部门要经常对辖区内的娱乐场所进行监督检查。治安警察可以通过观察、检查、查阅、询问及向相关场所、单位治安保卫组织或负有责任人和工作人员进行了解，也可以适时采取突击检查方式，治安检查的内容应包括以下几个方面：

1. 对经营场所结构和布局的安全检查。检查娱乐场所内设的包间是否符合规定不设床、不加锁，包厢、包间是否安装了能够展现室内整体环境的透明门窗，检查歌舞娱乐场所的包厢、包间内是否设置隔断，包厢、包间的门是否装有内锁装置，等等。

2. 对娱乐场所进行消防安全检查。坚持消防、治安、文化、工商等有关部

门密切配合，相互协调，分工负责，实行消防安全一票否决制。各部门的发证要以消防安全为前置条件，消防安全不合格的，坚决不予以发证。治安部门在日常监督检查中，要检查消防器材是否齐全，疏散通道和安全出口畅通，不得封堵、锁闭疏散通道和安全出口，不得在疏散通道和安全出口设置栅栏等影响疏散的障碍物。娱乐场所的应疏散通道和安全出口设置明显指示标志，不得遮挡、覆盖指示标志。场所内的应急照明设备和报警系统是否按照要求安装，场所内的人员容量是否在规定的标准内。还要建立健全消防组织、制度，明确职责，落实责任，制定灭火疏散预案并组织演练，加强巡查和看护，防止遗留火种和纵火。

3. 对从业人员的检查。检查娱乐场所时，治安民警应重点检查从业人员的证件是否齐全，是否持有居民身份证；外地务工人员是否持有暂住证和务工证明；保安人员是否来自专业保安公司，娱乐场所是否和保安服务企业签订了保安服务合同。保安人员是否已经取得了经县级以上公安机关培训的资格证书；外国人及其他境外人员是否按照我国有关规定，取得外国人就业许可证书。对从业人员进行检查时，治安民警要注意发现那些没有证件或者证件不全的人在娱乐场所从业，尤其是进行以营利为目的的陪侍活动的人，应严厉查处。

4. 对娱乐场所活动内容的检查。公安人员到娱乐服务场所进行检查，还应注意发现场所内的不法活动，如发现娱乐场所内有贩卖、提供和吸食毒品，或引诱他人吸食毒品，为吸食毒品提供条件的，场所内经营活动、经营内容不健康的要及时取缔，及时责令场所进行整改。如发现打架斗殴、赌博、卖淫嫖娼等违法行为，发现娱乐场所内有色情行为，发现娱乐场所提供利用电子计算机的游戏活动，发现游艺娱乐场所使用具有退币、退钢珠、退奖券等赌博功能的电子游戏机机型、机种、电路板等活动时，要及时进行查处。

5. 不仅公安机关要监督检查公共娱乐场所的治安状况，社会群众也可以监督公共娱乐场所是否合法、正常地经营。加强群众监督工作，公安机关应调动群众监督的积极性。针对公共娱乐场所的治安情况，公安机关可以设立群众举报箱，以便群众对发现的公共娱乐场所中的治安问题及时报告公安机关，公安机关及时查实处理。

（三）加强对从业人员的管理及治安培训

加强对从业人员的管理及培训，不仅可以防止一些从业人员利用工作上的便利从事违法犯罪活动，而且通过培训，可以加强从业人员的治安意识，使我们更加方便地向他们了解场所违法犯罪信息，以预防违法犯罪行为的发生。

公安机关治安管理部门可以对辖区所有的娱乐场所的从业人员进行登记造册，以便于监督管理。通过掌握辖区娱乐场所从业人员的数量，定期以各种形式组织从业人员进行法制学习和教育，向他们宣讲当前的治安形势，提高他们守法和维护场所治安秩序的能力，以及预防、发现违法犯罪及治安灾害事故的能力，并积极主动向公安机关提供线索，敢于同一切违法犯罪行为作斗争。

（四）搜集娱乐场所的治安信息

由于娱乐场所人多、复杂，活动多样的特殊性质，在娱乐场所也可能发生各种各样的违法犯罪活动，如有的犯罪团伙选择娱乐场所进行交易和谈判，有的流氓势力在娱乐场所寻衅滋事、打架斗殴，有的不法分子专门在娱乐场所伺机盗窃、抢劫，也有的不法分子把娱乐场所作为卖淫妇女、嫖娼人员搭识的最佳场所。公安机关需要掌握这些违法犯罪活动的信息。

治安部门搜集娱乐场所治安信息的渠道可以是多样的，既可以通过正面询问向场所保安人员、服务人员、经理等了解治安信息，也可以向娱乐场所周围单位及群众进行侧面了解，既可以公开地调查了解娱乐场所的活动情况，也可以通过秘密力量了解场所的治安信息。取消公安机关对娱乐服务场所的审批后，公安机关掌握娱乐场所内治安信息出现了一定的难度。面临新的情况，治安部门应该在辖区娱乐服务场所内建立联络员和法制宣传员。联络员主要负责收集掌握娱乐服务场所内的治安情况，定期向公安机关报告，协助公安机关维护好娱乐服务场所内的治安秩序。法制宣传员主要是根据国家的法律法规，结合娱乐服务场所的实际情况，向经营者、职员和消费者开展法制宣传，教育经营者、职员、消费者遵纪守法，做到合法经营，依法行事，自觉维护场所内的治安秩序。治安部门准确掌握娱乐场所的治安信息，不仅可以及时打击发生在场所的不法行为及苗头，而且便于治安部门分析和研究场所治安问题发生的规律，有针对性地做好各种预防工作。

（五）依法查处违法犯罪案件，打击、取缔营利性陪侍活动

公安机关通过对公共服务场所经常性的检查、调查研究，对发现的违法犯罪案件及时查处，及时整顿娱乐场所存在的突出治安问题。如果现场出现严重的治

安隐患，由县级公安部门责令改正，给予警告；情节严重的，责令停业整顿。2年内被处以3次警告或者罚款又有违反本条例的行为应受行政处罚的，由县级人民政府文化主管部门、县级公安部门依据法定职权责令停业整顿3个月至6个月；2年内被2次责令停业整顿又有违反本条例的行为应受行政处罚的，由原发证机关吊销娱乐经营许可证。

公安机关严厉打击娱乐场所内贩卖、吸食、注射、提供和引诱他人吸食毒品，卖淫、嫖娼，提供或者从事以营利为目的的陪侍活动、赌博、从事邪教、迷信活动和其他违法犯罪行为。在《娱乐场所管理条例》中对娱乐场所设定了两项与此有关的义务：一是娱乐场所的从业人员不得从事上述的行为，并且娱乐场所及其从业人员不得为进入娱乐场所的人员实施上述行为提供条件；二是娱乐场所发现进入场所的人员有从事上述违法犯罪行为的，有制止和向当地公安机关报告的义务。如果娱乐场所及其从业人员实施了上述违法犯罪行为，或者为进入场所从事上述行为的人提供方便和条件，帮助他们逃避公安机关的打击，则构成违法行为。由县级公安部门没收违法所得和非法财物，责令停业整顿3个月至6个月；情节严重的，由原发证机关吊销娱乐经营许可证，对直接负责的主管人员和其他直接责任人员处1万元以上2万元以下的罚款。

打击和取缔以营利为目的的陪侍活动，公安机关还要加大力度，敢于碰硬，严肃查处党政机关干部在娱乐场所接受以营利为目的的陪侍行为，查出问题，要通知其所属单位，按照党纪、政纪进行严肃处理。

思 考 题

1. 公共娱乐场所的管理范围有哪些？
2. 娱乐场所管理的法律规范有哪些，其主要的内容包括哪几个方面？
3. 娱乐场所经营单位应承担的治安义务有哪些？
4. 娱乐场所的治安管理措施有哪些？

第四章 特种行业管理

管理特种行业是公安机关治安管理部门的一项重要职责。我国《人民警察法》第二章第六条关于人民警察的职权第6项明确规定，"公安机关的人民警察依法对法律、法规规定的特种行业进行管理"。从根本上明确了公安机关治安警察管理特种行业的法律依据。

第一节 特种行业概述

一、特种行业的概念

在众多的行业中，有一些行业容易被不法分子利用进行违法犯罪活动，比如犯罪分子利用旅馆作为落脚藏身处，在旅馆抢劫、诈骗、隐匿等；如利用废品收购站把偷来的钢筋进行销赃，进而形成盗窃、销赃"一条龙"的犯罪活动；或利用印章行业偷刻公章以伪造证件、介绍信进行诈骗活动；或利用信托寄卖行、典当行等，使偷来的录像机得以销赃；或是盗车分子把盗得的车辆经机动车修理厂的修理和改装，再以新的"形象"卖给不明真相的人等。理论和实践证明，这些行业有必要进行"特别的治安管理"，有关法律、法规将一些行业确定并命名为"特种行业"，简称"特行"或"特业"。

（一）特种行业的沿革

对于行业的管理，我国历史上很早就出现了。司马迁《史记·商君列传》中就有这样的记载："商君亡至关下，欲舍客舍。客人不知其是商君也，曰：

'商君之法，舍人无验者坐之'。"这段记载表明，中国先秦时期统治阶级已经认识到，某些行业容易被违背统治阶级意志的人利用从而破坏其统治，因而对"旅馆"进行特殊管理，可以说这是特种行业管理的较早期形态。近代警察制度出现后，清末、北洋政府和国民党政府为了强化社会治安秩序的管理，把某些行业规定为所谓的"特种营业"，进行区别于其他行业的特殊管理。如国民党政府把公共娱乐业、旅店业、无线电器材业等纳入"特种营业"管理。新中国成立后，在"稳定社会秩序"这个指导思想下，我们把旧警察机关的"特种营业"全套接收过来，并对其逐步改造，开始形成新中国的"特种行业"管理制度。

"特种行业"作为一个公开使用的公安业务术语有其演变过程。1985年公安部曾规定"特种行业的名称只在内部使用"。后来，又曾一度取消过"特种行业"的称谓。直至1995年《中华人民共和国人民警察法》实施后，特种行业作为一个公安业务专用术语在法律上被明确。自此，特种行业不再是一个限于公安机关内部使用的称谓，而是一个可以公开使用的治安管理术语。

(二) 特种行业的概念

特种行业是指工商服务业中其经营的业务容易被利用进行违法犯罪活动，国家法律、法规规定，由公安机关对其实施特殊治安管理的行业。对于这个概念，我们可以从以下四个方面来理解：

1. 特种行业必须是工商业中的部分行业。工商业是国计民生所必须的，是社会发展和经济建设不可缺少的部分。特种行业仅仅是工商业中的一小部分行业；不是所有的工商业都是特种行业，尽管有些行业同样可能被违法犯罪分子利用。

2. 特种行业必须是经营的业务易被利用进行违法犯罪活动的行业。正是由于这些行业相对其他行业而言，其经营的业务内容更容易被人利用进行违法犯罪活动，国家为了维护公共秩序、公共利益的需要，规定禁止一般人从事这些行业，只有具备一定条件和资格，并经过公安机关的审批程序，经营者才能从事这些行业的经营活动。

3. 特种行业必须是由国家法律、法规明确规定的行业。在现实生活中，某些行业也具有易被违法犯罪分子利用的特性，但法律、法规没有把它们纳入特种行业管理范围，这些行业就不是特种行为。哪些行业被确定为特种行业，必须由国家和地方政府根据当时当地的治安形势通过法律、行政法规或地方性法规加以明确规定。未经法律、法规规定，基层治安部门不得擅自将某些行业纳入特种行业管理。

4. 特种行业必须由公安机关实行特殊的治安管理制度。公安机关对特种行业实行特殊的治安管理制度，其特殊性主要表现在以下三个方面：首先，特种行业的开业审批程序较为特殊，其必须经过公安机关的批准，发给《特种行业许可证》，才能开业；其次，对特种行业的监督检查制度较为特殊，治安部门有权力对特种行业的经营内容、经营手段、及守法情况进行经常性的监督和检查；最后，对特种行业违法的处罚措施较为特殊，除了一般的治安管理处罚措施外，还可给予经营特种行业的单位吊销许可证件、停业整顿等特殊的行政处罚，除了对特种行业的直接责任人进行处罚外，还可对单位主管人员进行治安管理处罚，对特种行业单位给予高额的罚款处罚。

需要注意的是，公安机关对特种行业的管理，不是业务经营的管理，也不是上下级隶属关系的行政管理，而是特种行业在工商、税务和上级主管部门的领导管理下，同时接受公安机关的治安管理。

二、特种行业的范围

所有的行业都有可能被利用进行违法犯罪活动，但对公安机关而言，并非所有的行业都列为特种行业，哪些行业需纳入特种行业实施特殊的治安管理，必须贯彻需要与可能的原则，突出重点，以点带面。

（一）特种行业的范围

目前，我国的特种行业主要指以下行业：

1. 旅馆业；2. 印章、印刷业；3. 信托寄卖、典当、拍卖业；4. 废旧金属收购业；5. 经省级人民政府批准列管的行业。

国家法律规定，省级人民政府可以根据实际情况，通过颁布地方性法规，对一些行业进行特种行业管理。目前各地制定了一些地方性法规，将一些必要的行业划归特种行业管理。例如北京将小件寄存业、客运三轮车业纳入特种行业管理的范围；有的省把桑拿业作为特种行业进行管理，有的把出租汽车业纳入到特种行业的管理范围内等。

（二）不同的历史时期和不同性质的社会，对特种行业范围的确定有所不同

1. 不同性质的社会对特种行业管理范围的设定不同。在清末、北洋和国民

党统治时期，都把与毒品业、赌博业、娼妓业联系密切的烟馆、妓院、赌场等纳入特种营业。而在社会主义新中国上述这些行业不仅是绝对禁止的，而且是违反我国法律规定的。

2. 特种行业管理范围是国家根据不同历史时期的政治、经济状况、治安情势等决定的。新中国成立后，我国特种行业范围的变化经历了四个阶段。第一阶段是我国建国初期。根据当时的政治、经济形势和治安状况，将无线电修理业、火药制造业、硫磺制造业、公共娱乐场所等纳入特种行业，并加以重点管理。这是因为当时反革命破坏势力还没有肃清，反革命破坏活动仍然突出，因此能够给反革命破坏活动提供便利的无线电修理业、火药制造业和硫磺制造业必然要被纳入特种行业管理的范围。第二阶段是20世纪50年代末至"文革"前，根据我国当时的经济、治安情况又将修理业（包括修理自行车、钟表、照相机、电器等厂、店）和废旧物资收购业纳入特行，而不再把公共娱乐场所、火药制造业和硫磺制造业等纳入特行管理。第三阶段是"文革"期间，特种行业管理与其他公安业务工作一样长期处于无人过问状况，已基本停滞，从全国整体看，特种行业管理已消失。第四阶段是"文革"结束后，我国又根据政治、经济、治安的变化，先后多次调整了特种行业的范围，并逐渐形成现在的特种行业管理范围。

3. 特种行业的范围虽然有变化，但在一段时间内还是比较稳定的。这以旅馆业最为明显，旅馆业不仅是特种行业发展的开端，而且在各个时期都被作为特殊管理的行业。这表明某些行业在各个历史阶段，在不同性质的社会里，具有被利用进行违法犯罪活动的共性。

三、特种行业管理制度

公安机关根据不同行业的特点，制定了一整套细致严密、行之有效的规章制度。主要有：

（一）特种行业许可证制度

申请经营特种行业，除符合一般行政行可如工商、卫生、环保等许可外，还必须符合治安上的标准和要求。如经营场所和设施必须符合国家有关消防的要求，有相应的安全保卫人员和安全管理制度，业主和从业人员在治安上必须符合法定条件等。申请经营特种行业的具体程序是，首先须经所在地县级以上人民政府公安机关批准，领取《特种行业许可证》后，向工商行政管理部门申请登记，领取工商《营业执照》，方准开业。

（二）验证登记制度

验证登记，是特种行业治安管理的一项基本制度，是行业本身及公安机关发现违法犯罪活动，识别不法分子的重要手段。验证登记制度对于公安机关有效地管理特种行业，具有重要意义。验证登记手续，使不法分子不敢轻易涉足特种行业，对违法犯罪具有强大的威慑力，而对守法公民又是一种保护；通过登记验证，可以有效地预防、制止和惩治违法犯罪活动，可以帮助公安机关核查各种被通缉、通报人员。目前，在全国范围内实行特种行业管理的旅馆业、印章、印刷业、废品收购业、信托寄卖、典当、拍卖业，有关法律、法规均要求行业本身建立验证登记制度。

（三）情况报告制度

向公安机关报告情况，特种行业经营者在领取《特种行业许可证》后，取得了经营特种行业权利的同时，必须承担相应的治安义务和责任。特种行业的业主和从业人员，不仅不得危害公共安全、从事违法犯罪活动，而且必须时刻警惕，注意在日常工作中发现不法分子及其违法犯罪活动，并及时向公安机关报告，这是法律施加特种行业及其从业人员所应尽的义务。对于特种行业来说，发现违法犯罪活动不向公安机关报告或隐瞒包庇，则构成违法行为，公安机关可以对其进行处罚，而法律对其他公民、单位则没有这项要求。如当事人不愿意承担治安责任和义务，或进行违法犯罪活动，公安机关有权拒绝发给许可证件，或者扣留、吊销《特种行业许可证》。特种行业从业人员发现违法犯罪分子，公安机关通缉通报协查人员，有关违法犯罪的赃物或有赃物嫌疑的物品向公安机关报告情况时，必须迅速、及时，并要严格保密，注意不能"打草惊蛇"，或者向违法犯罪分子通风报信。

（四）公安机关开展治安检查，特利行业协助检查的制度

治安管理部门对特种行业实行特殊的治安管理，要经常对特种行业进行检查，包括定期检查、临时检查、突击检查或者秘密检查等方式。当治安部门到特种行业检查时，应当出示证件，严格依法办事，要文明礼貌待人，维护特种行业的正常经营及合法权益。特种行业工作人员和有关人员有协助检查的义务，不得无故拒绝。特种行业工作人员要对公安机关发给的协查通报如电传、通缉令、失

物单等要指定专人管理，积极协查。

（五）从业人员安全培训制度

特种行业的经营方式多样，经营内容丰富，服务对象复杂，从业人员接触社会阴暗面较多，容易受到不法分子的利诱，利用工作便利为犯罪分子提供方便，甚至与犯罪分子相互勾结共同犯罪。与其他行业相比，特种行业的从业人员最有便利发现利用行业特点进行违法犯罪的活动，他们应当具有较高的政治素质和业务素质，具有较高的警惕性和治安防范意识。治安部门要对特种行业的从业人员，尤其是在行业中接待顾客等重要部位的验证登记员、估价员和保安人员等，有针对性地进行治安保卫工作的专业训练，以提高他们的防范意识和识别违法犯罪的技能，并提高他们发现、识别、控制和向公安机关报告违法犯罪的能力。

（六）年度审验制度

公安机关对特种行业不仅平时进行定期或不定期的检查，还要进行每年一度的审验。年度审验，主要是审核特种行业许可证及有关手续、安全设施和管理制度、从业人员及治安保卫工作等情况是否合乎要求。对审验不合格的，公安机关要采取限期整改措施，对有严重违法情况或者拒不整改或经过整改仍不符合安全要求的，可以责令停业整顿，或者吊销特种行业许可证。

四、特种行业管理的法律依据

目前，关于特种行业管理的法律依据主要有：

《公安部关于改革和加强特种行业管理工作的通知》（1985年3月21日由公安部通过并发布施行）；《旅馆业治安管理办法》（1987年9月23日国务院批准，1987年11月10日公安部发布施行）；《公安部关于加强旅馆业治安管理工作的通知（1997年4月18日由公安部发布施行）；《关于国家行政机关和企业、事业单位印章的规定》（1993年4月1日国务院发布施行）；《社会团体印章管理规定》（1993年10月18日民政部、公安部发布施行）；《公安部关于加强刻字业治安管理打击伪造印章犯罪活动的通知》（1993年10月27日）；《印刷业管理条例》（1997年3月8日；新闻出版署、公安部、国家工商行政管理局、文化部、轻工业部联合印发）；《废旧金属收购业治安管理办法》（1994年1月5日经国务院批准，1994年1月25日由公安部发布施行）；《生产性废旧金属和非生产性废旧金融分类》（1994年9月24日由国内贸易部、公安部制定）；《典当业治安管理办法》(1995年5月19日由公安部通过,1995年9月15日起施行);《中华人民共和国拍卖法》(1996年7月5日第八届全国人民代表大会常务委员会第二十次会议通过,以下简称《拍卖法》)。

第二节 旅馆业治安管理

旅馆业,是指为过往旅客提供住宿条件以及其他生活、生产服务的行业。凡是经营接待旅客住宿的旅馆、饭店、宾馆、酒店、招待所、客货栈、车马店、浴池、度假村等,都是旅馆业的范畴,不论他们是国有、集体经营,还是合伙经营、个体经营、中外合资、中外合作经营,不论是专营还是兼营,不论是常年经营,还是季节性经营,都必须作为特种行业加以管理。

一、新时期旅馆业的治安特点

(一)旅馆业经营主体多样化,高、中、低档旅馆特点各有不同

随着我国改革开放的深入,市场经济体制的逐步形成,旅馆业的经营模式由原来单一的国营模式,逐步发展为个体经营、合资经营、合作经营、股份制经营等各种经营模式并存的局面。传统国营模式下的旅馆、招待所、浴池、宾馆仍然发挥着迎送旅客的作用。同时,各地都新增了许多涉外大宾馆、大饭店,这些大宾馆、大饭店往往集住宿、餐饮、娱乐、购物、商务为一体,服务项目较为丰富,消费档次较为高档,消费群主要是大型国际、国内会议代表,外国游客,国内大公司、大企业职员,政府部门官员,私企老板等;随着新开、新设的旅游景点和个体经营的增多,一些个体经营的度假村、小旅馆等也随之活跃起来,这些个体小旅馆价格往往较优惠,经营方式灵活,主要吸引着国内小旅游团体,个体经商者,外出探亲、就医、出公差人员等。这样,形成了我国目前高、中、低档旅馆并存的局面,他们各自发挥着迎送旅客、活跃经济的作用。

由于高、中、低档旅馆内部经营项目的差异,主要消费群的不同,在旅馆内容易发生的治安问题也随之有所不同。这就要求公安机关对不同档次、不同类型的旅馆,实施的具体治安管理措施也应有所不同。

（二）高、中档宾馆、饭店内又有娱乐、服务等场所，使公安机关的"公共场所管理"与"特种行业管理"相互交叉、融合

公共场所治安管理和特种行业管理是公安机关的两项不同的治安管理业务[①]，公安机关进行治安管理的具体措施也有所不同。随着越来越多的旅馆内增加了各种娱乐和服务项目，宾馆内又有公共娱乐场所和公共服务场所的现象已非常普遍，因此公安机关还要对旅馆内的娱乐、服务等场所按照公共场所治安管理办法进行管理。这在1987年的《旅馆业治安管理办法》中就已作出了规定[②]。

（三）旅馆业发生的治安问题主要来自三个方面

一方面，旅馆业经营者片面追求经济效益而导致的治安问题。例如，旅馆在手续不全或申领的证件不全的情况下非法开业，脱离了公安、工商部门的监管；旅馆业违法经营，内设赌场等国家禁止经营的项目；旅馆业内部开设娱乐场所未向公安机关报告并领取公共场所《安全合格证》（或《治安许可证》），等等。

另一方面，旅馆工作人员利用职业的便利条件进行违法犯罪活动。如旅馆工作人员利用工作上的便利为旅客提供赌博场所、赌博工具或赌资等；在旅馆内介绍、容留、组织、引诱卖淫、嫖娼活动，从中牟利等；在旅馆内播放或传播淫秽书刊、画报、录像等活动；利用旅馆作为吸毒、贩卖毒品或其他非法交易的地点；盗窃旅客财物等违法犯罪活动。

再有，由于旅客因素带来的治安问题。如有的旅客偷偷携带管制刀具，易燃、易爆等危险物品进入旅馆，或者不遵守旅馆内部安全规定，为旅馆带来不安全因素；有的旅客利用旅馆进行卖淫、嫖娼、赌博、盗窃、抢劫、诈骗等违法犯罪活动；也有被公安机关通缉、协查的犯罪嫌疑人在旅馆进行隐藏、逃避公安机关的追查。

二、旅馆业治安管理措施

旅馆业属于特种行业，统一由公安机关治安部门归口管理，其他业务部门按各自业务需要进行工作。日常监督检查要按属地管理原则，主要由派出所负责。对派出所民警要加强培训，真正做到依法管理，文明管理。

---

① 见第一章第二节"二、治安管理的范围"部分。
② 《旅馆业治安管理办法》第十条规定："在旅馆内开办舞厅、音乐茶座等娱乐、服务场所的，除执行本办法有关规定外，还应当按照国家和当地政府的有关规定管理。"

（一）进行开业审批和发证

申请开办旅馆的，首先要经上级主管部门审查批准后，凭主管部门的批准文件，向当地县一级公安机关治安部门提交书面申请，并填写开办特种行业登记表，由治安部门进行安全检查。治安部门要对拟开办旅馆的场所进行实地勘查（检查），符合安全条件的，发给《特种行业许可证》。

然后，开办旅馆申请人持《特种行业许可证》和主管部门批准文件到工商行政管理部门注册登记，领取营业执照后，方可开业经营。经批准开业的旅馆，如有停业、歇业、转业、合并、迁移、改变名称或变更登记项目、名称等情况，应当在工商行政管理部门办理变更、注销手续后3日内，向当地公安机关备案。

（二）开展治安检查

各地公安机关治安部门应按照《旅馆业治安管理办法》和有关地方法规、规章的要求，对旅馆业进行全面的治安检查。主要检查安全设施是否完备、安全措施及验证登记等管理制度是否落实。发现隐患要限期进行整改，对拒不整改或整改后仍不符合安全要求的，责令其停业整顿。对不认真履行验证登记规定的，依法予以处罚。

（三）逐步推行旅馆业住宿登记计算机管理

实行住宿登记计算机管理是预防和打击刑事犯罪的有效手段，一些地方已经应用计算机管理住宿登记，取得了较好效果。各级公安机关要督促旅馆在旅客住宿时认真查验身份证件，严防无证、假证蒙混过关。

（四）加强消防安全监督管理

旅馆的法定代表人或负责人是旅馆的消防安全第一负责人，全面负责旅馆的消防安全工作责任制。各级公安消防部门对纳入消防安全重点监督管理的旅馆，要按消防重点单位①标准检查验收；对新建、扩建、改建的旅馆要严格按照建筑防火标准审核验收，不合格的不得开业；对旅馆的建筑消防设施，要定期进行维修保养，使其完整好用；加强对旅馆的防火监督检查，对检查中发现的问题，要依法督促整改。

（五）对从业人员进行治安培训

对旅馆经营管理人员、服务人员、保安人员等从业人员要定期进行安全防范

---

① 消防重点单位：见第六章第三节"三、重点单位的消防安全责任"部分。

知识的培训。培训的内容主要是以下几个方面：有关旅馆业经营和治安管理的法律、法规、政策；安全防火知识及技能；发现和控制违法犯罪分子的经验和常识等。

（六）向旅馆通报违法犯罪嫌疑人特征等情况

公安机关把通缉令发到旅馆；把当前、当月的违法犯罪情况及时通报给旅馆，让旅馆工作人员密切注意可疑情况，并及时和公安机关联系，配合侦察破案工作。

（七）督促旅馆业建立健全内部安全防范制度

治安管理部门应监督旅馆业建立以下内容安全防范制度：

1. 旅馆业经营者治安责任制

公安机关按照"谁主管谁负责，谁经营谁负责"的原则，与旅馆经营者签订治安责任书，监督约束经营者将保障旅客生命财产安全纳入经营管理范围之中。旅馆业的治安责任人直接对旅馆的安全保卫工作负责。治安责任人应接受所在地公安机关的治安监督，履行如下职责：建立岗位安全责任制，把各项治安管理制度落实到各部门、各岗位工作人员；对本旅馆员工进行法纪教育，协助有关部门查处员工违法犯罪案件；制定查堵等应急方案，完善安全设施，改进防范措施；发生在旅馆的治安、刑事案件和治安灾害事故要及时、如实报告公安机关，并积极协助查处；掌握本旅馆治安情况，分析治安工作上存在的问题，提出改进措施。

公安机关对发生影响恶劣的刑事案件或者治安管理混乱的旅馆，应责令限期改正，或停业整顿，并可以通地新闻媒体曝光，以督促其搞好治安防范工作。

2. 设置专职保卫人员

旅馆内部应建立各项安全管理制度，设置或者指定安全保卫人员。大中型宾馆、饭店等可以雇佣专职保安人员负责旅馆内部的安全保卫工作，小型旅馆、小招待所、个体旅馆等，如果没有能力雇请保安人员的，也可以指定专人负责旅馆内部的安全保卫工作。安全保卫人员要承担起旅馆的门卫工作、内部治安巡逻、安全检查等方面的安全保卫工作。

旅馆业保安人员安全保卫工作的职责是：

（1）在发生违法犯罪活动或自然灾害时，保安应当在自己的职责范围内采取各种措施，保护旅馆和旅客合法权益免受或少受损害。

（2）接到发案的情况报告后，保安人员要迅速赶到违法犯罪的现场，疏散群众，并保护现场不受破坏，维护现场秩序，为公安机关的侦查破案提供有利条件。

（3）发现违法犯罪分子作案时，要及时抓获，扭送公安机关处置，如遇不法分子反抗，有权使用保安器械将其制伏。

（4）检查出入责任区的人员有无携带违禁物品，发现违禁物品的，应报告公安机安进行处理；对装载车辆出入大门的，有权检查装运物品与出库单据是否相符，不符的，可以暂时不许出入，并通知有关主管部门或报告公安机关。

（5）保安人员有权督促服务员在责任区内加强防盗、防火工作，经常检查消防栓、灭火器、报警装置是否完好、有效，发现隐患及时报告旅馆负责人，并协助整改。

（6）完成公安机关交给的其他任务。

3. 依法查验身份证件并进行住宿登记

旅馆业的住宿登记员应严格执行凭证登记住宿制度，在进行旅客住宿登记时，应逐项核对住宿登记表填写内容与旅客身份证件的有关内容是否一致，发现遗漏项目和潦草字迹以及填写差错，应予纠正。

登记员应认真核查旅客出示的身份证件，注意识别伪造、涂改的假证件或他人的证件。在办理旅客住宿登记、核查身份证件时注意发现公安机关通缉人员和其他可疑情况，在不惊动该嫌疑旅客的情况下，立即报告公安机关，同时应做好监控工作。

4. 财物保管制度

旅馆应设置免费的旅客财物保管箱、柜或者保管室、保险柜，并指定专人负责保管旅馆财物。服务员应要求旅客将贵重物品存放起来，对寄存的财物建立登记、领取和交接制度，做到不丢、不错、不损失、存取方便。

5. 旅客遗留物品处理制度

旅馆对旅客遗留物品，应当妥为保管，不能私自处理，应设法查找原主并予以归还，找不到原主的，可以揭示招领，3个月后无人认领的，要登记造册，并送当地公安机关按拾遗物品处理，不得私自处理。如果旅客遗留的物品是违禁物品或者可疑物品的，旅馆应当及时报告公安机关处理。

6. 情况报告制度

旅馆从业人员发现旅馆内发生违法犯罪案件或者治安灾害事故；被公安机关通缉的罪犯；形迹可疑的人员和可疑情况的，应当立即向当地公安机关报告，不得知情不报或隐瞒包庇。向公安机关报告时，应采取相应措施，对可疑人员进行严密控制，并做好应急准备，防止发生逃跑、行凶等事件。旅馆从业人员既不可打草惊蛇，更不能一推了之。

第三节　其他特种行业治安管理

一、印章、印刷业

印章业和印刷业的具体内容以及管理方法均有所不同。印章业也称为刻字业，是指使用机械、手工工艺或其他技术，对外经营刻制各种公章、戳记、钢印、名章等的行业，既包括大中型刻字厂，也包括小型刻字店、刻字摊等；凡是以营利为目的的专营或兼营排版、制版、装订、印刷、复印、影印、油印、誊写、打印等业务的单位或个人，都属于印刷业，列入特种行业纳入公安机关的治安管理的范围。

（一）关于印章及印章业的规定

1. 印章

印章是有关身份、权威的标记和凭证。尤其是公章（如财务章、供销专用章、合同章等），是各单位处理各项业务、对外进行业务联系的凭证，是一些文件、合同、协议等是否有效的权威性证明。党、政、军机关等重要单位的公章，在某种程度上体现着国家的权威，代表着国家的意志，是国家行政管理等政治生活不可缺少的重要组成部分。但是犯罪分子一旦假造某种印章及证明文件，便可以掩盖其身份，骗取人们信任，从事诈骗等违法犯罪活动就更加方便。为了防止印章业被不法分子利用来非法刻制公章，公安机关必须把印章业作为特种行业管理。

公安机关对印章业的管理，主要集中在对印章业承制公章的管理上。这里所说的公章，是指除了个人名章、通用章之外的单位用印章、钢印等，包括：各级党、政、军机关、民主党派、社会团体、企业事业单位,以及这些单位下属各部门的印章;各种机关、单位的钢印;合同、财务专用章。

行政机关、社会团体、企事业单位的印章规格、式样等,都由国务院或公安部及相关部委做出具体的、统一的规定。如 1993 年 4 月 1 日国务院发布施行《关于国家行政机关和企业、事业单位印章的规定》,1993 年 10 月 18 日民政部、公安部发布施行《社会团体印章管理规定》等①。

2. 印章业

凡经营刻字业务的单位和个人须经所在地县、市(区)以上公安机关审查同意,申请经营原子印章的,还须经所在地省、自治区、直辖市公安厅、局审查批准,向工商行政管理部门申请登记,领取营业执照后,方准开业。个体刻字人员只能承接刻制个人名章或者艺术工艺章、单字章、扁章等,而不能承制公章。

经营印章业需有固定经营场所。公安机关禁止印章经营者在公共场所摆摊经营刻字业务,个体刻字人员须在当地公安机关指定的地点经营刻字业务。

(二)印章业内部安全防范制度

1. 验证制度

印章业承制公章,必须查验委托人是否持有公安机关出具的准予刻制证明材

---

① 《关于国家行政机关和企业、事业单位印章的规定》和《社会团体印章管理规定》中对有关单位的印章确定的具体标准和要求如下(节录):

国家行政机关和企业、事业单位、社会团体的印章一律为圆形;国务院印章直径 6cm,中央刊国徽,国徽外刊机关名称,自左而右环行,由国务院自制;各省、自治区、直辖市人民政府和国务院各部委的印章,直径 5cm,中央刊国徽,国徽外刊机关名称,自左而或环行,由国务院制发;国务院各直属机构的印章,直径 4.5cm,中央刊国徽,国徽外刊机关名称,自左而右环行,由国务院制发;国务院办事机构的印章,直径 5cm,中央刊国徽,国徽外刊机关名称,自左而右环行,由国务院制发;国务院所属事业单位及国务院直接批准的全国性公司的印章,直径 4.5 厘米或 5 厘米,中央刊五角星,五角星外刊机关名称,自左而右环行,由国务院制发。个别国务院所属事业单位的印章,经国务院批准可刊国徽;国务院有关部委管理的国家局,其印章直径 4.5 厘米,中央刊国徽,国徽外刊机关名称,自左而右环行,由国务院制发;国务院有关部委外事司(局)的印章,直径 4.2 厘米,中央刊国徽,国徽外刊机关名称,自左而右环行,由国务院制发;国务院设置的议事机构、非常设机构的印章,直径 5 厘米,中央刊五角星,五角星外刊机关名称,自左而右环行,由国务院制发;自治州、县、自治县、市、市辖区人民政府的印章,直径 4.5 厘米,中央刊国徽,国徽外刊机关名称,自左而右环行,由省、自治区、直辖市人民政府制发;行政公署的印章,直径 4.5cm,中央刊五角星,五角星外刊机关名称,自左而右环行,由省、自治区人民政府制发;乡、镇人民政府的印章,直径 4.2cm,中央刊五角星,五角星外刊机关名称,自左而右环行,由县、自治县、市人民政府制发;驻外国的大使馆、领事馆的印章,直径 4.2 厘米,中央刊国徽,国徽外刊机关名称,自左而右环行,由外交部制发;钢印直径最大不得超过 4.2cm,最小不得小于 3.5cm。

料，如"刻制印章通知单"或"刻字介绍信"等①，没有公安机关开具的证明材料，任何刻字行都不得承制公章。印章业承制公章以外的其他印章，无需上述手续就可直接承制。

2. 承制登记制度

印章业应建立专门的登记簿册，对承接的业务内容由专人负责登记。在承接刻制公章的业务时，应首先查验公安机关出具的证明，验证之后，承办人在登记簿上登记如下内容：(1) 委托单位及单位的证明（集体经营、个体经营、中外合资经营或外资经营的企业需要制作公章的，工商管理部门发给的营业执照即是单位证明）；(2) 经办人姓名及住址、居民身份证号码；(3) 承制公章的名称、规格、数量；(4) 交货日期；(5) 在取货时，还要登记取货人姓名、住址、居民身份证号码等内容。

印章业在承接刻制公章的业务中发现有违法犯罪嫌疑人员或公安机关查缉的案犯，要及时向公安机关报告、不得隐瞒、包庇。

3. 监制制度

印章业承制重点单位、要害部门的公章时，要在指定的保密车间或特定的工作室指定专人刻制，委托单位应派人监督。试刻的样品和损坏的残品、废品不能扔掉，必须在监销人员监销下进行销毁。底版、图案、设计样品，应全部归还委托单位，印章业不充许留样或者仿制。

4. 保管制度

印章业在承制印章过程中的成品、半成品以及样品要专人专柜严格保管，防止被盗和丢失。

5. 验证交货制度

委托单位的取货人在取货时，应持单位证明和本人身份证件，在登记簿上签收，并注明件数。印章业在交货时应严格把好关，仔细验证，在手续完备的条件下，才可以交货，严防违法犯罪人员冒名顶替，领取成品。

---

① 需要刻制公章的单位，须凭上一级主管部门的证明或工商行政管理部门核发的营业执照，到所在地县一级公安机关办理准予刻制印章的手续。需要跨省、市、县刻制公章的，须凭单位所在地县、市以上公安机关的证明，到刻制地同级公安机关办理有关手续。公安机关审查后同意刻制印章的，签发刻制印章通知单或介绍信，到公安机关指定的刻字厂或刻字店刻制。

(三) 印刷业内部安全防范制度

申请设立印刷经营活动的企业和个人,应当向所在地县级以上地方人民政府负责新闻出版的行政部门提出申请,经审核批准,取得相应的印刷品印制许可证,向工商行政管理部门申请注册登记,取得营业执照后,方可开业。印刷企业规新闻出版部门统一归口管理,有关情况要及时向公安机关通报。

1. 验证登记制度

印刷企业应对承接的印刷业务进行登记,登记时要验明有关委托单位的证明或有关主管部门准予印制的证明。验证后,要指定专人详细登记委印单位名称、地址、经手人姓名、印刷内容、数量及交货日期等,以备查验。

不同种类的印刷品,需要验明的证明也不同。出版物和包装装潢印刷品的印刷由新闻出版行政部门或印刷品管理部门管理,不需要公安机关的批准,但印制布告、通告、重大活动工作证、通行证、在社会上流通使用的票证的,委托印刷单位必须出具主管部门的证明,并按照国家有关规定向承接印刷企业所在地公安部门办理准印手续,在指定的印刷企业印制。宗教用品的印刷,须经省(自治区、直辖市)宗教事务管理部门批准,公安机关备案,并由指定印刷企业承印。

2. 报告制度

印刷企业必须遵守国家和地方人民政府的有关法律和规定,不得承接反动、迷信、淫秽印刷品及其他非法出版物的印刷业务,不得进行非法印刷活动。印刷企业发现下列非法活动,应当立即向公安机关报告:

(1) 印制或委托印制反动、淫秽、迷信印刷品和非法出版物;

(2) 伪造和仿造布告、证明身份的各种证件和机关文件;

(3) 非法印制机关、团体、军队和企事业单位的信笺、信封和介绍信等。

二、废旧金属收购业

废旧金属收购业是指从事回收、收购废旧金属业务的企业或个体工商户,包括物资部门或商业(供销)部门下设的从事废旧金属收购业务的公司、分公司、站、分站、点等,以及个体工商业从事收购非生产性废旧金属收购业务的站、点。

所谓废旧金属,是指黑色金属和有色金属的废旧成品、半成品、残品、部件、原材料及其屑末等。包括生产性废旧金属和非生产性废旧金属(生活用废旧金属两大类）。生产性废旧金属是指用于建筑、铁路、通讯、电力、水利、油田、国防及其他生产领域，并已失去原有使用价值的金属材料和金属制品；非生产性废旧金属是指城乡居民及企、事业单位用于生活资料和居民用于农业生产的小型农具，在已失去原有的使用价值后的金属制品。

（一）收购范围不同的收购企业，开业审批程序有所不同

国家对收购生产性废旧金属的管理和控制比较严格，并非所有的废旧金属收购站、点都有权收购生产性废旧金属。生产性废旧金属，按照国务院有关规定由有权经营生产性废旧金属收购业的企业收购，它和只能收购非生产性废旧金属的企业的开业程序有所不同：欲申请有权收购生产性废旧金属的企业，应当经其业务主管部门审查同意，并向同级公安机关备案后，即可开业。

严禁无权收购生产性废旧金属的企业和个人收购生产性废旧金属。

（二）废旧金属收购业必须有固定的经营场所，定点收购生产性废旧金属

收购废旧金属的企业应当有固定的经营场所。有权经营生产性废旧金属收购业的企业必须定点收购，其收购点由物资、商业部门会同公安、工商部门确定。但是，在大中型钢铁企业、油田等周边 3000 米以内禁止设立废旧金属收购站点[①]。对违反规定，在铁路、油田、矿区、机场、施工工地、军事禁区和金属冶炼加工企业附近非法设点收购废旧金属的，公安机关应予以取缔，没收非法收购的物品及非法所得，可以并处 5000 元以上 10000 元以下罚款。

（三）生产性废旧金属的收购企业实行验证登记制度

有权收购生产性废旧金属的企业在收购生产性废旧金属时，应当查验出售单位开具的证明，对出售单位的名称和经办人的姓名、住址、身份证号码以及物品的名称、数量、规格、新旧程度等如实进行登记，以备公安机关查核。任何单位不得以个人名义出售单位的生产性废旧金属。收购生产性废旧金属时未如实登记的，公安机关可以处 2000 元以上 5000 元以下罚款，责令停业整顿或吊销特种行业许可证。

（四）收购业有协助公安机关查证赃物的义务

法律、法规规定，任何企业和个人不得收购下列金属物品：

[①] 1997 年公安部在《关于整顿废旧金属收购站点严厉打击盗窃生产性废旧金属犯罪活动的通知》中作出此规定。

1. 枪支、弹药和爆炸物品；

2. 剧毒、放射性物品及其容器；

3. 铁路、油田、供电、通信、矿山、水利、测量和城市公用设施等专用器材。

4. 公安机关通报寻查的赃物或有赃物嫌疑的物品。

废旧金属收购业不仅不得收购以上物品，而且对发现有出售以上嫌疑物品或公安机关通报寻查赃物，应立即报告公安机关。公安机关对废旧金属收购业收购法律禁止收购的金属物品的，可以视情节轻重，处五百元以上一千元以下罚款，情节严重的并处五日以上十日以下拘留。

三、信托寄卖业、典当业、拍卖业

信托寄卖业亦称委托商店或信托公司，是适应广大群众互通有无，进行多余物品交换的需要而发展起来的一种商业性服务行业，包括信托寄卖商店、委托商店、委托寄卖公司、寄卖店、旧货摊点、古玩店、文物寄售店等。

典当业，又称典当行，俗称当铺。它是以实物占有权转移形式为非国有中、小企业和个人提供临时性质押贷款的特殊金融企业。申请设立典当行，申请人应履行以下程序：首先，必须报中国人民银行当地分支行审核，由中国人民银行分行批准并报总行备案；然后，经中国人民银行批准方可筹建典当行，并须在自批准之日起180天内完成筹建工作；完成筹建工作后，应持有关材料向人民银行申请开业，经人民银行审查、允许开业的，中国人民银行颁发《金融机构法人许可证》；接下来，申请人再持以上许可证和相应审批材料，报所在地县一级公安机关审核，经省、自治区、直辖市公安机关批准后，由县级公安机关核发《特种行业许可证》；最后，携带以上两证及其他材料，到工商行政管理部门登记，领取《营业执照》后方可开业。

拍卖，是指拍卖机构在一定的时间和地点，按照一定的章程和规则，通过公开竞价将委托人的财物出售给出价最高人的一种交易方式，因而也叫"竞卖"或"竞买"。拍卖业就是以拍卖方式营销商品的专门机构，是为市场交易直接服务的商业性市场中介组织。《拍卖法》规定，设立拍卖企业，应具备以下条件：有100万元以上人民币的注册资本（如果拍卖企业经营文化拍卖的，应当有1000万元人民币以上的注册资本，并有具有文物拍卖专业知识的人员）；有自己的名称、组织机构、住所和章程；有与从事拍卖业务相适应的拍卖师和其他工作人员；有符合《拍卖法》和其他有关法律规定的拍卖业务规则；有公安机关颁发的《特种行业许可证》；符合国务院有关拍卖业发展的规定和法律、行政法规规定的其他条件。

公安机关对信托寄卖业、典当业、拍卖业的治安管理，主要是督促这些行业建立健全相应的内部安全防范制度，治安管理部门对这些行业是否落实并严格按制度进行相关的业务的情况进行监督和检查，以发现违法犯罪情况。公安机关监督检查的内容主要有以下几个方面。

（一）督促行业内部建立安全防范制度

1. 先验证后受理业务的制度

信托寄卖业、典当业、拍卖业在受理有关业务时，必须查验顾客出具的相关证件、单据等，以防违法犯罪分子利用这些行业进行销赃活动。举例来说，典当行在承接典当物品时，首先应让顾客出具能证明财物所有权的发票或其他证明。然后，再查验以下证件：如果是个人典当自己所有的物品的，应当查验其居民身份证；如果典当单位所有的物品的，应当查验单位出具的证明和经办人的居民身份证；如果是委托典当的，应当查验委托人出具的委托书和被委托人、委托人双方的居民身份证件。

2. 对受理业务内容进行登记的制度

信托寄卖业、典当业、拍卖业应设置专门的登记簿，对所经办的业务内容进行登记。从业人员验明有关证件后，应对有关物品的名称、型号或规格、数量、价格（抵押价或质押价或拍卖底价等）、特征等；物品持有人或所有人的姓名、居民身份证号码、住址、单位等；有关收据的编号、时间等内容，逐项、如实地登记。如果公安机关发现从业人员不查验有关证明或不履行登记手续就受理业务，处理有关物品的，公安机关有权依照有关法律、法规对当事人及其单位进行罚款、没收非法所得、责令停业整顿或吊销《特种行业许可证》等处罚。

3. 对经手物品的保管制度

以上行业对经手的物品暂存在行业内部的，应妥善保管。贵重物品还要指定专人专柜进行保管。由于保管不善而发生物品损坏或灭失的，保管人及保管单位应承担赔偿损失的责任。

4. 发现可疑情况应立即报告公安机关的制度

信托寄卖行、典当行、拍卖行发现可疑物品或可疑人员的，应立即报告公安机关。

从业人员发现物品有以下情况之一的，应立即报告公安机关：发现是公安机关通报协查的赃物或来源不明的物品的；发现是依法已被查封、扣押和采取其他保全措施的财产的；发现是伪造、加工的赝品，并用来以假乱真的；发现是危险物品的；或者法律、法规和国家有关规定禁止流通或限制流通的物品的。

从业人员发现物品持有人有以下特征之一的，应立即报告当地公安机关：所持的证件有伪造、涂改痕迹，或者冒名顶替的；是公安机关通缉的罪犯或相貌相似的；所持物品与本人的身份极不相符，并在对话中有漏洞或疑点的；说明不了所持物品来源或对所持物品不了解的；需要价格与物品实际价值相差悬殊的，或求卖心切，急于取得现金，理由不充分的。

从业人员发现可疑物品、可疑人员或者赃物不向公安机关报告的，公安机关查证属实后可视情节轻重，对当事人予以警告或罚款处罚，情节严重的，可责令经营单位停业整顿或者吊销其《特种行业许可证》。

（二）依靠行业的从业人员，发现和查控违法犯罪活动

公安机关将有关通缉令，赃物协查单等，及时发到信托寄卖行、典当行、拍卖行，要求从业人员协助查找。这些行业应选派政治素质高，无违法犯罪记录，业务能力强的人员，并经过公安机关的治安培训后上岗工作。从业人员上岗后，公安机关仍应不放松对从业人员的业务培训，以提高他们发现和控制犯罪的能力。

《典当业治安管理办法》和《拍卖法》都分别对有关从业人员提出具体的资格要求。典当业的经营者，不得是"因故意犯罪受过刑事处分"的人。《拍卖法》要求，主持拍卖活动的，必须是取得拍卖师资格证书[①]的拍卖师。而对拍卖师的资格审查更加严格，它要求拍卖师必须具备以下三个条件："1. 具有高等院校专科以上学历和拍卖专业知识；2. 在拍卖企业工作两年以上；3. 品行良好。"

[①] 《拍卖法》第十六条规定："拍卖师资格考核，由拍卖行业协会统一组织。经考核合格的，由拍卖行业协会发给拍卖师资格证书。"

对品行良好的要求是:"被开除公职或者吊销拍卖师资格证书未满五年的,或者因故意犯罪受过刑事处罚的,不得担任拍卖师。"

这些行业在经营活动中,应遵循的验证、登记、保管和情况报告制充,都是为了防范和发现违法犯罪活动而制定的。并且法律、法规还对从业人员不履行以上制度的规定,设定了处罚措施,这样,公安机关通过监督和检查行业是否认真执行了以上制度,充分依靠行业从业人员,便可有效查控和打击违法犯罪活动。

思 考 题

1. 什么是特种行业?目前其管理范围有哪些?
2. 特种行业的基本管理制度有哪些?
3. 旅馆业、印章业、印刷业,都应建立哪些内部安全防范制度?
4. 公安机关对废旧金属收购业治安管理有哪些规定?

第五章　危险物品管理

危险物品既是社会生产和社会生活中不可缺少的重要物质，又对人类自身的安全和环境有着极大的危险性。对危险物品管理不善，不仅会造成治安灾害事故，而且还容易被违法犯罪人员利用进行各种犯罪活动，危害社会。世界各国对危险物品的管理都是十分严格的。从危险物品的制造生产，到储存、运输、销售、使用，直到最后销毁都进行严格的控制管理，以预防违法犯罪活动和治安灾害事故的发生。在我国，危险物品除由生产经营单位对其进行严格的技术管理、原料及成品控制外，还列入公安机关的治安管理范围，进行严格的安全管理。

保安人员担负着维护某一单位某一范围内的治安和安全的任务，他们应熟悉和掌握哪些物品是国家限制流通并且纳入公安机关严格管理范围的，应了解治安部门对危险物品管理的具体措施是什么，以及能够区别和辨认各种危险物品。

第一节　危险物品概述

一、危险物品的含义

公安机关管理的危险物品是指具有杀伤、爆炸、毒害或放射性等性能，在管理失当的情况下，易引起重大伤亡和物质严重损毁，并导致公众心理恐惧，危害公共安全和社会秩序的物品。

危险物品具有双重性。一方面，绝大部分危险物品是国民经济各个方面所不可缺少的，在工业、农村、科技、卫生、军事以及人们的日常生活中起着重要的作用；另一方面，它又对人身以及人类赖以生存的环境有着极大的危害性，如果管理不善或使用不当，就会发生严重的治安灾害事故，造成人员伤亡和财产损失。因此，对这些物品必须严格地按照国家有关危险物品管理的法律、法规严格管理。

二、危险物品的管理范围

危险物品管理的范围，是国家根据各个时期社会治安形势和保障生产及人民生命财产安全的需要，通过立法的形式予以确定的。公安机关依法列入治安管理的危险物品，主要是那些危险性大，容易造成治安灾害事故或可能被犯罪分子利用进行犯罪的物品。目前，公安机关管理危险物品的范围是：

1. 枪支弹药；
2. 管制刀具；
3. 民用爆炸物品；
4. 剧毒物品；
5. 易燃化学物品；
6. 放射性物品与核材料。

第二节 枪支管理

一、枪支管理的范围

所谓枪支，是指以火药或者压缩气体等为动力，利用管状器具发射金属弹丸或者其他物质，足以致人伤亡或者丧失知觉的各种枪支。

1996年7月5日全国人大常委会通过，并于1996年10月1日起施行了《中华人民共和国枪支管理法》。根据《枪支管理法》的规定，除中国人民解放军、中国人民武装警察部队和民兵装备的枪支的管理，国务院、中央军事委员会另有规定的，适用有关规定外，在中华人民共和国境内的枪支，都是公安机关枪支管理的范围。包括：

1. 公务用枪，是指各依法可以配备枪支的单位，为执行公务而配备的各类枪支。有手枪、冲锋枪、步枪、机枪和防暴枪等。

2. 民用枪支，是指各依法可以配置枪支的单位或个人因工作或生产生活需要而配备的各类枪支，有射击运动枪支、猎枪、麻醉注射枪、汽枪等。

3. 这些枪支所使用的各种弹药、枪支的主要零部件。

公安部主管全国的枪支管理工作。县以上地方各级人民政府公安机关主管本行政区域内的枪支管理工作。上级人民政府公安机关监督下级人民政府公安机关的枪支管理工作。

二、枪支的配备和配置

（一）公务用枪配备范围

1. 公安机关、国家安全机关、监狱、劳动教养机关的人民警察，人民法院的司法警察，人民检察院的司法警察和担负案件侦查任务的检察人员，海关的缉私人员，在依法履行职责时确有必要使用枪支的，可以配备公务用枪。

2. 国家重要的军工、金融、仓储、科研等单位的专职守护、押运人员在执行守护、押运任务时确有必要使用枪支的，可以配备公务用枪。

（二）民用枪支配置范围

下列单位及个人可以配置民用枪支：

1. 经省级人民政府体育行政主管部门批准专门从事射击竞技体育运动的单位，经省级人民政府公安机关批准的营业性射击场，可以配置射击运动枪支。

2. 经省级以上人民政府林业行政主管部门批准的狩猎场，可以配置猎枪。

3. 野生动物保护、饲养、科研单位因业务需要，可以配置猎枪、麻醉注射枪。

4. 猎民在猎区、牧民在牧区，可以申请配置猎枪。

5. 单位和个人为开展游艺活动，可以配置不超过4.5毫米口径的汽步枪。

6. 博物馆、纪念馆、展览馆保存或展览枪支以及制作影视剧所使用的道具枪支，由公安部会同国务院有关行政部门规定。

三、枪支的运输、使用和查验

（一）枪支的运输

运输枪支实行许可证制度。任何单位或者个人未经许可，不得运输枪支。枪支运输许可证的申领程序如下：

1. 需要运输枪支的，必须向公安机关如实申报运输枪支的品种、数量和运输的路线、方式，领取枪支运输许可证件。

2. 在本省、自治区、直辖市内运输的，向运往地地市级人民政府公安机关申请领取枪支运输许可证件；跨省、自治区、直辖市运输的，向运往地省级人民政府公安机关申请领取枪支运输许可证件。

3. 没有枪支运输许可证件的任何单位和个人都不得承运，并应当立即报告所在地公安机关。公安机关对没有枪支运输许可证件或者没有按照枪支运输许可证件的规定运输枪支的，应当扣留运输的枪支。

4. 运输枪支必须依照规定使用安全可靠的封闭式运输设备，由专人押运；途中停留住宿的，必须报告当地公安机关。

5. 运输枪支、弹药必须依照规定分开运输。

6. 严禁邮寄枪支，或者在邮寄的物品中夹带枪支。

（二）枪支的使用

使用枪支的人员，必须掌握枪支的性能，遵守使用枪支的有关规定，保证枪支的合法、安全使用。所有的配枪单位都必须建立枪支的安全使用制度并严格执行。依法配备和配置枪支的人员，在使用枪支时应遵循以下事项：

1. 持枪人员携带枪支外出，必须随身携带持枪证件备查，未携带持枪证件的，公安机关有权扣留枪支。

2. 不得在禁止携带枪支的场所或活动中携带枪支。如不得非法携带枪支进入公共场所或者公共交通工具，不得携带枪支参加集会、游行、示威活动等。情节严重的，应负刑事责任。

3. 依法配备和配置枪支的人员，不得私自出租、出借枪支；情节严重或者后果严重的，应负刑事责任。

4. 枪支被盗、被抢或者丢失的应立即报告公安机关。如果因丢失枪支不及时报告造成严重后果的，应负刑事责任。

5. 人民警察使用武器，必须严格遵守1996年1月施行的《中华人民共和国人民警察使用警械和武器条例》规定，正确有效地使用枪支。

6. 射击运动枪支只准在射击场所使用。猎枪只能在允许狩猎的场所和生产、生活必需时使用。注射枪，只准持枪单位用以对动物进行注射麻醉。

7. 营业性射击场配置的民用枪支不得携带出营业性射击场。

（三）枪支的查验

国家对枪支实行查验制度。持有枪支的单位和个人，应当在公安机关指定的时间、地点接受查验。公安机关在查验时，必须严格审查持枪单位和个人是否符合枪支法规定的条件，检查枪支状况及使用情况；对违法使用枪支、不符合持枪条件或者枪支应当报废的，必须收缴枪支和持枪证件。拒不接受查验的，枪支和持枪证件由公安机关收缴。

第三节　管制刀具管理

一、管制刀具管理的范围

公安部1983年8月颁布的《对部分刀具实行管制的暂行规定》第二条明确规定，公安机关管理的管制刀具包括：

1. 匕首；
2. 三棱刀；
3. 带有自锁装置的弹簧刀（跳刀）；
4. 其他类似的单刃、双刃、三棱刮刀等。

二、管制刀具的佩带、使用、购买及携带

（一）管制刀具的佩带

匕首的佩带，除中国人民解放军和人民武装警察作为武器、警械配备以外，专业狩猎人员和地质、勘探等野外作业必须持有的，应由县以上主管部门出具证明，经县、市公安局（公安分局）审核批准，发给《匕首佩带证》后，方准持有和佩带。

为充分考虑和尊重少数民族的风俗习惯和生活实际需要，少数民族佩带的刀具，民族自治区人民政府制定具体的管理办法。少数民族使用的藏刀、腰刀、靴刀等，只准在民族自治地方销售。

（二）管制刀具的使用

人民警察、人民解放军、人民武装警察使用管制刀具作为武器和警械有专门的法律、法规加以规定，除此之外，公民在以下情况可以合法使用管制刀具；

1. 在少数民族自治地方，由于生活习惯的需要可以使用管制刀具。

2. 持有《匕首佩带证》的专业狩猎人员和地质、勘探等野外作业人员可以在狩猎、勘探等野外作业时使用管制刀具。

(三) 管制刀具的购买及携带

在没有《匕首佩带证》的情况下,任何公民不得携带管制刀具进入公共场所或者乘坐公共交通工具;不得携带管制刀具参加集会、游行、示威。

(四) 在佩带、使用、购买及携带管制刀具过程中违法情况的处理

对非法制造、贩卖管制刀具的,根据《治安管理处罚法》给予治安管理处罚;对非法携带管制刀具进入公共场所或者乘坐公共交通工具或者参加集会、游行、示威的,如果情节较轻微,则给予治安管理处罚,情节严重的,则依照《刑法》第一百三十条追究其刑事责任。

公安机关对非法携带管制刀具进入公共场所或者乘坐公共交通工具或者参加集会、游行、示威的,予以收缴和没收。

第四节 爆炸物品管理

一、爆炸物品的含义及管理范围

(一) 爆炸物品的含义

爆炸物品,是指在一定外界作用下,能发生剧烈的化学反应,瞬时产生大量的气体和热量,使周围压力急骤上升,发生爆炸,对周围环境造成破坏的物品。包括具有燃烧、抛射及较小爆炸危险,或仅产生热、光、音响、烟雾等作用的物品。在我国为预防爆炸事故、爆炸案件的发生,保障公民生命安全,保证社会主义现代化建设的顺利进行,对爆炸物品依法实施治安管理。

(二) 爆炸物品的管理范围

2006年4月26日国务院公布的《民用爆炸物品安全管理条例》,规定了非军用的爆炸物品属公安机关管理的民用爆炸物品,即是指用于非军事目的、列入民用爆炸物品品名表的各类火药、炸药及其制品和雷管、导火索等点火、起爆器材。民用爆炸物品品名表,由国务院国防科技工业主管部门会同国务院公安部门制订、公布。

烟花爆竹生产、运输和销售中的安全管理由《烟花爆竹安全管理条例》

（2006年1月11日）另行规定。

二、常见爆炸物品及性能

（一）梯恩梯（TNT）

是最常见的单质炸药，化学名称为三硝基甲苯，分子式$(C_6H_2NO_2)_3$。梯恩梯为淡黄色针状晶体，工业品呈鳞片状。梯恩梯的安定性好，吸湿性小，在水中的溶解度很小，但易溶于苯、甲苯、乙醇、丙酮等有机溶剂。梯恩梯常温下几乎不分解，可长期贮存，但温度升高后冲击感度升高，当温度达到70℃~80℃时，极为敏感，尤其在高温液态下，比其他猛炸药更为敏感。梯恩梯易与碱、氨作用，生成敏感的爆炸物。梯恩梯的主要用途是配制混合炸药。

在储存时不能与黑火药、雷管、硝化甘油炸药及易燃物、氧化剂、碱类等物质共同存放，并应防止冲击、摩擦和阳光照射。

梯恩梯有毒、味苦，它的粉尘能刺激黏膜，而引起咳嗽，长期接触和吸入梯恩梯蒸气或粉尘时，会引起黄疸病。

（二）黑索金（RDX）

也是一种单质炸药，化学名称是环三亚甲基三硝胺，又称硝宇，分子$C(CH_2NNO_2)_3$。黑索金是白色粉状结晶，无臭、无味。黑索金不吸湿，几乎不溶于水中。贮存时不需要特殊的防潮设备，也可存于水。黑索金在常温下不分解不挥发，但撞击感度很高，对摩擦也很敏感，是爆炸性能最好的炸药，它的爆速猛度、威力比梯恩梯大。黑索金燃烧或在密闭条件下，均能燃烧转爆轰。

常用的黑索金是经过用石蜡钝化处理的，呈橘红色。钝化黑索金广泛地应用于装填各种军用弹药。民用中则用于装填雷管、导爆索及制作起爆药柱等。

黑索金有毒，但比梯恩梯毒性小。中毒途径是消化道、皮肤、呼吸道，以消化道为主。急性中毒的症状是头痛、恶心、口中有甜味，并感到干燥口渴等。慢性中毒为头痛、消化障碍、小便频繁等症状。

（三）硝铵炸药

硝铵炸药属于硝酸铵类混合炸药，它是以硝酸铵为主要成分的机械混合物。由于成分配比不同，它的颜色随原材料及添加剂的颜色而变化，通常外观为白色或灰白色的松散粉粒或松软的粉团。

硝铵炸药在常温下，具有一定的化学安定性，但随着温度升高，它的分解速度加快。硝铵炸药对冲击、摩擦等作用均较钝感,火星、火焰都不容易将其点燃,但在密闭的情况下,遇火源却容易由燃烧转为爆轰。硝铵炸药具有很强的吸湿性,易潮解和结块。硝铵炸药吸湿后,起爆困难,爆炸性能降低,甚至拒爆。

硝铵炸药含有梯恩梯,因此也有毒性,而且它的毒性比单独的梯恩梯要大,主要通过皮肤危害人体。

(四) 乳化炸药

其形态似乳脂,爆炸性能好。爆轰稳定,爆速高,威力、猛度也大。它的抗水性能强,同时,由于密度大可沉于水下,故可用于有水或水下爆破作业。它的安全性能好,机械感度较低,使用安全。

(五) 黑火药

是由硝酸钾、硫磺和木炭混合而成的有烟火药。其外观为黑色或灰黑色,粉状或颗粒状。

黑火药对火花、火焰、异常敏感,遇火花即能引起燃烧或爆炸,对摩擦、冲击等也很敏感,很易因摩擦冲击而起爆。黑火药有吸湿性,当湿度达2%时就不易燃烧,水分含量达到15%时,就完全失去引燃的能力。黑火药主要用于制造导火索、延期药、猎枪发射药和烟花爆竹。同时由于黑火药的猛度和威力都很低,也常用它来开采贵重的料石。

(六) 雷管

雷管好比一把打开炸药能源的钥匙。没有雷管,也就谈不上炸药的有效应用。雷管有不同的型号及装药量。目前,雷管的种类很多,主要包括非电雷管和电雷管两类。非电雷管又包括火雷管和导爆管雷管两种;电雷管包括瞬发电雷管、延期雷管以及特种雷管等。

(七) 导火索

根据不同需要,有普通导火索、防水导火索、缓燃导火索和速燃导火索等品种。导火索的索芯装药是黑火药,并和三根撑线共同组成索芯,索芯外包缠了层线、内层纸、中层线、防潮层、纸条层、外层线等层层缠裹,起坚固、防潮作用。导火索的燃速在正常状态下为100~125米/秒,在20±10℃的1米深静水中浸4小时,其燃速和性能不变。

（八）导爆索

导爆索是一种起爆器材，外观和构造与导火索相似，但两者的性能有着本质的区别。主要是：（1）导爆索的药芯是黑索金或泰安等炸药，而导火索的药芯是黑火药；（2）导火索不需要用雷管就可以直接起爆，而导爆索需要用雷管才能起爆，它能传递爆轰波，所以在安全要求上比导火索严格。导爆索具有抗杂散电流的优点，而且可以直接起爆装药，因此增加了爆破作业的安全可靠性。导爆索还可以直接作为爆破器材使用，如在金属爆炸压接、切割等方面，都有较好的应用。

导爆索的外观为红色，以便与导火索有明显区分。导爆索的直径一般不大于6.2毫米，爆速不低于6500米/秒。

（九）烟花爆竹

根据烟花爆竹燃放方式、效果显示方式、造型和制作工艺等，我们把烟花爆竹分为13大类：

1. 喷花类：是指以喷射火焰、火星、火花为主的烟花。

2. 旋转类：是指利用烟火剂燃烧时产生的火焰和气体从喷口喷出，而推动自身旋转的。

3. 旋转升空类：是指利用烟火剂燃烧时产生的火焰和气体，从喷口喷出产生反作用推力，推动自身旋转升空的烟花。

4. 火箭类：是指利用发射药燃烧时，从喷口不断喷出的火焰和气体产生反作用推力，使自身直线升空的烟花。这类烟花是靠稳定杆或尾翼来稳定升空的方向。

5. 吐珠类：是指利用筒壳内发射药燃烧时产生的气体将星体或响炮有规律地连续发射出的产品。

6. 线香类：是指用线捻裹夹或用细纸筒装填烟火剂，形状如线条的烟花。

7. 发射类：这类产品要靠发射筒燃放，弹体本身除装有烟火剂外，还装有发射药。燃放时，发射药将烟火剂药包从筒内射向空中，药包爆炸后发出声、光效果。

8. 烟雾类：通过装填在容器中的烟火剂燃烧时产生的烟雾，达到预定的效果。这类产品极易污染空气，不宜作为烟花施放。

9. 造型玩具类：是指将产品的外壳制成各种立体形象产品。也有的虽然外壳无特殊造型，但燃放后利用光效果也能形成各种立体形象。

10. 爆竹类：是在卷紧的纸筒内装入火药，以爆炸声响为主要效果的产品。

11. 摩擦炮类：是指在烟火剂中掺入敏感剂，用撞击、摩擦等机械作用方式而引爆的产品。这类产品的药剂多用氯酸钾、赤磷配制，机械感度特别高，在国内仅限于文艺、体育和狩猎等特殊需要使用，不能进入消费市场。

12. 组合类：是指将多种效果组合成一个整体，燃烧时产生多种效果的产品。

13. 礼花弹类：是指用发射筒将弹体发射到空中后，弹体爆炸发出各种声、光、造型效果的产品。

三、爆炸物品管理的环节

国家对民用爆炸物品的生产、销售、购买、运输和爆破作业实行许可证制度。根据2006年国务院公布实施的《民用爆炸物品安全管理条例》规定，国防科技工业主管部门负责民用爆炸物品生产、销售的安全监督管理。公安机关负责民用爆炸物品公共安全管理和民用爆炸物品购买、运输、爆破作业的安全监督管理，监控民用爆炸物品流向。国防科技工业主管部门、公安机关、工商行政管理部门按照职责分工，负责组织查处非法生产、销售、购买、储存、运输、邮寄、使用民用爆炸物品的违法行为。

（一）生产管理

民用爆炸物品的生产管理的环节中，国防科技主管部门担负主要的管理职能。申请从事民用爆炸物品生产的企业，应当向国务院国防科技工业主管部门提交申请书、可行性研究报告以及有关材料，主要包括：

符合国家产业结构规划和产业技术标准；

厂房和专用仓库的设计、结构、建筑材料、安全距离以及防火、防爆、防雷、防静电等安全设备、设施符合国家有关标准和规范；

生产设备、工艺符合有关安全生产的技术标准和规程；

有具备相应资格的专业技术人员、安全生产管理人员和生产岗位人员；

有健全的安全管理制度、岗位安全责任制度；

法律、行政法规规定的其他条件。

国防科技主管部门负责对申请进行审查，对符合条件的，核发《民用爆炸物品生产许可证》。对基本建设完成的民用爆炸物品生产企业，应当向国防科技主管部门申请安全生产许可，国防科技主管部门应当依照《安全生产许可证条例》的规定对其进行查验，对符合条件的，在《民用爆炸物品生产许可证》上标注安全生产许可。然后到工商行政管理部门办理工商登记，方可生产民用爆炸物品。民用爆炸物品生产企业应当在办理工商登记后三日内，向所在地县级人民政府公安机关备案。

民用爆炸物品生产企业为调整生产能力及品种进行改建、扩建的，必须事先向国防科技主管部门提交申请，按照规定办理《民用爆炸物品生产许可证》。改建、扩建工程完工后，国防科技主管部门对改建后的生产条件进行查验，对符合《安全生产许可证条例》的在《民用爆炸物品生产许可证》上标注安全生产许可。

试验或者试制民用爆炸物品，必须在专门场地或者专门的试验室进行。严禁在生产车间或者仓库内试验或者试制民用爆炸物品。

（二）储存管理

民用爆炸物品在生产和流通的过程中都离不开储存的环节。爆炸物品的存储单位必须设立专用的存储仓库，采取相应措施防止爆炸物品自燃、爆炸或变质，并按照国家规定设置技术防范设施防止爆炸物品被盗。

民用爆炸物品的储存必须做到：

1. 建立入库登记制度

收存和发放民用爆炸物品必须进行登记，做到账目清楚，账物相符。

2. 爆炸物品的性质和容量必须符合规定

储存的民用爆炸物品数量不得超过储存设计容量，对性质相抵触的民用爆炸物品必须分库储存，严禁在库房内存放其他物品。

3. 爆炸物品仓库应由专人看管

专用仓库应当指定专人管理、看护，严禁无关人员进入仓库区内，严禁在仓库区内吸烟和用火，严禁把其他容易引起燃烧、爆炸的物品带入仓库区内，严禁在库房内住宿和进行其他活动。

4. 建立情况报告制度

民用爆炸物品丢失、被盗、被抢，应当立即报告当地公安机关。

对爆破现场临时存放的爆炸物品,应派专人看护、管理,不得在不具备安全存放条件的场所存放民用爆炸物品。

在民用爆炸物品的存储过程中,公安机关应对管辖范围内的仓库、储存室等存放地点进行经常性的安全检查,重点检查库房建筑是否设计合理,安全防火是否符合要求,了解爆炸物品的数量、性质、存储方式等,检查各项安全规章制度是否落实。

(三)销售和购买管理

民用爆炸物品属于国家严格管制的物品,其销售和购买必须按照相应的规定进行管理。公安机关从事民用爆炸物品销售的企业必须符合下列条件:

符合对民用爆炸物品销售企业规划的要求;

销售场所和专用仓库符合国家有关标准和规范;

有具备相应资格的安全管理人员、仓库管理人员;

有健全的安全管理制度、岗位安全责任制度;

法律、行政法规规定的其他条件。

申请从事民用爆炸物品销售的企业,应当向所在地省、自治区、直辖市人民政府国防科技工业主管部门提交申请书、可行性研究报告以及能够证明其符合规定条件的有关材料。省、自治区、直辖市人民政府国防科技工业主管部门应当对申请进行审查,并对申请单位的销售场所和专用仓库等经营设施进行查验,对符合条件的核发《民用爆炸物品销售许可证》。

民用爆炸物品销售企业持《民用爆炸物品销售许可证》到工商行政管理部门办理工商登记后,方可销售民用爆炸物品。在办理工商登记后三日内,民用爆炸物品销售企业应当向所在地县级人民政府公安机关备案。

购买民用爆炸物品的,应当向所在地县级人民政府公安机关提出购买申请,并提交有关材料:

工商营业执照或者事业单位法人证书;

《爆破作业单位许可证》或者其他合法使用的证明;

购买单位的名称、地址、银行账户;

购买的品种、数量和用途说明。

公安机关在对申请材料进行审查后,对符合条件的核发《民用爆炸物品购买许可证》。购买民用爆炸物品时,销售的单位应当查验前款规定的许可证和经办人的身份证明,持《民用爆炸物品购买许可证》购买的,应当按照许可的品种、数量销售。销售民用爆炸物品的企业,应当自民用爆炸物品买卖成交之日起三日内,将销售的品种、数量和购买单位向所在地省、自治区、直辖市人民政府国防科技工业主管部门和所在地县级人民政府公安机关备案。爆炸物品的购买必须通过银行账户进行交易,不得使用现金和实物进行交易。

(四)运输管理

运输民用爆炸物品的,应当凭《民用爆炸物品运输许可证》,按照许可的品种、数量运输。收货单位应当向运达地县级人民政府公安机关提出申请,并提交有关的材料。受理申请的公安机关应当在受理申请之日起三日内对符合条件的,核发《民用爆炸物品运输许可证》。

民用爆炸物品的运输过程也有相应的规定。民用爆炸物品的装载符合国家有关标准和规范,车厢内不得载人;运输车辆安全技术状况应当符合国家有关安全技术标准的要求,并按照规定悬挂或者安装符合国家标准的易燃易爆危险物品警示标志;运输民用爆炸物品的车辆应当保持安全车速;按照规定的路线行驶,途中经停应当有专人看守,并远离建筑设施和人口稠密的地方,不得在许可以外的地点经停;按照安全操作规程装卸民用爆炸物品,并在装卸现场设置警戒,禁止无关人员进入;出现危险情况立即采取必要的应急处置措施,并报告当地公安机关。

民用爆炸物品运达目的地,收货单位应当进行验收后在《民用爆炸物品运输许可证》上签注,并在三日内将《民用爆炸物品运输许可证》交回发证机关核销。

(五)使用管理

使用民用爆炸物品必须执行严格的操作规程和安全管理制度。民用爆炸物品的使用单位必须具备相应的条件,从事爆破作业的单位应当按照国务院公安部门的规定,向有关公安机关提出申请,并提供有关材料。受理申请的公安机关应当自受理申请之日起二十日内进行审查,对符合条件的核发《爆破作业许可证》。营业性爆破作业人还要凭《爆破作业许可证》到工商行政管理部门登记,并在登记后3日内到所在地县级公安机关备案。

爆破作业单位应当对本单位的爆破作业人员、安全管理人员、仓库管理人员进行专业技术培训。爆破作业必须由取得《爆破作业人员许可证》的人员实施，爆破作业人员应当经设区的市级人民政府公安机关考核，并定期考核。

实施爆破作业，应当遵守国家有关标准和规范，在安全距离以外设置警示标志并安排警戒人员，防止无关人员进入；爆破作业结束后应当及时检查、排除未引爆的民用爆炸物品。实施爆破作业由爆破作业所在地县级人民政府公安机关负责组织实施安全警戒。

（六）销毁管理

民用爆炸物品变质和过期失效的，应当及时清理出库，并予以销毁。销毁前应当登记造册，提出销毁实施方案，报省、自治区、直辖市人民政府国防科技工业主管部门、所在地县级人民政府公安机关组织监督销毁。

四、烟花爆竹的安全管理

烟花爆竹的生产、经营、运输和燃放与人民群众的生命、财产安全密切相关，必须按照相应的法律法规进行规范管理。为此，国务院于2006年以行政法规的形式颁布了《烟花爆竹安全管理条例》，对烟花爆竹生产、销售、运输和燃放做出了专门的规定。

（一）生产管理

烟花爆竹的生产实施许可证制度。生产烟花爆竹的企业，应当在投入生产前向所在地设区的市人民政府安全生产监督管理部门提出安全审查申请，并提交能够证明符合规定生产条件的有关材料。持《烟花爆竹安全生产许可证》到工商行政管理部门办理登记手续后，方可从事烟花爆竹生产活动。烟花爆竹的生产企业必须按照国家有关标准进行生产，应当对生产作业人员进行安全知识教育和专业技术培训。从事危险工序的作业人员经设区的市人民政府安全生产监督管理部门考核合格，方可上岗作业。生产过程中原料的保管必须采取安全技术措施，黑火药、烟火药、引火线丢失的，企业应当立即向当地安全生产监督管理部门和公安部门报告。

（二）销售管理

烟花爆竹的销售分为批发和零售。不论是烟花爆竹的批发还是零售，烟花爆竹的销售者都必须获得安全生产监督管理部门的许可，持有安全生产监督管理部门核发的《烟花爆竹经营（批发）许可证》和《烟花爆竹经营（零售）许可证》，并到工商行政管理部门办理登记手续。从事烟花爆竹批发的企业、零售经营者不得采购和销售非法生产、经营的烟花爆竹。烟花爆竹批发的企业，不得向从事烟花爆竹零售的经营者供应按照国家标准规定应由专业燃放人员燃放的烟花爆竹。烟花爆竹零售的经营者，不得销售按照国家标准规定应由专业燃放人员燃放的烟花爆竹。

（三）运输管理

烟花爆竹的运输实行许可证制度。经由道路运输的烟花爆竹，由托运人向运达地县级公安机关提出申请，并提交有关材料。对符合条件的，公安机关核发《烟花爆竹道路运输许可证》。烟花爆竹运达目的地后，收货人应当在三日内将《烟花爆竹道路运输许可证》交回发证机关核销。条例明令禁止携带烟花爆竹搭乘交通工具，禁止邮寄烟花爆竹，禁止在托运的行李、包裹、邮件中夹带烟花爆竹。

（四）燃放安全管理

随意燃放烟花爆竹已经成为社会公害，危害人身安全，影响人们的休息、工作和学习，还易于酿成火灾事故，污染环境。为此，《烟花爆竹安全管理条例》规定县级以上地方人民政府可以根据本行政区域的实际情况，确定限制或者禁止燃放烟花爆竹的时间、地点和种类。

在下列地点禁止燃放烟花爆竹：

文物保护单位；

车站、码头、飞机场等交通枢纽以及铁路线路安全保护区内；

易燃易爆物品生产、储存单位；

输变电设施安全保护区内；

医疗机构、幼儿园、中小学校、敬老院；

山林、草原等重点防火区；

县级以上地方人民政府规定的禁止燃放烟花爆竹的其他地点。

申请举办焰火晚会以及其他大型焰火燃放活动，主办单位应当按照分级管理的规定，向有关人民政府公安部门提出申请，并提交有关材料。受理申请的公安机关负责审查并对符合条件的核发《焰火燃放许可证》。

第五节 毒害品管理

毒害品、腐蚀物品和毒品在一定范围内,被用于工业、医疗,是不可或缺的物品,但是它们也常被犯罪分子用来进行违法犯罪活动,如进行投毒、毁容、吸毒、贩毒等。保安人员及一般公民应掌握关于这些危险物品的基本知识,学会识别,并了解人体对它们的不同的中毒症状、反应等,取适当的先期救治方法。

公安机关对毒害、腐蚀物品管理的法律依据是《化学危险物品安全管理条例》(1987年2月17日由国务院发布),其管制重点是毒害、腐蚀物品中的剧毒物品。

一、毒害品

凡小量进入人畜体内,能与机体组织发生作用,破坏正常生理功能,引起机体产生暂时的或永久性的病理状态,甚至死亡的物质,均属毒害品。

(一)中毒

日常生活中会遇到许多有毒的化学物品,如农药、杀虫剂等,它们都属于毒害品的范畴。通常把毒害品不论以何种方式、途径进入机体后,与机体组织产生物理或化学作用,导致机体正常生理机能失调,机体组织与器官发生病理变化,引起功能障碍、疾病或死亡的过程,称之为中毒。

凡能使机体中毒的最小剂量,叫中毒量。凡能使机体中毒死亡的最小剂量叫致死量。通常人们把侵入人体不足1克,即可引起中毒,机体损伤或致死的称为"剧毒物品"。如氰化物的致死量为0.1克,砷化物的致死量为0.1~0.2克,这两者都是剧毒物品。

同一物质在某些条件下可以引起中毒,但在另一些条件下却是无毒的,甚至是有益的。许多医疗上应用的药物,例如吗啡、士的宁等生物碱,砷、汞的化合物,虽然有毒,但当剂量适当时,却能作为药物促进机体的疾病痊愈。反之,人体所必须的无害物质,如水、食盐、糖等,如果大量输入体内,不仅会损害健康,甚至可以致死。如食盐,一次服用15~60克即有碍于健康;一次服用200~250克,可因其吸水作用和所致离子平衡严重障碍而引起死亡。

通常我们将鸦片、海洛因等致瘾性毒品简称为毒品,它们也属于有毒物品,但是，毒品有其专门的定义。根据《全国人民代表大会常务委员会关于禁毒的决定》，毒品是指鸦片、海洛因、吗啡、大麻、可卡因以及国务院规定管制的其他能够使人形成瘾癖的麻醉药品和精神药品。

毒害品的中毒一般有以下三种情况：

1. 化学性毒害品中毒。化学性毒害品种类繁多，如氰化物、砷化物、安眠镇静药类等。它们使用广，毒性大，一些犯罪分子经常利用它们进行犯罪活动。在工农业生产或日常生活中，如不注意，容易误用误食，造成中毒事故。

2. 有毒动植物中毒。有毒动植物的种类很多，有的可以入药（如蔓陀罗、乌头、斑蝥），有的可以杀虫（如鱼藤、钩吻、烟草）。由于人们对这些有毒动植物的毒性不甚了解，常因误用、误食而造成中毒；也有的被犯罪分子利用，把它们混入中草药或者食物中，毒害杀人。

3. 细菌性食物中毒。这类中毒往往是不注意饮食卫生，食用被某些细菌或细菌毒素污染的食物而引起的。

细菌性食物中毒和化学性毒害品中毒（包括有毒动植物中毒）的主要区别，见表1。

（二）毒害品的侵害途径及一些毒害品的中毒症状

毒害品侵入人的肌体，导致中毒、死亡的途径，从人为的因素来讲，有误食、误用、自杀和投毒三种情况。

误食、误用，主要是由于人们缺乏对某些毒害品基本知识的了解，将其误为可食、可用的食品或用品，如误食有毒的菌类（蘑菇），误用与食盐外观相似的亚硝酸盐等，造成中毒；利用毒害品自杀的事件也常常发生，如有的人吞服灭鼠药、农药、滴滴畏等进行自杀；也有的犯罪分子将毒害品投入酒类、面粉或饮用水中进行报复，伤害人畜。

毒害品只有被人体吸收才能发挥其毒性，人体吸收的途径主要有以下四种：

1. 呼吸道吸入：气态、雾态及烟态毒害品可经呼吸道吸入肺中。人体肺泡壁极薄，总面积很大，周围又布满许多毛细血管，毒害物质通过肺泡直接进入血液循环而分布到人体各部，很快产生毒性作用。呼吸道吸入中毒多数是自然事故，少数是自杀，也有个别他杀的例子。

2. 皮肤黏膜吸收：皮肤吸收毒害品主要是通过穿透表皮和毛囊，再透过皮脂腺细胞而吸收。皮肤表面有一层类脂质层，对水溶性毒害品有很多好的防护作用，但对脂溶性毒害品如有机磷农药则易吸收。皮肤在湿润、多汗、充血及损伤的情况下易促进毒害品的吸收。

表1　　　　　细菌性食物中毒和化学性毒害品中毒的主要区别

中毒类别	细菌性食物中毒	化学性毒害品中毒
季节性	有季节性，夏季为多。	无季节性
与食物的关系	与食物发霉或腐败变质有直接关系。	与食物是否腐败变质无关。
食中中毒的时间	多在食后3至6小时发生，有的可延至12至24小时，最长的可延至数日。但嗜盐菌及葡萄球菌例外，食后半小时至1小时即发生。	多在食后数分钟至几小时后发生。除敌鼠外，一般不超过6小时。
中毒人数	通常中人食人数的多数，不全部发病。	入食者几乎全部中毒。
中毒症状	①多数体温升高，有发烧现象；②以一般胃肠症状为主；③病情中等或轻微。	①多数体温不升高，有的反而下降；②除一般胃肠症状外，有各种不同神经症状；③病情中等或严重。
治疗效果	按一般常规抢救治疗，多数病情迅速好转，死亡率很低。	按一般常规抢救治疗，往往不见显著效果，死亡率较高。

3. 消化道吸收：这是中毒中最常见的一种。口腔黏膜能够吸收许多毒物，但因大多数停留时间短，吸收较少。一些腐蚀性毒害品如氰化钾等可迅速由口腔黏膜吸收而进入血液循环。大多数毒害品被吞咽入胃肠道后，主要在小肠吸收，吸收后，一部分经静脉进入肝脏，经地一定的解毒作用分布到全身，一部分则随胆汁回到肠内再吸收或随粪便排出体外。

4. 血液直接吸收：即注射吸收。一些犯罪分子常利用治病的机会或假借治病的名义，把毒害品放人注射器内，经静脉或肌肉注射。由于毒害品高浓度地直接进入血液循环，因而毒性作用快而强烈。另外，目前吸食毒品在我国一些地区相当猖獗，相当数量的吸毒分子是通过肌肉或静脉注射方式来吸食毒品。

毒害品作用于肌体，都会出现一定的中毒症状。各种毒害品，特别是剧毒物品，由于其性质不同，出现的中毒症状也不尽相同。通常根据中毒的某些特殊症状，可以大致推断是什么毒害品中毒，这样就缩小了检验范围。但是必须指出，有的中毒症状与某些疾病的症状非常相似，而且毒害品对机体的作用又受很多条件的影响。因此，在分析是什么物品中毒时，应向当事人和群众进行调查，并结合案情全面地分析研究。

一些毒害品的中毒症状，如表2所示。

表 2　　　　　　　　　某些毒害品的中毒症状

症状		毒害品
特殊面容	颜面樱红	氰化物　一氧化碳
	颜面潮红	阿托品　河豚
	颜面口唇青紫	亚硝酸盐　基胺　硝基苯
特殊气味	杏仁味	氰化物　硝基苯
	消毒水味	酚　来苏尔
	蒜臭味	有机磷　磷化锌
	霉臭味	六六六
血液变化	血色正常不凝	敌鼠钠盐
	血色鲜红	氰化物　一氧化碳
	血呈酱色不凝	亚硝酸盐　苯胺　硝基苯
消化泌尿系统	流涎	有机磷　有机氟　砷　汞　乌头
	口鼻冒白沫	有机磷
	口鼻冒灰色或血样沫	安妥
	剧烈腹痛	酚　砷　汞　钩吻　磷化锌　巴豆　斑蝥
	口渴	河豚
	剧烈呕吐与腹泻	磷化锌　砷
		砷　汞　巴豆　桐油　蓖麻
	血尿　尿闭	汞　斑蝥　蓖麻　敌鼠

续表

症状		毒害品
神经系统	闪击样昏倒　迅速死亡	氰化物　烟碱
	昏睡	安眠镇静药类　吗啡　一氧化碳
	痉挛	氰化物　有机磷　氟乙酰胺
	强直性痉挛	士的宁
	震颤	有机磷　有机氯　钩吻　鱼藤
	幻觉	颠茄　蔓陀罗　大麻　芥草
	狂躁不安	氟乙酰胺　颠茄　蔓陀罗
	口唇四肢发麻	乌头　河豚　大麻
	视觉障碍　复视　失明	甲醇　钩吻
	瞳孔缩小	有机磷　吗啡　磷化锌
	瞳孔散大	颠茄类　钩吻　大麻　奎宁
呼吸循环及其他	呼吸浅慢　血压下降	安眠镇静药　吗啡
	肺水肿	有机磷
	心跳加速　心律不齐　大量出汗	氟乙酰胺　强心甙类　氨茶碱
	大量出汗	有机磷
	体温升高	有机磷　有机氯　阿托品
	皮肤发红　起泡	斑蝥　巴豆

二、腐蚀物品

凡是对人体、动植物体、纤维制品、金属等能造成强烈腐蚀的物品称为腐蚀物品。腐蚀物品可对人体造成化学烧伤或化学灼伤，减少材料的使用寿命，并造成环境污染等，因此，作为保安人员和一般公民了解和识别不同的腐蚀物品，辨别不同腐蚀物品对人、物腐蚀的特点，并掌握一些有关腐蚀物品的保存、运输、使用方法，对保护自身及他人生命、财产的安全，有十分重要的意义。

腐蚀物品对人体的伤害通常又称为化学烧伤或化学灼伤。腐蚀物品对人体的化学烧伤可以由固体（如氢氧化钠、固体过氧化氢等）、液体（如氢氟酸、硫酸等）和气体（如四氧化二氮等）所引起。固体腐蚀品能烧伤与它直接接触的表皮，而液体或气体腐蚀品能很快侵害人体的很大部分面积，甚至透过衣服发生作用。腐蚀品接触人的皮肤、眼睛或进入肺里及食道时，就立即和表皮细胞组织发生反应，使细胞组织受到破坏，造成烧伤。人体内部器官被烧伤时，严重的会引起炎症甚至造成死亡。有毒的腐蚀物品，还会引起中毒。

化学烧伤与物理烧伤不同，物理烧伤（如火焰、灼热物体等）会使人立即感到强烈刺痛，人会本能地立即避开；而化学烧伤则常常是开始并不大感到刺痛，经过一定时间才表现出它的严重伤害来。同时腐蚀物品对皮肤等细胞的吸着作用很大，通过皮肤吸收，除引起局部烧伤外，还可能引起全身中毒，所以化学烧伤比物理烧伤更应引起注意。

腐蚀物品对金属能引起不同程度的腐蚀，使金属物品遭到损坏。对其他物品如布匹、木材、纸张、皮革、建筑物等能发生化学反应使其遭受腐蚀破坏。

腐蚀物品还具有有毒性，有的甚至有剧毒。特别是具有挥发性的腐蚀物品，如发烟硝酸、发烟硫酸、浓盐酸、氢氟酸等，能挥发出有毒的气体与蒸气，不但能腐蚀人的肌体，还会有引起中毒的危险。

有的腐蚀物品具有易燃性，也有的具有氧化作用。如有机腐蚀物品遇明火大多容易燃烧，例如冰醋酸、醋酐、酚等；无机酸性腐蚀如硝酸、硫酸、高氯酸等，遇到有机物（如食糖、稻草等）易氧化发热而引起燃烧。

三、常见的毒害品、腐蚀物品

（一）水溶性毒物

水溶性毒物是指那些容易溶解于水的强酸、强碱及某些有毒的无机盐类。常见的有硫酸、硝酸、盐酸、氢氧化钾、亚硝酸盐和盐卤等。

1. 硫酸。是一种无色、无臭的油状液体，工业用硫酸因含有杂质，多呈灰白色。通常出售的硫酸浓度为98%，比重1.84。它能以任何比例与水混溶，形成水合物而放出大量的热。它具有强烈的吸水性，并能从有机物质中吸取水分而发生碳化作用，因此硫酸洒在有机物如木头、动物肢体上，会使他们被碳化而变黑。

硫酸中毒多系误服、自杀所致。一些犯罪分子也曾利用硫酸进行毁容犯罪。吞入硫酸后，喉与胃立即有剧烈的烧灼痛感，迅速由局部蔓延到整个腹部，并发生剧烈呕吐、损伤，导致人体剧烈疼痛、休克甚至死亡。其致死量为4毫升。

2. 盐酸。盐酸为无色、发烟、有刺激臭味的液体。工业用盐酸多呈黄色。

盐酸与水可以任何比例混溶，并能溶于乙醇和醚当中，其腐蚀性不如硫酸和硝酸强。盐酸中毒多系误服或自杀所致，也有职业性中毒的可能。盐酸接触皮肤，可使局部出现红斑及水泡。浓盐酸的吞服致死量为15毫升。

3. 硝酸。硝酸是一种无色发烟的液体，受光线的影响，分解出棕色二氧化氮，具有强烈的刺激性和腐蚀性，储存时应避光保存。工业用硝酸因含杂质而呈黄色。主要用于制造染料和炸药等。硝酸中毒多半由于误服、自杀或吸入硝酸所致。其毒理作用除与硫酸相似外，还会使与其接触的皮肤或毛发呈现黄色并损伤，同时对心、肝、肾等也有严重损害。其吞服致死量为8~10毫升。

4. 强碱。强碱系指氢氧化钠和氢氧化钾，两者均为白色固体，吸收空气中的二氧化碳及水分而潮解，腐蚀性很强。强碱进入机体内，可使蛋白质溶解，组织液化坏死，并引起代谢障碍及心肌功能减弱以至发生虚脱。其中毒症状与强酸相似，吞服致死量约为10~15克。

5. 亚硝酸盐。亚硝酸盐主要是亚硝酸钠或亚硝酸钾，是一种白色结晶或粉末，无臭，味微咸带涩，易溶于水，微溶于醇及醚，露置空气中易氧化及潮解。因其色白、味咸，常容易误为食盐或面碱而中毒。亚硝酸盐中毒后能使呼吸中枢麻痹，引起窒息死亡。其吞服致死量为0.5~2克。

6. 盐卤。是制取食盐过程中剩余的残液或粗盐潮解渗下的液体。民间在制做豆腐时会用到盐卤（称为卤水）。盐卤味咸苦，对肠胃的局部刺激性很大，吸收后抑制中枢神经系统，尤其是呼吸中枢发生呼吸麻痹，最后可导致死亡。盐卤致死量约为50~100毫升。

（二）挥发性毒物

挥发性毒物，是指那些在酸性水溶液中易随水蒸气共同蒸馏出来的毒害、腐蚀物品。常见的有氰化物、甲醇、乙醇、水合氯醛、苯胺及硝基苯等。

1. 氰化物和氢氰酸。两者都是剧毒物品。常见的氰化物有氰化钠和氰化钾，它们都是白色易潮解的固体，贮存时不易露置在空气中。氰化物多经口服由消化道黏膜吸收，氢氰酸多由呼吸道吸入而引起中毒，导致呼吸麻痹并致死。

氢氰酸和氰化物中毒的特点是发作快，吸入高浓度氰化氢或口服大剂量氰化钾、氰化钠，可引起极为迅速的死亡。氢氰酸在空气中浓度达0.2~0.5毫克/升时，即能致人死亡；浓度为0.12~1.15毫克/升时，则吸入半小时至一小时后可致命。氰化钾、氰化钠的致死量为 0.15~0.25 克。

2. 苯酚与来苏尔。苯酚又叫石炭酸，是一种有特殊嗅味的无色结晶体，受光的作用会渐变为淡红色，并易从空气中吸收水分而液化。苯酸在医药上用作消毒防腐剂，工业上用作制造合成树脂、染料、炸药等原料。来苏尔是甲酚的肥皂溶液，又称煤酚皂溶液，是一种常用的消毒防腐剂，呈暗褐色油状，用水稀释后呈乳白色，浑浊，振摇即起泡沫。

酚和来苏尔均有凝结组织中蛋白质的作用，能使皮肤坏死，先白而原形红、棕色乃至黑色。酚的致死量为 10~15 克，来苏尔约为 50~100 毫升。

3. 乙醇和甲醇。乙醇即酒精，甲醇和乙醇很相似。甲醇也有微弱的酒精气味，两者均为无色可燃液体，易挥发，能和水及大多数有机溶剂混溶。

乙醇能麻痹中枢神经，抑制呼吸中枢，并能使血管扩张，尤其是皮肤毛细血管，因此饮用它能加快机体对毒性的吸收而使中毒迅速发生。其中毒致死量为 250~500 克。乙醇是各种酒类饮料中的主要成分。一些犯罪分子为了牟取暴利或为了达到其犯罪、毒害的目的，常用乙醇兑酒出售，或用饮酒手段及直接将毒物投入酒中诱骗害人。

甲醇在工业上被广泛地用于染料、树脂、橡胶和喷漆工业，用于制造胶片和人造革。甲醇中毒事故常由于误服或生产中不慎吸入大量蒸气所致。近年来，也出现了一些犯罪分子为牟取暴利，用工业用的甲醇勾兑成"白酒"出售，结果导致饮用者中毒死亡或失明的事件。甲醇实际上对人是积累性毒物，其毒性突出地表现在它以眼球视网膜的损害上，使视神经萎缩，视力减退，甚至失明。同时直接损害大脑组织，引起一系列神经症状。甲醇急性中毒症状为剧烈头痛、头晕、恶心、呕吐、共济失调、视觉障碍，重者呼吸困难、昏迷、抽搐，最后因呼吸麻痹而死。口服甲醇 5~10 毫升即可严重中毒或死亡。

（三）不挥发性有机毒物

不挥发性有机毒物主要是指那些分子结构比较复杂，不能随水蒸气挥发，对人和动物有显著生理作用的一类有机化合物，其中主要是一些药物，如安眠镇静药、生物碱等。

1. 巴比妥酸类安眠药

巴比妥酸类安眠药的种类达十余种，但使用最多的是巴比妥、苯巴比妥、异戊巴比妥和戊巴比妥等数种。他们的催眠作用时效、中毒量、致死量等见表3。

表3 　　　　　　几种常见药物催眠、中毒、致死剂量表

名称	催眠时效	中毒量（克）	致死量（克）
巴比妥（佛罗那）	长时效	3~10	5~20
苯巴比妥（鲁来那）	长时效	2~7	4~9
异戊巴比妥（阿密妥）	中等时效	1.5~2	2~3
戊巴比妥	短时效	>0.5	

巴比妥酸类药物多为口服，也有静脉注射或灌肠，多经肠胃吸收后对中枢神经系统起抑制作用，中毒者多为呼吸中枢麻痹而死亡，其尸体皮肤呈青紫色，唇、颜色、指尖等呈浅蓝色，尸斑明显。

2. 非巴比妥类安眠、镇静药

非巴比妥类安眠、镇静药主要有冬眠灵、非那根、奋乃静、利眠宁和安定、导眠能等。

冬眠灵，又称盐酸氯丙嗪，为白色粉末，无嗅，味极苦。其致死量为0.9~9克；非那根的学名为盐酸异丙嗪，其致死量为10克以上；奋乃静的学名为羟哌氯丙嗪，是白色粉末，其镇静作用比终眠灵强5~10倍，而毒性仅为冬眠灵的三分之一；利眠宁和安定均为白色粉末，是较新的镇静药，安定的镇静作用比利眠宁强5~10倍，口服后迅速被吸收，2~4小时后血液中浓度即达到最高峰，中毒症状和其他安眠镇静药相同。中毒量和致死量分别为0.5克和0.1克~0.5克/公斤；导眠能纯品为白色结晶粉末，无嗅，味微苦。它的催眠作用快，镇静作用强，服后20~30分钟即进入睡眠状态，能维持睡眠4~8小时，不易被外来刺激所惊醒，常代替巴比妥类或和巴比妥共用，一次服用5~10克可发生中毒。

3. 生物碱类有机毒物。生物碱类有机毒物，多数存在于植物体内，也有存在于动物体中。常见的生物碱有士的宁、马钱子碱、钩吻碱、乌头碱、阿托品以及吗啡和可卡因等，其中吗啡与可卡因将在毒品中予以介绍。

士的宁又叫番木鳖碱，主要用于挽救安眠药中毒和医治瘫痪等症，纯品为无色柱状晶体，无嗅，味极苦。士的宁属剧毒物品，致死量为 0.03~0.1 克，马钱子碱毒性仅有士的宁的 1/8~1/30；医用阿托品有硫酸阿托品、颠茄浸膏及颠茄合剂，使用过量即中毒。纯品为白色、无臭的针状结晶，有苦味，有剧毒。硫酸阿托品的致死量为 0.1~0.15 克。

钩吻与乌头均为草木药用植物，全株皆有毒，难溶于水，易溶于有机溶剂。中毒多为误服或服用过量而引起，严重时会因呼吸麻痹窒息而死，钩吻茎、叶的致死量为 2~4 克，乌头碱致死量为 3~5 毫克。

(四) 金属毒物

金属毒物种类繁多，以砷、汞、硒、铅、钡等为常见，它们毒性较大而且能引起急性中毒。

1. 砷及其化合物。砷俗名砒，一般见到的是灰砷，为灰色晶体，脆而硬。砷的氧化物有三氧化二砷和五氧化砷。三氧化二砷俗称为砒霜，有剧毒，成人的致死量约为 0.1 克。机体摄入砷后，会引起严重的肝脏不可逆损坏，皮肤常会出现斑点杂色，在摄入后数年斑点颜色会变深，最后可能发展为皮肤癌。工业上生产空气中砷的最高许可浓度为 0.0003 毫克/升。

2. 汞及汞化合物。汞是在常温下唯一的液体金属，银白色，易流动，俗称为水银，常见的是用于温度计、气压计中。汞有溶解许多金属的能力，所构成的合金统称为汞齐。在工业上空气中最高汞含量不得超过 0.01 毫克/米^3。

人体各部分的表皮都能吸收汞或汞化合物，因此汞中毒多为慢性中毒，这种中毒现象表现为牙齿松弛，口水增多。汞和汞盐都是有毒物质，严重的汞盐中毒可以破坏人体内脏的机能，常常表现为呕吐现象，牙床肿胀，发生齿龈炎症，心脏机能衰退。其中氯化汞的致死量为 0.3 克。

3. 铅及其化合物。铅是银灰色软金属。铅是一种导致积累性中毒的金属物，其毒性随溶解度的增大而增大。所有的铅化合物都是有毒的，人体如果摄取铅过量，就会产生积累引起慢性中毒。急性中毒症状与砷、汞相似，表现为腹绞痛、牙床变灰、脸色灰绿、虚弱、便秘、手臂痉挛，病情发展时会引起神经系统紊乱。在工业上空气中允许的最高铅含量为 0.00001 毫克/升。其致死量：醋酸铅为 50 克，铅粉 20 克以上。

（五）农药

我国农药的品种很多，常用的有百余种。农药都有毒性，但属于剧毒的只有一部分，如有机磷、有机氯、含氟农药中的一些品种。这些农药由于经常使用，容易被人用于自杀和他杀，也容易使用不当引起中毒。

1. 有机磷类农药。常见的有机磷农药主要有对硫磷、内吸磷、甲拌磷、滴滴畏、西梅托、乐果等。其中毒途径可以由呼吸、肠胃或皮肤侵入机体。有机磷进入机体10分钟，最迟半小时即发生中毒反应，1~4小时内死亡。

2. 含氟农药。含氟农药分无机类和有机类两种。氟乙酰胺是一种高效、剧毒、内吸性有机氟农药。纯品为无色、无嗅、无味的针状晶体。其中毒症状主要表现在神经系统方面，对心脏也有明显损害作用，最终因气管痉挛、呼吸衰竭而死去。其致死量为0.1~0.5克。

3. 有机氯类农药。我国的有机氯类农药有30多种，曾是用量很大的农药种类，主要用于杀虫杀菌和除草，能够引起中毒的有六六六、滴滴涕、毒杀芬、五氯酚钠等。这类农药易在体内积蓄形成慢性中毒，并能从乳汁中排出，对婴儿也有一定毒害作用，已被国家淘汰生产。

4. 杀鼠药。杀鼠药主要有磷化锌、安妥、敌鼠和杀鼠灵等。磷化锌是一种灰黑色带光泽的重质粉末，有弱蒜臭味，成人口服磷化锌1/3克以上即出现中毒症状，口服2克可致死；市售的敌鼠为淡黄色粉末，口服0.06~0.25克敌鼠钠盐即可引起中毒，口服0.5~2.5克敌鼠钠盐可致死。

四、毒品

（一）毒品的概念

毒品是指国家依法管制的能够使人形成瘾癖或产生依赖性的麻醉药品和精神药品。"能成瘾癖"，即能够使人形成习惯性的病态嗜好，"产生依赖性"，是指需要靠药品来维持生理机能。麻醉药品和精神药品是医治某些疾病所不可缺少的药物，在医疗中为了治疗疾病而依法合理使用的麻醉品和精神药品，一般不称为毒品。

毒品中的麻醉药品是指对中枢神经有麻醉作用，连续使用后易产生身体依赖性、能成瘾癖的药品，包括鸦片类、可卡因类、大麻类、合成麻醉品类以及卫生部指定的其他易成瘾癖的药品、药用原植物及其制剂。对麻醉药品产生身体依赖性的人，如果中断用药，就会出现明显的病态反应。例如，习惯于使用吗啡、可卡因、海洛因、哌替啶等麻醉性镇痛药（Narcotic）的人，在突然停药时，表现有呵欠、流泪、流涕、出冷汗、瞳孔放大、震颤、不安、腹部痉挛、起鸡皮疙瘩、排粪、呕吐、收缩压和直肠温度增高、呼吸速率增加等，重者可引起惊厥、呼吸衰竭和死亡。连续使用麻醉药品的时间越长，对该药品的身体依赖性越大，对药物的耐受也越强，用药剂量也随之不断增加，对健康的损害也越严重。

精神药品，是指直接作用于中枢神经系统，使之兴奋或抑制，连续使用能产生依赖性的药品。它包括中枢神经系统兴奋药和中枢神经系统抑制药。中枢兴奋药主要包括抗抑郁药、苯丙胺类和甲基黄嘌呤类药物。中枢抑制药主要包括催眠药、安定药等。

有些麻醉药品和精神药品能引起由错觉到幻觉的各种知觉变化的精神分裂症样反应，被称为"致幻药"（Hallucinogen），这类药物主要有仙人球毒碱、骆驼蓬碱以及许多抗胆碱药物和呱啶基化合物。

（二）毒品的种类及性质

目前世界上最常见的和最主要的毒品，有以下几种：

1. 镇静剂。又称中枢神经系统镇静剂，它可以减弱人的心理活动能力。常见的被滥用的毒品有：鸦片、吗啡、海洛因、可卡因等天然毒品和美沙酮、巴比妥酸盐、苯巴比妥等合成毒品。

（1）鸦片。鸦片是以罂粟为原料制成的毒品。罂粟是一种栽培的一年生植物，多种植于北半球温带和亚热带，原产于欧洲。罂粟约2~4英尺高，开花（有红、白、紫、粉红等色），每朵花有4个花瓣。罂粟叶子大而光滑，呈绿色，带有儿银色的光泽。罂粟的果实形状近似于圆球，将成熟的罂粟果实割破，会流出牛奶样的汁液，当其渐渐干燥后，变成棕色，进一步干燥时颜色加深，表面干燥而脆，里面却保持柔软和黏性，成为生鸦片。生鸦片有强烈的、令人作呕的气味。把生鸦片经过烧煮或发酵，就成为适合吸食的熟鸦片。熟鸦片通常呈条状、板状或块状。它光滑柔软、有油腻感，呈棕色或黄金色。吸食时熟鸦片会发生强烈的香甜气味。

鸦片吸食者在相当长的时间内能够保持职业和智力活动，但如果吸食成瘾，剂量增加后，就会变得瘦削不堪，面无血色，目光发直，瞳孔缩小，失眠，对什么都无所谓。身体的衰弱使得吸食者非常容易患多种疾病，因为他的先天免疫力已经丧失。

（2）吗啡。吗啡是鸦片的主要有效成分（鸦片中含有10%的吗啡），它是从生鸦片或鸦片罂粟杆中提取的一种白色粉末。连续使用吗啡可成瘾，这迫使吗啡成瘾者不断增大剂量以收到相同的效果，于是不论人身体上或从心理上都对吗啡产生依赖性。大剂量长期使用吗啡，会引起精神失常的症状，出现谵妄和幻觉。过大剂量时可导致呼吸衰竭而死亡。滥用者大多数采用注射法吸毒。

（3）海洛因。海洛因有颗粒状，也有粉末状，极纯的海洛因系白色粉末，一般非极品的海洛因颜色会呈浅棕色到深灰色。海洛因可用鼻吸、吞食，还可以通过皮下注射或静脉注射吸收。海洛因极易成瘾，且难戒断，长期吸食海洛因者，瞳孔缩小、说话含糊不清、畏光、身上发痒、身体迅速消瘦，容易引起病毒性肝炎、肺浓肿和肺气栓塞，用量过度会引起昏迷、呼吸抑制而死亡。

2. 兴奋剂。兴奋剂又称中枢神经系统兴奋剂，它可以使人情绪抗奋。常见的兴奋剂有：古柯、可卡因等天然毒品和安非他明、甲基苯丙胺、美特拉嗪等合成毒品。

（1）可卡因。又名古柯碱，是从古柯属的小灌木树叶中提取出来的一种粉末状的白色晶体。可卡因对中枢神经系统有高度毒害作用，可刺激大脑皮质，产生欣快感及视、听、触等幻觉。用药后极短时间即可成瘾，逐渐发生偏执型精神病，日渐加剧，卒致精神衰退，并伴随失眠、食欲不振、恶心等症状。大剂量时可刺激脊髓，引起惊厥，乃至整个神经系统抑制，导致呼吸衰竭而死亡。其致死量为1克左右。

（2）安非他明。医学上用于治疗嗜眠症。服用后使人非常健谈、激动，被称为"兴奋药丸"。

（3）甲基苯丙胺。又称"冰毒"，是一种强烈的中枢神经兴奋剂，系白色块状晶体，长期服用易成瘾。"冰毒"是20世纪70年代才被发现的，其毒性、症状同可卡因。

3. 幻觉剂。幻觉剂是能使人产生幻觉或错觉的毒品。常见的有麦司卡林、致幻蘑菇等天然毒品和二甲基色胺、二乙基色胺、麦角酸二乙酰胺等合成毒品。

4. 既是镇静剂又是致幻剂的毒品。主要是大麻类。小剂量服用大麻，其作用类似镇静剂；大剂使用时，便会起到致幻作用。大麻类毒品主要包括大麻花顶或果实、大麻叶、大麻树脂、大麻油。

少量吸食大麻，会引起舒适的欣快感，出现梦幻般的心醉神迷，最后情绪突然压抑，出现昏睡。大量吸食会产生错觉和复视，视物变形，色彩夸张，出现各种毫不连贯的怪诞思想，想法荒谬，知觉失去完整性，产生强烈的自我意识，焦虑不安。有些出现意识障碍和受迫害的狂想，行为失去自控，突然产生暴力进攻的欲望，有时会实施暴力犯罪。

毒品的种类范围不是一成不变的，随着某些新型毒品的合成或发现某种药品具有易成瘾癖和可能被滥用造成危害的特性，毒品的种类范围也会不断扩大，通常各国采取开列或定期公布毒品管制药物清单的方法，确认毒品的范围。

第六节 放射性物品管理

一、放射性物品的概念

所谓放射性物品，是指某些元素和它们的化合物，结构不稳定，衰变时能从原子核中放射出肉眼看不见的、有穿透性的粒子——射线，具有这种特性的元素及它们的化合物，我们称之为放射性物品。广义地讲，凡是具有放射性能的物品都是放射性物品，它既包括放射性同位素、放射性废物，也包括具有放射性能的核材料。但对核材料的管理，适用1987年《核材料管制条例》以及1991年《核材料管制条例实施细则》，本书不作论述。

具有放射线的元素是放射性元素。放射性元素有天然的和人工制造的两种。自然界中存在的各种元素中，原子序数在84以后的都带有放射性。人工制造的放射性元素，是利用原子裂变的方法和从重核裂变的产物中得到的。

二、放射性物品安全监督管理

(一) 许可登记制度

凡从事生产、销售、运输、储存、处置、使用放射性同位素和含放射源装置的单位和个人，必须向省级卫生行政部门申请许可，取得《放射性同位素工作许可证》；并同时向省级公安部门进行登记，取得《放射性同位素工作登记证》后，方可从事放射性物品的工作。许可证和登记证每年核查一次，每五年换发一次。

省级卫生行政部门和公安部门要按照国务院颁布的《放射性同位素与射线装置放射防护条例》，严格审查申报材料，认真考察从事放射工作的条件，对符合法规、标准要求的，予以核发证件。

（二）安全运输制度

运输放射性物品，必须妥善包装，并经卫生防护部门检查，开具《放射性物品剂量检查证明书》后方准发运。严禁个人随身携带放射性物品进入公共场所和乘坐车、船、飞机。运输放射性物品必须用机动车辆专程运输，运输量大的，还须指派专人护送押运，途中如经过大中城市、旅游地区，应报告当地市、县公安机关，并按其指定的路线、时间、车速行驶通过。途中停车要有专人看守，防止丢失被盗。

（三）储存保管制度

储存放射性物品的单位，必须设有专门的储存室，并设专人保管。在储存室外应设置放射性物品的危险标志，储存室周围不准堆放易燃易爆等危险物品。放射性物品丢失或被盗，保管人员应及时报案，并协助公安机关积极查找。

（四）安全使用制度

使用放射性同位素的单位，在开展工作前，要向省卫生部门申请许可，取得《放射性同位素工作许可证》，并向环境保护部门申请登记，经审查同意，由环境保护部门发给《放射性同位素工作许可登记证》，方准工作。工作单位凭"许可登记证"向供货单位购买所需放射性物品。

各级卫生管理部门和公发部门负责放射性物品安全使用的卫生防护工作，依法对使用单位进行监督、监测和检查。

（五）废物处置制度

放射性废物包括过期放射源和使用过程中受射线污染的废弃物品，这些废物虽然失去了使用价值，但仍然能够放射射线，污染环境、水源、空气，因此，不能随意抛弃丢撒，也不能私自掩埋，必须进行专门的处置。处置放射性废品的单位要拟定处置方案，报经卫生、公安、环保部门批准后，按方案规定处置。

（六）事故处理

发生放射性事故的单位应立即向所在地的卫生、公安部门报告。报告清楚事故发生的地点、时间、造成事故的核素，核素现有活度、危害程度和范围。重大事故和特大事故还要立即报告卫生部和公安部。

发生放射性事故时,公安部门要与卫生部门协同处理事故。公安机关在放射性事故处理中负有以下任务:

1. 弄清事故发生的地点、时间、造成事故的核素、核素现有活度、危害程度和范围。

2. 公安机关在弄清事故发生的详细情况后,应征求卫生部门的意见,立即采取措施防止事故继续发生和蔓延而扩大危害范围。

3. 保护好事故现场。在采取应急措施时,应尽量保护好现场,尤其不要让无关人员进入,必要时可以划定警戒线和警戒区,如果区域面大,可用明显标志划出禁区,设立岗哨,严禁无关人员进入禁区。

4. 事故处理要及时、迅速、彻底。事故发生后,要迅速组织各方人力、物力采取果断措施进行处理,而且要处理彻底。尤其是污染事故,不能采取掩埋、封闭现场的方法处理。如果丢失放射性物品,公安机关要迅速组织力量侦查破案,把放射性物品尽快找回。

思 考 题

1. 危险物品有哪些特性?公安机关对其管理的范围是什么?
2. 公务用枪的配备范围是什么?
3. 常见的爆炸物品有哪些?公安机关对爆炸物品管理的环节有哪些?
4. 什么是毒害品和腐蚀物品?常见的毒害品和腐蚀物品有哪几类?
5. 目前世界上常见的毒品有哪几种?
6. 什么是放射性物品?公安机关管理放射性物品主要依靠哪些制度?

第六章　消防监督管理

第一节　消防工作方针及原则

消防工作是在各级人民政府的领导下，制定和落实消防规划，并由公安机关消防机构具体负责实施监督管理，进行火灾预防和灭火救援等一系列与火灾作斗争工作的总称，包括制作城市消防规划，进行消防宣传教育，研究、推广消防科技，监督管理消防安全责任单位落实消防措施，组建消防组织和组织指挥火灾现场的扑救等一系列工作。

一、消防的含义

我国同火灾作斗争的历史由来已久。根据《周礼》记载，早在西周时期，在夏、商"六卿"官职设置的基础上，增加了"司寇"这一官职，在"司寇"之下设有司民、司后、司烜氏、禁暴氏、野庐氏、司寤氏等官职，其中，司烜氏，掌火禁，负责防火，类似今天的消防监督。历史上将同火灾作斗争的消防管理，一般称之为"火政"或者"火禁"等。

然而"消防"一词却是从日本传入我国的，原意泛指消灭和预防火灾、水灾、风灾、地震等几种灾害，现在的含义是预防和扑救火灾的总称。20世纪20年代后，逐渐演变为同火灾作斗争的防火与灭火工作，称为"消防火灾"。后来逐渐把"火灾"二字省略，简称"消防"。

二、消防工作方针

我国消防工作贯彻"预防为主，防消结合"的方针。"预防为主"，就是在消防工作的指导思想上，要把预防火灾放在首位，动员和依靠人民群众，贯彻落实各项防火工作的行政措施、技术措施和组织措施，从根本上防止火灾的发生或者避免和减轻火灾的危害。要求每一个公司和消防安全责任单位不断提高消防安全意识，自觉遵守、执行消防法规和国家消防技术标准，积极发现和消除火险隐患；作为监督管理部门的公安机关消防机构也应当把监督管理的工作重点放在火灾预防上。

"防消结合"，就是要把同火灾作斗争的两个基本手段——预防和扑救火灾有机结合起来，在积极做好防火工作的同时，还要从思想上、组织上、物质上、技术上做好灭火救援的战斗准备。一旦出现火警、火灾，能够迅速、有效地组织扑救，把火灾的危害控制在最小范围内，最大限度地减少火灾所造成的人员伤亡和财产损失。这就要求公民和消防安全责任单位既要充分认识到积极预防的必要性，还要认识到要想完全避免火灾发生是不可能、不现实的。在预防火灾的同时，也要为提高火灾预知能力、报警能力和扑救能力做切实的工作。公安机关消防机构则应在预防的基础上，首先从维护和完善城市公共消防设施上作工作，监督城市建设和城市管理部门落实消防规划；其次要研究、推广、使用先进的消防技术、消防装备，增加接报火警和扑救火灾工作的科技含量；第三则应通过建立一套严格、科学的管理体系和灵活、机动、反应迅速的消防力量，来提高火灾扑救工作效率。

"防"和"消"是相辅相成、不可分割的整体。"防"是消防工作的主要手段，"消"则补充了"防"的不足。因此对这一方针要全面、正确地理解和贯彻。既要防止"重消轻防"，又要避免"重防轻消"的倾向。

三、消防工作原则

消防工作原则，是各级人民政府及公安机关在对火灾进行预防、管理、扑救的活动中观察问题、处理问题所必须遵循的基本准则。根据《消防法》的规定，消防工作原则可归纳为以下几项：

（一）坚持专门机关和群众相结合的原则，实行防火责任制

坚持专门机关和群众相结合的原则，是我国公安工作的基本方针，也是我国

党和政府的群众路线在公安工作中的具体运用。《消防法》将这一原则确定为消防工作的基本原则。

1. 专门机关和群众相结合在消防工作中的含义及要求

这里所说的"专门机关"主要是指公安机关的消防监督部门、公安消防队和一些企业、事业单位的专职消防队。

在消防工作中，专门机关和群众相结合就是既要充分发挥专门消防机关在消防工作中的主导作用，即在火灾预防、业务培训和灭火战斗中由公安消防机构统一领导和指挥，又要在火灾预防和扑救中充分发动群众、组织群众和依靠群众，把专门机关的职能作用与人民群众的积极主动性结合起来。专门机关和群众相结合的原则，对消防工作提出了具体的要求：

一是在火灾预防方面，将公安机关的消防机构及其他专门机关的宣传教育、监督检查、业务指导等专门职能，同以防火责任制为核心的人民群众的积极主动预防结合起来，开展群众性的消防工作，实现消防工作社会化。如《消防法》规定，"各级人民政府应当经常进行消防宣传教育，提高公民的消防意识"；"教育、劳动等行政主管部门应当将消防知识纳入教学培训内容"；"新闻、出版、广播、电影、电视等有关主管部门，有进行消防安全宣传教育的义务"。

二是在消防组织建设方面，除应加强我国消防力量的主力军——公安消防队的建设外，还必须根据实际情况在社会各单位和人民群众中发展多种形式的消队队伍。

三是在灭火救援方面，公安消防机构有迅速组织、指挥灭火的责任，同时任何单位、个人都有维护消防安全、保护消防设施、预防火灾、报告火警的义务。任何单位、成年公民都有参加有组织的灭火工作的义务。

2. 防火安全责任制

防火安全责任制，是指在消防工作中，在国务院的领导下，各地区、各部门、各行业、各单位以及每个社会成员在各自的职责范围内对社会或单位内的防火安全工作承担责任，并在明确责任范围的基础上由专人负责的制度。

根据防火安全责任制的要求，社会各单位和个人都应承担消防安全的责任。首先是国务院对全国消防工作负有领导责任，地方各级人民政府对各自行政区域内的消防工作负有领导责任，各级人民政府公安机关的消防机构对各自行政区域内的消防工作实施监督管理。这是对消防工作领导和实施主体防火安全责任的要求。除此以外，更重要的是对居于消防监督对象地位的社会各机关、团体、企业、事业单位和有关个人所应承担的消防安全责任。

对单位来说，单位的法定代表人或者主要负责人应当对本单位的消防安全工作全面负责，并在单位内部实行和落实逐级防火责任制、岗位防火责任制。每位分管领导应当对自己分管工作范围内的防火安全工作负责；各部门、各班组负责人以及每个岗位的人员应当对自己管辖范围内的消防安全负责，切实做到"谁主管，谁负责；谁在岗，谁负责"，以保证消防法律、法规和规章的贯彻执行，保证消防安全措施的落实。

（二）消防工作由国务院领导，由地方各级人民政府负责的原则

这一原则明确了消防工作的领导主体是各级人民政府，从而将消防工作从一般的公安行政管理上升为一项重要的政府工作，愈发体现出其重要意义。

国务院作为中央人民政府，最高国家权力机关的执行机关、最高国家行政机关，加强对全国消防工作的领导，对于更快地发展我国消防事业，使消防工作更好地保障我国社会主义现代化建设的顺利进行，使消防法能够更好地贯彻实施，具有重要作用。

地方各级人民政府负责自行政区域内的消防工作，应当将消防工作纳入国民经济和社会发展计划，以保障消防工作与经济建设和社会发展相适应。具体地说，地方各级人民政府应对以下消防工作负责：

1. 进行经常性的消防宣传教育，提高公民的消防意识。各级人民政府应当将消防宣传教育列入政府工作重要的议事日程，围绕以下内容，进行有针对性的宣传教育、培训。一是消防法规、消防技术标准如工程建筑消防技术标准和消防产品技术标准等。二是普及消防知识，了解、掌握基本的消防技能。如物质燃烧知识、电气防火知识、建筑防火知识、家庭防火知识、易燃易爆物品防火防爆知识、灭火基本知识以及消防器材的使用知识和技能、发生火灾的逃生自救互救知识等。

2. 城市人民政府应当将消防规划和建设纳入城市总体规划，并负责组织有关主管部门实施。消防规划，是指在城市人民政府的统一领导下，由公安消防监督机构会同城市规划主管部门及其他有关部门共同编制的有关消防安全布局、消

防站、消防供水、消防通信、消防车通道、消防装备等内容的设计和规定。由于消防规划涉及城市规划、土地管理、市政、供水、电信、交通、电力、燃气、消防等诸多部门，城市人民政府有责任组织有关主管部门组织规划。城市人民政府在新建、改建、扩建城市时，应当组织规划、消防等有关部门对城市消防安全布局和公共消防设施、消防装备的建设进行合理规划，将消防规划纳入城市总体规划，与城市其他基础设施同步规划、同步建设。

3. 各级人民政府应当根据防火灭火需要，组织领导消防科学技术研究，推广、使用先进消防技术、消防装备。加强消防科学技术研究，不断提高消防设施和装备的科技含量，研制并采用先进的消防技术、消防装备，对于有效地预防和扑救火灾，提高全社会抗御火灾的能力具有十分重要的作用。

4. 各级人民政府应当根据经济和社会发展的需要，建立多种形式的消防组织，加强消防组织建设，增强扑救火灾的能力。建立健全消防组织是抗御火灾、保卫经济建设和人民安居乐业的重要保证，是"预防为主，防消结合"方针的重要体现。因此，各级人民政府应当在各自的职权范围内，按照国家规定的消防站建设标准，规划建设相应的消防组织，承担扑救火灾的任务。

5. 扑救特大火灾时，地方人民政府应当组织有关人员、调集所需物资支援灭火。火灾以经济损失和人员伤亡等危害情况为依据来划分，可分为一般火灾、重大火灾、特大火灾，其中特大火灾是指一次火灾事故具有死亡10人以上；重伤20人以上；死亡、重伤20人以上；受灾50户以上或者直接财产损失一百万元以上情形之一的火灾。扑救特大火灾，往往涉及范围广泛，甚至需要跨省、跨地区调集人员、物资进行灭火，这时，有关的地方人民政府应当迅速地组织有关人员调集物资，以保证灭火工作的顺利进行。

6. 对于特大火灾事故，国务院或者省级人民政府认为必要时可以组织调查。特大火灾事故如果影响大，伤亡重，导致火灾发生的原因复杂，涉及的部门和责任人较多时，则应由国务院或者省级（省、自治区、直辖市）人民政府来组织调查，以保证特大火灾事故调查工作及事故处理工作的顺利进行，依法追究火灾事故责任。

7. 依法决定对经济和社会生活影响较大的责令停产停业的处罚。对经济和社会生活影响较大，包括对供水、供气、供电等重要厂矿企业，重要的基建工程、交通、邮电通信枢纽，以及其他重要单位场所由于实施违反消防法律规定而应当给予责令停产停业的处罚时，考虑到其停产停业后的影响，公安消防机构必须报请当地人民政府，由人民政府依法决定后，公安消防机构具体执行。

（三）消防工作由公安机关消防机构负责实施监督管理的原则

消防监督管理的实施主体是公安机关消防机构，公安部对全国的消防工作实施监督管理，县级以上地方各级人民政府公安消防机构对本行政区域内的消防工作实施监督管理。有特殊规定的除外。

根据这一原则要求，公安消防机构应当在自己的职责范围内，严格依法管理，履行监督管理职能。

第二节　消防监督机构及其职责

一、消防监督管理的含义

消防监督管理，是指公安机关消防机构在各级人民政府的领导下，依照国家消防法规，运用科学的管理方法和技术，通过对各类消防安全责任人的监督管理，同火灾作斗争的一项专门工作。它是消防工作的核心内容，也是公安工作的重要组成部分。

二、公安消防监督机构及其职责

（一）公安消防监督机构设置及监督管理范围

依据《消防法》的规定，县级以上公安机关在人民政府的领导下，负责实施消防监督管理。具体由其内部设置的专门负责消防监督管理的职能部门和机构来负责，它既是公安机关的职能部门之一，也是各级政府对消防工作的行政管理部门。

我国县级以上公安机关内部都设有专门负责消防监督的机构。公安部设有消防局；省、自治区、直辖市公安厅、局中设立有消防局（总防）；地区、市（州、盟）公安处、局设立的消防分局（支队）；县、市（旗）公安局中设立有消防科（大队）。

公安消防机构的监督管理范围是除了以下两种特殊规定以外的所有单位和个人。这两种"特殊规定"是：一是军事设施、矿井地下部分、核电厂的消防工作,由其主管单位监督管理。"军事设施",即国家直接用于军事目的的下列建筑、场地和设备:指挥机关、地面和地下的指挥工程、作战工程;军用机场、港口、码头;营区、训练场、试验场;军用洞库、仓库;军用通信、侦察、导航、观察台和测量、导航、助航标志;军用公路、铁路专用线、军用通讯、输电线路、军用输油、输水管道;国务院和中央军事委员会规定的其他军事设施。其消防工作由军事部门负责监督管理。"矿井地下部分、核电厂"由于有较强的专业技术的特殊性,因此,其消防工作应由其主管部门进行监督管理。二是森林、草原的消防工作的监督管理,依据《森林法》、《草原法》和《森林防火条例》、《草原防火条例》的具体规定执行。

(二)地方消防监督机构职责

消防监督机构在监督管理过程中应当履行下列职责:

1. 依法进行消防监督检查,切实落实防火责任制。公安消防机构要依法对有关机关、团体、企业、事业单位和居民住宅区的管理单位及有关个人遵守消防法规和消防技术标准,落实消防安全责任制,采取消防安全措施,预防火灾,对履行消防安全职责情况进行监督性检查。

2. 依据国家工程建筑消防技术标准对建筑工程的消防设计以及变更设计进行审核;竣工时,进行消防验收。国家工程建筑消防技术标准是指国家颁布的各类建筑设计防火规范,如《建筑设计防火规范》、《高层民用建筑设计防火规范》、《火灾自动报警系统设计规范》、《建筑内部装修设计防火规范》等,这些标准都是国家强制性标准,是建设、设计、施工等从事建筑活动的单位和公安消防机构必须遵照执行的。消防设计未经公安消防机构审核或者经审核不合格的,建设单位不得擅自施工。为加强政府有关主管部门之间的制约和配合,未经审核或者审核不合格的,建设行政主管部门不得发给施工许可证。

3. 确定本行政区域内的消防重点单位,报本级人民政府备案,并对其履行消防安全职责情况进行定期监督检查。县级以上地方各级人民政府公安机关消防机构应根据发生火灾的危险性以及一旦发生火灾可能产生的危害后果的原则来确定消防重点单位,落实相应的消防安全责任,并对其进行定期的监督检查。

4. 加强易燃易爆物品的生产、储存、运输、销售、使用或销毁等环节的管理。

5. 对消防产品、电器产品、燃气用具的防火质量进行监督管理。"消防产品",是指用于预防、扑救火灾和在火灾现场防护、救生使用的产品。它属于安全类产品,其质量直接关系到发生火灾后消防产品能否有效地发挥作用,从而保障人身和财产安全。因此,对消防产品是否符合国家质量标准和行业质量标准,是否符合有关法律、法规如《产品质量法》、《质量认证管理条例》等的规定,是公安消防机构对之进行监督管理的重要内容。电器产品及燃气用具安装不当,违反使用、操作规定和产品质量低劣,极易引发火灾,因此,公安消防机构应对电器产品和燃气用具的生产、设计、施工及质量等是否符合国家技术标准或者行业标准,遵循技术规范等情况进行监督管理。

6. 组织消防宣传教育,监督有关单位和个人消除火险隐患。火险隐患是指有关单位和个人因违反消防法规、消防技术标准而造成可能引发火灾的不安全因素。公安消防机构应当进行经常性的消防宣传教育,发动有关单位和群众主动发现和消除火险隐患。公安消防机构在监督检查中发现火险隐患时,应当运用责令改正、限期整改等措施,督促有关单位或者个人消除隐患。

7. 配合城市人民政府组织有关主管部门实施城市总体规划中的消防规划,加强公共消防设施的建设与管理。

8. 协助各级人民政府抓好消防科学技术研究工作,鉴定和推广应用消防科技研究成果。公安部和省、自治区、直辖市公安厅(局)消防机构应当根据防火、灭火的需要,制定科研计划,具体组织开展消防科技研究工作,鉴定和推广应用消防科技成果。

9. 协助各级人民政府根据经济和社会发展的需要,建立以公安消防队为主的多种形式的消防组织,并对专职消防队和义务消防队进行业务指导。

10. 统一组织和指挥火灾的扑救工作。组织、指挥扑救火灾是公安消防机构尤其是公安消防队的重要职责之一。由于灭火工作不同于其他工作,涉及面广、专业性强、时间紧迫、参战力量多。这就要求必须高效率地调动人力、物力,统一行动,步调一致,有效灭火。

11. 负责调查、认定火灾原因,查明火灾事故责任,依法对有关责任人提出处理意见。调查、认定火灾原因是公安消防机构的一项重要职责,也是查明事故责任,处理火灾事故责任者,研究火灾发生、发展的规律,加强和改进消防工作的一项基础性工作。主要通过询问有关人员、现场勘查、技术鉴定、模拟实验等工作来综合分析认定。火灾原因认定后，公安消防机构应当制作《火灾原因认定书》。在认定火灾原因的基础上，公安消防机构还要依法查明责任单位和有关人员的火灾事故责任，并按情节轻重和责任大小依法提出处理意见。

第三节　消防安全责任

消防工作是社会性很强的工作，不是哪一个部门、哪一个行业能够独立承担的。近年来，火灾事故多发、火灾形势严峻的主要原因之一是：消防安全责任不明确、不具体、不落实。因此《消防法》在明确规定消防工作实行"防火责任制"的基础上，对每个单位和个人的消防安全责任都作了明确规定。

一、公民的消防安全责任

为实现全民参与消防，实现消防工作的社会化，每个公民都应当承担并落实消防法规所规定的消防安全责任。这是一种普遍性的社会责任。具体包括：

1. 维护消防安全、保护公共消防设施、预防火灾。
2. 遵守所在机关、团体、企业、事业单位的消防安全责任要求。
3. 发现火灾，立即向公安机关消防机构报警。
4. 成年公民有参加有组织的灭火工作的责任。
5. 接受消防宣传教育，采取防火措施。
6. 对公安机关消防机构的扑救火灾工作应当予以协助，对消防机构的紧急措施不得以任何理由拒绝。

二、一般单位的消防安全责任

机关、团体、企业、事业单位应当履行下列消防安全职责：

1. 制定消防安全制度、消防安全操作规程。
2. 实行防火安全责任制，确定本单位和所属各部门、岗位的消防安全责任人。
3. 针对本单位的特点对职工进行消防宣传教育。
4. 组织防火检查，及时消除火灾隐患。
5. 按照国家有关规定配置消防设施和器材、设置消防安全标志，并定期组织检验、维修，确保消防设施和器材完好、有效。

6. 保障疏散通道、安全出口畅通，并设置符合国家规定的消防安全疏散标志。

居民住宅区的管理单位，也应当依照以上规定履行消防安全职责，做好住宅区的消防安全工作。

三、重点单位的消防安全责任

（一）消防安全重点单位的概念

消防重点单位是指县级以上各级人民政府公安机关消防机构确定的本行政区域内发生火灾可能性较大的单位，以及一旦发生火灾可能造成人身重大伤亡或者财产重大损失的单位。通常应包括重要的厂矿企业、基建工地、交通枢纽、粮棉百货等物资集中的仓库、首脑机关、主要科研单位、历史文物建筑、图书馆、档案馆、陈列馆、易燃建筑密集区和经常聚集大量人员的重要场所等。

（二）消防安全重点单位的消防安全职责

消防安全重点单位除应履行一般单位的消防安全职责外，还应当履行一些特别的消防安全职责，主要有：

1. 建立防火档案，确定消防安全重点部位，设置防火标志，实行严格管理；
2. 实行每日防火巡查，并建立巡查记录；
3. 对职工进行消防安全培训；
4. 制定灭火和应急疏散预案，定期组织消防演练。

四、专职消防队、义务消防队建设

（一）我国消防组织的分类

根据我国经济和社会发展的需要，我国已形成了以公安消防队为主的多种消防队伍并存的消防组织体制。

1. 公安消防队。是由公安消防机构领导下的专门从事火灾扑救的军事化力量。我国现有的公安消防队包括兵役制公安消防部队和职业制公安消防队伍。我国兵役制公安消防队组建于建国初期，当时是由公安消防民警组成。1965年公安消防队员实行义务兵役制，1967年中队以下干部转为现役制，1983年1月中央决定公安消防队伍统一实行现役制，纳入中国人民武装警察序列，享受解放军同等待遇。这是我国消防力量中的主力军。职业制公安消防队由广东深圳首先建立。广东省深圳市于1984年按照"特区特办"的精神，在考察了香港的做法之后，招收了一批本地和外地青年，建立了职业制公安消防支队，由政府拨给经费，人员纳入公安行政编制，享受公安干警待遇。近年来，为缓和消防警力不足的矛盾，广东、福建、浙江、黑龙江、辽宁、山东等地由地方政府出编，招收一些公安职业民警充实消防队伍。另外，在铁路、交通、民航公安机关中的消防工作人员实行的也是职业制。

公安消防队除应履行火灾扑救的法定主要职责外，还应当参加其他灾害或者事故的抢险救援工作，例如处置各种化学危险物品泄露事故，参加水灾、风灾、地震等重大自然灾害的抗灾救灾斗争等。

2. 专职消防队。主要是由企业事业单位，县、市、区、乡镇人民政府等组建的专门从事防火、灭火工作的专职化组织。专职消防队由企业的法定代表人或单位负责人领导，日常工作有本单位保卫或安全技术部门管理，在业务上接受当地公安消防机构的指导。

3. 义务消防队。城乡义务消防队主要是指企业、事业单位或者其他社会基层组织建立的非专业性的民间消防组织，是一种单位和群众自防自救的组织形式，是预防和扑救初期火灾的一支最基本力量。它是消防工作走群众路线的重要途径，符合消防工作社会化、全民化的要求，它在火灾的初期扑救工作中发挥着极重要的作用。

（二）企业、事业单位专职消防队建设

《消防法》规定，以下企业、事业单位应当组建专职消防队，承担本单位的火灾扑救工作：

1. 核电厂、大型发电厂、民用机场、大型港口；
2. 生产、储存易燃易爆危险物品的大型企业；
3. 储备可燃的重要物资的大型仓库、基地；
4. 除以上三项以外的火灾危险性较大、距离当地公安消防队较远的其他大型企业；
5. 距离当地公安消防队较远的列为全国重点文物保护单位的古建筑群的管理单位。

单位专职消防队的建立，应当符合国家有关规定，并且报省级人民政府消防机构验收。根据1987年国家经委、公安部、劳动人事部、财政部联合发布的《企业、事业单位专职消防队组织条例》的规定：专职消防队员应当热爱消防工作，身体健康，具有初中以上文化程度，年龄在18岁以上、30岁以下的男性公民。

在保安服务被各单位所普遍采用之前，各企事业单位及各级政府主要从单位抽出保卫工作的人员以及治安联防员、治安积极分子等，组建单位的专职消防队。保安服务公司大量出现以及保安人员被各单位所普遍聘用后，各单位的专职消防队外，在有保安的情况下主要由保安人员组成，同时也包括在单位内部从事保卫工作的人员以及治安积极分子等。

专职消防队在消防工作中的任务主要是：建立防火责任制，具体承担本单位的防火安全检查工作，督促整改火险隐患，建立防火档案；在本单位开展消防宣传活动，普及消防知识，推动消防安全制度的贯彻落实，并负责训练本单位的义务消防队；在本单位改变生产、储存物资的性质、变更原材料、产品以及需要进行新建、改建、扩建工程施工时，应向单位领导和有关部门提出改进消防安全措施的意见和建议；定期向主管领导和公安消防机构汇报消防工作。对违反消防法规的行为，及时提出纠正和处理意见，向本单位领导或当地公安消防机构报告；参照公安队伍值勤条令和业务训练大纲的要求，加强灭火战术、技术训练，不断提高业务素质和灭火作战能力；做好专职消防队的日常管理教育工作，强化纪律观念，养成良好的作风，提高快速反应能力；随时做好灭火战斗准备，一旦发现火灾等灾害事故立即施救，及时抢救人员和物资。当接到公安消防机构的外出灭火调令时，迅速出动，听从火场指挥员的统一指挥。

（三）义务消防队建设

义务消防队要根据本单位、本区域防火自救的需要组建。如果当地公安消防队力量不足或者没有公安消防队，而该单位又不属于应建专职消防队的单位，为了预防和扑救火灾，应当组建义务消防队。城镇的居民密集区、商业繁华区、高层建筑和地下建筑等场所以及广大农村，尤其是容易发生火灾或者发生火灾容易造成重大损失的地区和单位都应当尽可能地组建义务消防组织。

义务消防队一般结合生产组织、民兵组织和基层群众组织组建。义务消防队的成员一般由本单位的职工或者乡、村的职工、村民组成，并应具备热爱消防工作和身体健康的条件。

义务消防队承担的任务主要是贯彻执行消防法规，协助本区域、本单位制定防火安全制度和防火安全公约，经常开展防火安全宣传，进行防火安全检查，维护保养好本区域、本单位、本岗位的消防设施、器材。发生火灾时，积极参加协助扑救火灾，保护好火灾扑灭后的现场等。

五、违反消防管理行为及处罚

（一）违反消防管理行为的概念及构成要件

违反消防管理行为，是指违反消防管理法律、法规，故意或者过失地实施了消防管理法律、法规和规定禁止实施的行为，造成或者可能造成灾害事故，尚不够刑事处罚，依法应当给予治安管理处罚的行为。

违反消防管理行为，应当具备以下四个构成要件：

1. 在主观方面，故意和过失都可以构成违反消防管理行为。例如"故意阻拦消防车、消防艇赶赴火灾现场的行为"，必须是行为人在主观上故意才能构成违反消防管理行为；而"过失引起火灾，尚未造成严重损失的行为"是行为人在主观上由过失引起的违反消防管理行为。

2. 在客观方面，行为人在客观上实施了违反消防管理规定的行为，包括作为和不作为两种形式，前者例如"故意破坏现场或者伪造现场的行为；后者例如："发生火灾的公共场所的现场工作人员不履行组织、引导在场群众疏散的义务的行为"。行为的危害后果表现不一，已经造成或者可能造成火灾事故都可以构成违反消防管理行为。

3. 行为所侵犯的客体是消防管理秩序和公共安全。违反消防管理行为主要侵犯了公安消防机构的监督管理秩序，同时也必然要侵犯公民的人身权利或财产权利，公共财产权利，以及公共安全，有的是已经造成一定侵害结果，有的虽无结果，但有一定侵害结果发生的可能。因此，行为侵犯客体的是复杂客体。

4. 公民、法人和其他组织均可成为违反消防管理行为的主体。如违反禁区令吸烟行为，主体是一般公民个人；有重大火险隐患经公安机关通知不知改正的行为，主体则更多的是法人或其他组织。

（二）治安管理处罚及相关处理方法

1. 治安管理处罚

适用违反消防管理行为的治安管理处罚种类主要有：警告，罚款，拘留，责令限期改正、责令停止施工、责令停止使用、责令停产停业、没收非法财物和没收违法所得等。

对违反消防管理行为的治安处罚，原则上由公安消防机构依法裁决。但是，对于拘留处罚，由公安机关依照《治安管理处罚法》的规定裁决。对违反消防管理行为需要作出责令停产停业处罚，对经济和社会生活影响较大的，由公安消防机构报请当地人民政府依法决定，由公安消防机构执行。

单位实施违反消防管理行为的，除对单位进行处罚外，还应对直接负责的主管人员及其他直接责任人员处罚。

2. 相关处理方法

（1）限期矫正（改正、整改、消除火险隐患、恢复原状等）。即公安消防机构首先对违法行为设定一定的矫正、改正的时限；行政管理相对人在限定的期限内改正了违法行为的就不再予以行政处罚。否则依法给予处罚。如对营业性场所对火灾隐患不及时消除的，责令限期改正；逾期不改正的，予以处罚。

（2）行政处分。机关、团体、企业、事业单位违反消防法规定，未履行消防安全职责，经责令限期改正，逾期不改正的，情节轻微，尚未造成危害后果的，对其直接负责的主管人员和其他直接责任人员依法适用的一种处理方法。

（三）违反消防管理行为的具体表现形式及处理

根据《治安管理处罚法》和《消防法》的有关规定，违反消防管理行为的具体表现形式及处理方法如下：

1. 建筑工程以及人员聚集的公共场所违反规定，擅自施工、擅自使用或者擅自开业的行为。

包括建筑工程的消防设计未经审核或者经审核不合格而擅自施工，进行消防设计的建筑工程竣工时未经验收或者经验收不合格而擅自使用和公众聚集场所未经消防安全检查或者经检查不合格而擅自作用或者开业等三项行为。"公共聚集场所"如歌舞厅、影剧院、宾馆、饭店、商场、集贸市场等公众聚集的场所。

以上行为消防机构可以责令限期改正；逾期不改正的，责令停止施工、停止使用或者停产停业，可以并处罚款。在对单位进行处罚的同时，还应对其直接负责的主管人员和其他直接责任人员处警告或者罚款处罚。

2. 违反规定，擅自举办群众性活动，具有火灾危险的行为。

"擅自举办"是指举行大型集会、焰火晚会、灯会等具有火灾危险的群众性活动，主办单位没有按照规定事先向公安消防机构申报，活动现场未经公安消防机构消防安全检查合格或者检查不合格就举办活动的行为。"具有火灾危险"包括在地点选择、亭棚搭设、电器线路架设、明火使用、消防设施的配置以及消防安全疏散等方面不符合有关的消防安全规定。

对以上行为消防机构可以责令当场改正；当场不改正的可以责令停止举办，可以并处罚款。同时应对该单位的直接负责的主管人员和其他直接责任人员处以警告或者罚款的治安管理处罚。

3. 违法擅自降低消防技术标准施工、使用防火性能不符合国家标准或者行业标准的建筑构件和建筑材料或者不合格的装修、装饰材料施工的行为。

"擅自减低消防技术标准施工"是指擅自减低国家工程建设消防技术标准的规定施工的行为。如建设单位擅自消减消防设施的经费投资，取消原设计中的消防设施；施工单位在承揽工程施工过程中，偷工减料，随意更改原设计，取消原设计中的消防设施；采用易燃、可燃材料进行装修装饰，减低建筑物的耐火等级等。"使用防火性能不符合国家标准的建筑构件和材料施工"，是指使用未按照《建筑材料不燃性实验方法》（GB 5464—85）、《建筑材料难燃性实施方法》（GB 8625—88）等有关的国家标准实验合格的建筑构件和材料施工的行为。如施工安装耐火极限不符合国家标准的防火门。"不合格的装修、装饰材料"是指公共场所室内使用的不燃、阻燃装修、装饰材料，是未经依照《产品质量法》的规定确定的检验机构检验合格的材料。

对以上行为，消防监督机构可以责令其限期整改；逾期不整改的责令停止施工，可以并处罚款。并对该单位的直接负责的主管人员和其他直接责任人员处警告或者罚款处罚。

4. 机关、团体、企业、事业单位违反消防管理规定，未履行消防安全职责的行为。

"未履行消防安全职责"，是指未依照《消防法》规定履行一般单位的消防安全职责以及消防重点单位应履行的职责。

处理时应首先责令单位限期改正；逾期不改正的，对其直接负责的主管人员和其他直接责任人员依法给予行政处分或者处警告。

5. 营业场所不及时消除火灾隐患，不按国家有关规定配置消防设施和器材，不能保障疏散通道、安全出入口畅道的行为。

"营业性场所"，主要是指供公众进行娱乐、餐饮、购物、住宿等各种活动的经营性场所。

对此行为，消防监督机构首先应责令营业场所限期改正；逾期不改正的，责令停产停业，可以并处罚款，并对其直接负责的主管人员和其他直接责任人员处罚款。

6. 企业违反规定在设有车间或者仓库的建筑物内设置员工集体宿舍的行为。

处理时，首先对企业责令限期改正；逾期不改正的，责令停产停业，可以并处罚款，并对直接负责的主管人员和其他直接责任人员处罚款。

7. 生产、销售未经依照《产品质量法》的规定确定的检验机构检验合格的消防产品的行为和违反消防安全技术规定维修、检测设施、器材的行为。

"依照产品质量法的规定确定的检验机构"，是指依照《产品质量法》第十一条关于"产品质量检验机构必须具备相应的检测条件和能力，经省级以上人民政府产品质量监督管理部门或者其授权的部门考核合格"的检验机构。目前，我国国家级消防产品质量检验中心有4个，即：国家固定灭火系统和耐火构件质量监督检验测试中心，国家消防装备质量监督检验测试中心，国家消防电子产品质量监督检验测试中心和国家防火建筑材料质量监督检验测试中心。

对生产、销售未经依照《产品质量法》的规定确定的检验机构检验合格的消防产品的行为，首先应责令停止违法行为，没收产品和违法所得，并依该法第三十七条第二款中"处违法所得一倍以上五倍以下的罚款，可以吊销营业执照"的规定从重处罚。其中"吊销营业执照的处罚由工商行政管理部门决定

维修、检测消防设施、器材的单位违反消防安全技术规定进行检修、检测的行为中的"消防安全技术规定"，是指建筑工程消防技术标准、消防产品技术标准等有关国家消防技术标准的规定。对此行为，首先对单位责令限期改正，可以并处罚款，并对其直接负责的主管人员和其他直接责任人员处警告或者罚款。

8. 电器产品、燃气用具的安装或者线路、管线的敷设不符合消防安全技术规定的行为。

处理时，首先责令行为人限期改正；逾期不改正的责令停止使用。

9. 违反规定，生产、储存、运输、销售或者使用、销毁易燃易爆危险物品的行为。

对于个人实施此行为的，处警告或者罚款；单位实施的，除对单位处警告或者罚款外，还应对其直接负责的主管人员和其他直接责任人员处警告或者罚款。

10. 指使或者强令他人违反消防安全规定，冒险作业，尚未造成严重后果的行为。

指示或者强令他人违规冒险作业行为，是指明知违反消防安全规定，或者经他人指出过，仍然指示或者强令他人违反消防安全规定，冒着发生火灾的危险作业，尚未造成严重后果的行为。（与第9项行为的处理方式相同）

以下第11至第16项行为均属个人违反消防管理的，对其均适用警告、罚款或拘留的治安管理处罚。

11. 违反消防安全规定进入生产、储存易燃易爆危险物品场所的行为。

"消防安全规定"包括各种有关消防安全的管理规定，如公安部制定的《仓库防火安全管理规则》。"生产、储存易燃易爆危险物品的场所"，指易燃易爆危险物品的生产车间、储存仓库等，如油库、煤气站等。

12. 违法使用明火作业或者在具有火灾、爆炸危险的场所违反禁令，吸烟、使用明火的行为。

"违法使用明火作业"，即作业人员未按规定办理动火审批手续而擅自进行明火作业、违反安全操作规程进行明火作业等，其主体是一种特殊主体。"具有火灾、爆炸危险的场所"，包括油库、煤气站、加油站、木材加工厂、棉库、粮库、造纸行业原料场等。"禁令"包括各种管理规定及管理单位设置的各种警告文字、标志等。

13. 阻拦报火警或者谎报火警的行为。

"阻拦报火警"，是指故意阻拦他人报告火警的行为；"谎报火警"是指故意编造火警并向有关部门报告的行为。

14. 故意阻拦消防车、消防艇赶赴火灾现场或者扰乱火灾现场秩序的行为。

此行为必须是针对正在执行任务的消防车、消防艇实施的故意阻碍通行为。

15. 拒不执行火场指挥员指挥，影响灭火救灾的行为。

该行为包括拒绝火场指挥员根据灭火救灾的需要使用水源的决定、截断电力、可燃气体和液体的输送的决定，限制用火用电的决定，利用临近建筑物和设施的决定，为防止火灾蔓延，拆除或者破损毗邻火场的建筑物、构筑物的决定，以及调动专职消防队参加火灾扑救，调动供水、供电、医疗救护、交通运输等单位协助灭火救助的决定等。

16. 过失引起火灾，尚未造成严重损失的行为。

17. 埋压、圈占消火栓或者占用防火间距、堵塞消防通道的，或者损坏和擅自挪用、拆除、停用消防设施、器材的行为。

"防火间距"，是指有关建筑设计防火规范所规定的为防止火灾蔓延而必须保留的一定距离。"消防通道"，是指供消防人员和消防车辆等消防装备进入或穿越建筑物的道路。"消防设施、器材"包括各种专门用于消防的设施、器材，如灭火器、火灾探测和报警设施等。

以上行为发生时，公安机关首先应当责令行为人限期恢复原状或者赔偿损失；对逾期不恢复原状的，应当强制拆除或者消除，所需费用由行为人承担。如果是公民个人有以上行为，处警告或者罚款处罚；单位有以上行为的，对单位处警告或者罚款，并对其直接负责主管人员和其他直接责任人员处警告或者罚款处罚。

18. 有重大火险隐患，经公安消防机构通知逾期不改正的行为。

火灾隐患根据存在的不安全因素的程度和发生火灾后可能造成的不同危害，分为一般火险隐患和重大火险隐患。凡是发生火灾可能性大，发生火灾后损失大、伤亡大、影响大的隐患都是重大隐患。有重大火险隐患，经公安消防机构口头或者书面通知，规定期限届满，仍不改正的，处警告或者罚款。单位有此行为的，对单位处警告或者罚款，并对其直接负责的主管人员和其他直接责任人员处警告或者罚款。

19. 公共场所的现场人员在发生火灾时不履行组织、引导在场群众疏散的义务，造成人身伤亡，尚不构成犯罪的行为。

"现场工作人员"是指发生火灾时在现场的该公共场所的从业人员，包括场所经营人员、保安人员及服务员等。以上人员实施了该行为，尚未造成严重损失的，处十五日以下拘留。

20. 故意破坏火灾现场或者伪造现场,尚未构成犯罪的行为。

构成该行为必须具备以下三个条件:一是故意实施破坏现场或伪造现场的行为;二是行为有明确的主观目的,是为了隐瞒、掩饰起火原因、推卸责任。三是尚未构成犯罪的行为。

处理时,个人实施此行为的,处警告、罚款或者十五日以下拘留。单位有此行为的,对单位处警告或者罚款,并对其直接负责的主管人员和其他直接责任人员处警告、罚款或者十五日以下拘留的治安管理处罚。

思 考 题

1. 消防工作的方针及原则是什么?如何理解?
2. 地方消防监督机构及其职责是什么?
3. 消防重点单位是如何确定的?其消防安全责任有哪些?
4. 什么是违反消防管理行为?它有哪些构成要件?
5. 对违反消防管理行为有哪些治安管理处罚方法?

第七章　治安案件查处

查处治安案件,是公安机关及基层保卫组织规范、引导社会成员,教育、处罚违反治安管理行为人,预防和减少违法犯罪的重要手段,是公安机关治安管理部门的一项基本业务。治安案件查处工作对于维护社会治安秩序和公共安全,保护公民的合法权益,保障社会主义现代化建设顺利进行起着重要的作用。

第一节　治安案件查处概述

一、违反治安管理行为及特征

《中华人民共和国治安管理处罚法》(简称《治安管理处罚法》)是认定违反治安管理行为,适用治安管理处罚的根本依据。《治安管理处罚法》第二条规定:"扰乱公共秩序,妨害公共安全,侵犯人身权利、财产权利,妨害社会管理,具有社会危害性,依照《中华人民共和国刑法》的规定构成犯罪的,依法追究刑事责任;尚不够刑事处罚的,由公安机关依照本法给予治安管理处罚。"根据这一规定,违反治安管理行为是指违反《治安管理处罚法》和有关法规的规定,对国家、集体和公民个人造成危害或可能造成危害,尚不构成刑事处罚,依照治安管理法律规范应当受到处罚的行为。

违反治安管理行为具有以下特征:

(一)具有一定的社会危害性

行为的社会危害性是违反治安管理行为最基本的特征,不具有一定社会危害性的行为，就不构成违反治安管理行为，也就不会为治安管理法律规范所禁止，并给予处罚。因此，具有一定的社会危害性是违反治安管理行为的本质特征。违反治安管理行为的社会危害性，有的是现实危害性，即已经造成了实际的危害后果，如扰乱公共秩序、殴打他人行为；有的是潜在的危害性，这种危害性并没有以实际危害后果的形式表现出来，只是具有危害的可能。如非法制造、贩卖、携带匕首、三棱刀、弹簧刀或者其他管制刀具的行为，虽然没有造成实际的损害后果，但对社会具有造成损害的可能性。社会危害性是一切不良行为所共有的特征。犯罪是不良行为中最严重的，而违反治安管理行为介于犯罪与一般违法之间，对社会造成的危害及行为情节相对于犯罪较轻微。

（二）治安违法性

违反治安管理的行为不仅具有一定的社会危害性，而且必须是治安行政管理法律法规所禁止的行为。并非任何未达到犯罪程度的违法行为都是违反治安管理行为，未达到犯罪程度的违法行为必须具有治安违法性，才可能构成违反治安管理行为。治安违法性是指违反了治安管理领域内的法律法规，如违反了《治安管理处罚法》《中华人民共和国枪支管理法》《中华人民共和国消防法》等。治安行政管理只是国家行政管理的一个方面，除此之外，还有卫生、工商、税务和环保等方面的行政管理工作，违反了这些行政管理法规的行为，只要没有同时违反治安管理，就应当由相应的主管行政机关依法处理。

（三）应受治安管理处罚性

任何人实施了违法行为都要承担相应的法律后果，如民事违法行为要承担民事责任，刑事违法行为要承担刑事责任。同样，应收治安管理处罚是具有一定社会危害性和治安违法性的必然结果，治安管理处罚是违反治安管理行为的必然后果。应受处罚是强调实施违反治安管理行为应当承担的违法责任。

违反治安管理行为的三个特征是密切联系的。一定程度的社会危害性是违反治安管理的本质属性，也是其他两个特征的基础和前提。治安违法性是违反治安管理行为的法律属性，是衡量社会危害性必须的标准。应受治安管理处罚则是一定社会危害性和治安违法性的必然后果。三个特征是密切联系，相辅相成的。

二、违反治安管理行为与其他违法行为的区别

（一）违反治安管理行为与犯罪行为的区别

违反治安管理行为与犯罪行为，在性质、社会危害性、适用法律和法律后果方面有很大区别。违反治安管理行为是由治安管理法律规范所规定的一种行政违法行为，其社会危害性较小，依据《治安管理处罚法》和其他有关的行政法规应当由公安机关给予治安管理处罚；犯罪是由刑法所规定的刑事违法行为，其社会危害性严重，应当受到刑事制裁，实施主体分别是人民法院、监狱和公安机关。

根据现行《刑法》和治安行政管理法规的规定，对易于混淆的违反治安管理行为与犯罪行为，主要可以从后果是否严重、情节是否恶劣、数额是否巨大、主体是否特定、故意还是过失几个方面来区分。

（二）违反治安管理行为与其他行政违法行为的区别

行政违法行为不仅包括违反治安管理行为，还包括其他一些行政违法行为。如违反工商行政管理行为，违反城建、环保、文教卫生等管理行为。违反治安管理行为与其他行政违法行为虽然都属于行政违法行为，但二者又有显著的区别：第一，触犯的行政法律规范不同。违反治安管理行为触犯的是治安行政管理法律规范而不是其他行政管理法律规范。第二，适用的处罚手段不同。对违反治安管理行为一般适用警告、罚款和拘留，其他行政违法行为不能适用拘留，但可以适用警告、罚款、吊销执照、勒令停业和没收等处罚。第三，实施处罚的主体不同。对违反治安管理行为的处罚只能由公安机关及受其委托的组织来实施；其他的行政违法行为则由相应的行政机关来实施处罚。

三、治安案件的概念与分类

（一）治安案件的概念

治安案件是指违反《治安管理处罚法》及有关法律、法规的规定并应当受到治安管理处罚，而由公安机关或受其委托的组织依法予以立案的法律事实。

根据治安案件的定义可以看出，构成治安案件必须具备两个条件：一是有违反治安管理事实或嫌疑存在，这是构成治安案件的重要前提；二是公安机关或受其委托的组织依照一定的法律程序予以立案，只有经过公安机关或受其委托的组织依照《治安管理处罚法》和其他相关法律、法规规定的程序予以立案，这样的法律事实才称为治安案件。这两个条件分别从主客观方面揭示了构成治安案件

的条件，二者相辅相成，缺一不可。

（二）治安案件的分类

1. 根据违反治安管理行为所侵害的客体不同，可以把治安案件分为八大类：扰乱公共秩序案件，妨害公共安全案件，侵犯人身权利案件，侵犯公私财物的案件，妨害社会管理秩序案件，违反消防管理案件，违反交通管理案件和违反户口与居民身份证管理案件。

2. 根据违反治安管理行为危害程度的大小，可以把治安案件分为重大治安案件、一般治安案件和轻微治安案件。

3. 根据公安部门的统计需要划分。公安部根据实际工作的需要，制定了全国统一的治安案件统计报表，在一定时间内由各级公安机关逐级统计上报，最后由公安部汇总统计。现行全国治安案件统计表将治安案件划分为17类：扰乱工作、公共秩序案件，结伙斗殴、寻衅滋事案件，侮辱妇女及其他流氓活动案件，阻碍国家工作人员执行职务案件，违反枪支管理规定案件，违反爆炸物品管理规定案件，殴打他人案件，盗窃财物案件，骗取、抢夺、敲诈勒索财物案件，哄抢财物案件，故意损毁财物案件，伪造倒卖票券、证件案件，利用迷信扰乱秩序或骗财案件，卖淫、嫖娼案件，赌博案件，违反户口、居民身份证管理案件，其他案件。

第二节　治安案件的管辖、受理和立案

一、治安案件的管辖

治安案件的管辖是指公安机关及受其委托的组织在受理、调查治安案件时的分工，即明确违反治安管理的行为规定哪些职能部门处理，对某一类具体行为，又规哪一个地区、哪一级别、哪一专门职能部门处理的法律规定。治安案件的管辖包含两层含义：一是公安机关与其他行政、司法机关之间就治安案件查处权限上的分工；二是公安机关内部就治安案件查处权限的分工。

根据《治安管理处罚法》和国务院、公安部有关执法的解释，可将治安案件的管辖分为：立案管辖、地区管辖、级别管辖和专门管辖。

（一）立案管辖

治安案件的立案管辖，是指在行政机关中哪些机关拥有治安案件的管辖权，

以及该机关内部在具体管辖权限上的分工。根据《治安管理处罚法》《公安机关办理行政案件程序规定》和公安部《关于铁道、交通、民航、林业公安机关执行〈条例〉几个问题的通知》等有关规定，县、市公安局、公安分局、公安派出所拥有治安案件的管辖权；铁道、交通、民航、林业等部门相当于县一级的公安机关和派出所，对在所管辖区域内发生的治安案件，也拥有管辖权。在我国司法和行政机关中，只有公安机关拥有治安案件的立案管辖权，人民法院、人民检察院以及其他行政机关都不具有这一权力。

（二）地区管辖

治安案件的地区管辖，是指按照公安机关的辖区和治安案件发案地划分办理治安案件的职权。公安机关对治安案件实行属地管辖，这是划分治安案件地区管辖的首要原则。《公安机关办理行政案件程序规定》（2006年）第9条规定："行政案件由违法行为发生地的公安机关管辖。由违法行为人居住地公安机关管辖更为适宜的，可以由违法行为人居住地公安机关管辖，但是涉及卖淫、嫖娼、引诱、容留、介绍卖淫，赌博的案件除外。"

对治安案件地区管辖的理解，可以概括为治安案件发生在什么地方，就由那个地方的公安机关管辖。具体讲，治安案件发生的地方包括违反治安管理行为的发生地或结果地。如果行为地与结果地不是同一地的，一般由行为的结果地公安机关管辖；一人有两个以上违反治安管理行为的，由最先发现的行为所在地的公安机关管辖。所谓发生地与结果地不在同一地，是指违反治安管理行为发生与造成危害结果不在同一公安机关的辖区。如某人在甲地制作、复制淫秽物品或封建迷信用品而到乙地销售、传播的，则由乙地的公安机关对案件行使管辖权。

在办理治安案件的实践中，某些治安案件的案情复杂，有的违法嫌疑人流窜作案，治安案件与刑事犯罪案件交叉重叠。为了解决办理治安案件中的实际困难，《公安机关办理行政案件程序规定》（2006年）也规定了行为居住地公安机关管辖更为适宜的，可以由行为人居住地公安机关管辖。

（三）级别管辖

治安案件的级别管辖，以处罚裁决权限为主要划分标准。根据《治安管理处罚法》和公安部有关执法解释，治安案件的裁决权限主要有以下几种：

1. 县级以上人民政府公安机关或者铁道、交通、林业、民航部门相当于县一级的公安机关，其权限为：适用警告、罚款和拘留、吊销由公安机关发放的许可证。吊销许可应本着谁发证谁吊销的原则进行。如果发证机关是县级以上人民政府机关发放的，则由县级以上人民政府公安机关吊销。对外国人处罚裁决的，一般也由县级公安机关做出，但对违反治安管理的外国人附加适用限制出境或者驱逐出境的处罚，处罚裁决由公安部做出。

2. 公安派出所，其权限为：警告或者500元以下的罚款。这里的公安派出所除地方公安派出所外，还包括铁道、交通、民航、林业等专业部门的公安派出所。

治安案件的级别管辖与治安案件处罚决定权限并不是完全等同的。前者主要针对案件在受理阶段的管辖问题，后者针对案件在处罚决定阶段的管辖问题。在执法实践中，必须将治安案件的管辖权和处罚决定权限分开。公安派出所的处罚决定权威警告、500元以下罚款，但对大多数治安案件（包括可能裁决500元以上罚款和拘留处罚的）拥有管辖权。在具体案件处理上，经过立案、调查，认为需要给予500元以上罚款或拘留处罚的，报县、市公安局裁决。对涉外治安案件不具有管辖权，而由县、市公安机关管辖。

二、治安案件的受理

治安案件的受理，是公安机关办理治安案件法律程序中的第一项工作，是指公安机关对报告的违反治安管理事实或嫌疑予以受理并进行初步审查的，确认是否构成治安案件并应当进行调查、处理的法洤活动。办理治安案件是公安机关的重要职责，治安案件的来源主要来自单位和个人的控告、申诉、检举、揭发、扭送、交代、自首以及在业务工作中发现的违反治安管理行为。《治安管理处罚法》第78条规定，公安机关受理报案、控告、举报、投案后，认为属于违反治安管理行为的，应当告知报案人、控告人、举报人、投案人，并说明理由。

（一）治安案件受理的步骤

依据《治安管理处罚法》和《公安机关办理行政案件程序规定》，结合治安管理工作实践，治安案件受理的主要有如下步骤：

1. 接受报案

报案是单位或个人向公安机关报告违法犯罪情况的重要方式。遇到群众报案，公安机关应当尽快了解案件情况，采取相应的措施。报案可以是书面形式，也可以是口头形式。在接受口头报案时,要让报案人把事实说清、说全、说完,主要了解的内容包括:报案人的身份、报案人与案件的关系;案件发生的时间、地点、人物、起因、经过、结果等因素。接受报案人员要详细询问案情,做好询问笔录,笔录完成后需报案人确认、签名。如果是多人前来报案,接受报案人应该分开询问,分别制作报案材料。如果报案人所报案件是现行行为,应当立即出动警力赶赴现场平息、制止,既防止侵害行为和损失的扩大,也有利于及时查找证人,收集各种证据。

对于群众的报案,不论什么案件,民警必须认真接待。有些群众对公安机关的内部职责、分工和管辖并不清楚,只能就近报案。尤其在紧急情况下,遇到突发性的违法犯罪行为,更是向就近的公安机关报案。因此,公安机关对群众的最初报案都必须接待,问清情况。《公安机关办理行政案件程序规定》中要求"对属于公安机关职责范围,但不属于本单位管辖的,应当在受理后的二十四小时内移送有管辖权的单位处理,并告知报案人。"对不属于公安机关管辖的,应向报案者解释清楚,告知其到有关辖权的部门。

2. 审查报案材料

公安机关的民警在接受报案后,要通过审查、判断案情,提出是否立案的意见。办案人员对报案人提供的有关证据材料进行审查,确定违法事实或嫌疑是否存在,是否应收治安管理处罚,提出是否立案的个人意见。只有确认事实或嫌疑后,才能认定是否立案,立什么案,才能决定对所涉及的人、财、物进行处理。

(二) 对治安案件受理过程中涉及的人和物的处理

1. 对有关人员的处理

被害人、控告人、扭送人、检举人、证人等,公安机关的具体办案人员经询问取证、登记身份和住址后,没必要继续询问的就可请他们离去,根据案情需要,还可随时向他们询问取证。对不愿公开自己姓名、身份的控告人、检举人,公安机关应当为其保密。对其中需要加以保护的,应采取妥善的安全措施予以保护。对主持正义、敢于同不法行为作斗争的检举人、控告人、扭送人、证人等,应当表示支持和感谢。

对作案人、作案嫌疑人、被扭送的现行违法行为人和前来坦白自首的行为人,经初步了解案情后,身份、住址清楚,案情简单的,治安管理部门可责令其回去听候处理;对案情复杂、问题严重或身份、住址不详,需要进一步调查取证的,可留下讯问查证,但讯问查证的时间不得超过 24 小时,对需要留置继续查证的,依法办理留置手续后,可再延长讯问时间 24 小时。公安机关应当及时将传唤原因和处所通过电话、手机短信、传真等方式通知被传唤人家属。

2. 对相关物品的处理

作案人、作案嫌疑人携带的违禁物品、作案工具、赃款、赃物等,一经发现应予以扣押;除易于发生危险或容易腐烂的物品外,扣押物品与清单要随案移送,待结案后再按照有关规定分别处理。对性质、用途不明的物品,公安机关的具体办案人员不应随便拆卸,应请有关专家、技术人员鉴定和处理。对当事人随身携带的日常用品,一般不应扣押。

三、治安案件的立案

治安案件的立案,是指公安机关和受其委托的组织、对依法受理的违反治安管理事实或嫌疑进行审查,确认是否应当进行调查、处理的法律活动。除适用当场处罚的治安案件在处罚后补办手续外,任何治安案件在进行查处时都必须先予立案。立案表示公安机关经过审查所受理的材料,认为有违反治安管理事实或嫌疑存在,并需要进一步调查、处理从而决定作为一个治安案件进行查处。但立案仅是对违法事实或嫌疑存在的确认,至于将会引起什么样的法律后果,则要视查处的结果而定。在实践中,治安案件立案后,除了破案外,还有销案、终止调查等结果。需要强调的是,治安案件一经立案即发生法律效力,立案机关不得随意撤销或更改。

(一)治安案件立案的条件

1. 有治安违法事实。即有已经实施终了的违反治安管理行为,这是立案的首要条件。它包括两个方面的含义:一是要立案追究的必须是构成违反治安管理行为的违法事实。二是违反治安管理行为必须有证据证明确已发生,道听途说、捕风捉影的信息,或者只有过某种犯意表示并没有付诸行动等,不能作为立案的根据。

2. 需要给予治安管理处罚。只有治安违法事实还不够,还必须是依法应当给予行为人治安管理处罚的才能立案。违反治安管理行为显著轻微,或者明显具有不处罚条件的,就不应立案。如已过追诉时效、行为主体是无责任能力人等。

（二）治安案件的立案标准

对于治安案件立案的标准，除一些盗窃案件、诈骗案件、赌博案件有具体的立案标准外，其他案件只是作了一些原则性规定。一般可以从情节轻重、后果是否严重、侵犯财物的价值、行为人的主观态度等方面来确认。

（三）治安案件立案程序

治安案件的立案，不仅仅是一种法律确认活动，而且是一种治律程序。在决定是否立案之前，主管部门应当对所掌握的案情材料进行审查，以便确认所提供的材料是否属实，是否符合立案条件。有些较复杂的案件，或者材料不齐全、不清楚的，立案前还可以先进行初步调查。防止谎报假案、诬告陷害，或者把不够立案的一般违法行为立为治安案件。如果认为事实不清，证据不足，可以要求控告人、检举人补充材料或进一步说明情况。

通过审查，认为违反治安管理事实确已发生并应当予以治安管理处罚的，应当作出立案决定。

首先，由治安案件主管部门的具体承办人员填制《治安案件受理、立案登记表》。

其次，承办人员将所填制并已签署立案意见的《治安案件受理、立案登记表》报主管负责人审批。主管负责人审查批准签字后，即为立案成立。根据案件性质、情节和案件管辖等因素，治安案件立案的审批权限如下：

1. 治安案件一般由发生地公安派出所所长批准立案；在没有设立公安派出所的乡、镇，由受县级公安机关委托的乡、镇人民政府中负责治安案件查处工作的负责人批准立案。

2. 由县级公安机关治安管理部门直接查处的治安条件，由治安科长批准立案；公安机关中的经保、文保、消防管理、交通管理、外事管理等部门直接查处的治安案件，由各有关部门的负责人枇准立案；巡警队查处的治安案件，由巡警大队长批准立案。

3. 发生在铁路、航运、民航、林业系统单位内部以及车站、港口、码头、机场、林业场、列车、轮船、飞机上的治安案件，分别由铁路、航运、民航、林业公安机关的治安科科长或派出所所长或者相当于派出所所长一级的领导批准立案。

第三节　治安案件的调查

一、治安案件调查的基本方法

治安案件的调查，就是公安机关为获取证据，了解、查证案件事实真相的法律活动。任何构成治安案件的违反治安管理行为，都是行为人在一定的时间、空间及相关的客观环境下通过有关的人、物、事的相互联系、作用、影响和制约而实施的，每个环节（因素）都可能揭示案情或案件的一个侧面。治安案件的调查就是通过对诸多与案情相关的因素的查证，对整个案情由不知到知的认识过程，也是治安案件受案后的继续和发展。

治安案件调查的基本任务，是查清客观事实，取得证据，及时结案，为肯定或否定案情提供充分、准确的根据。治安案件的调查，一般实行管辖、立案与调查相一致的原则，即管辖、立案的单位也是调查的单位。

治安案件调查的基本方法有：现场调查、现场勘查、检查、追踪调查、摸底调查、秘密调查、模拟实验、治安询问、鉴定检测、抽样取证等。这些调查方法主要是采用公开的、非强制性的调查方法。

二、治安案件的证据

（一）含义和种类

治安案件的证据是认定治安案件事实的根本依据。它是在治安案件的调查过程中，由公安机关依法收集的，或者由治安案件的当事人依法提出的。主要用来证明违反治安管理行为是否发生，行为人是否应受处罚及有关真实情况的一切事实。它是治安调查所收集的内容，是治安案件作出处理决定的依据。《公安机关办理行政案件程序规定》（2006年）第23条规定了证据的种类：书证；物证；视听资料、电子证据；被侵害人陈述和其他证人证言；违法嫌疑人的陈述和申辩；鉴定意见；检测结论；勘验、检查笔录、现场笔录。

治安案件证据收集的途径主要有询问被害人、询问嫌疑人或行为人。

（二）收集治安案件证据的基本要求

1. 符合法律规定

治安案件证据的收集是办理治安案件的一个环节，是执法过程，应当严格依照法律规定进行。严格按照法律规定的程序收集证据，不仅有利于保护公民的合法权利，也有利于发现反映治安案件真实情况的证据。《治安管理处罚法》第79条规定，公安机关的人民警察对治安案件的调查，应当依法进行。严禁刑讯逼供或者采用威胁、引诱、欺骗等非法手段收集证据。

2. 客观、全面、细致

证据的收集要客观，还要尊重事实，不能以主观臆想代替客观事实。事实是什么样的，就应如实反映，既不能夸大，也不能缩小，更不能任意添加和抹掉。治安案件的证据收集还要做到全面。全面地收集与案件有关的一切证据，不能遗漏。既要收集证明违反治安管理行为人有违法行为的证据，也要收集证明其没有违法行为的证据。只要能收集到的证据，都要尽可能收集齐全，才能使案件定性准确，经得起推敲。收集治安案件的证据还要做到细致。要善于从蛛丝马迹入手，收集有价值的证据。而不应不重视小证据，只注意收集明显的证据，忽视隐蔽的证据。只有认真细致，才能保证案件的质量。

3. 要有计划性和目的性

对治安案件的证据不能随意收集，要有计划、有目的地收集。在收集证据时，要根据对案情的了解，围绕认定事实和确认违法行为性质的需要，对要证明什么问题，收集什么证据，向谁收集，采取哪些步骤和方法收集，做到心中有数，并制订出计划，有目的地进行调查。同时随着调查工作的进行，案情的进展要随时修正查破案件的计划，确定新的目标，循着新的线索，收集新的证据。

4. 及时、主动

治安案件相对于刑事案件而言情节轻微，违法行为危害不重，因此，证据往往转瞬即逝，必须及时收集才能保证收集到充分、全面的证据。另一方面，在实践中，随着时间、环境、条件的变化，有可能出现违反治安管理行为人或行为人外出、逃匿、串供，现场被破坏，物证灭失，被害人和证人记忆减弱或被威胁、利诱以及出于其他个人目的改变证词等情况。如不及时收集证据，就会给办案带来困难乃至不可弥补的损失。

证据的收集还要做到主动，通过积极的工作，广泛开辟信息渠道，发现线索来源。

5. 依靠群众同运用现代科学技术结合

广大群众是公安机关的力量之源。长期的治安实践证明，只有紧密地联系群众，依靠群众，深入群众进行调查研究，才可能及时发现线索，收集到必要的证据。另一方面，随着科学技术的迅猛发展和整个社会科学技术水平的提高，以及违法分子利用科学技术手段从事违法犯罪活动，都要求公安机关必须特别注意科学技术，在收集证据时必须特别注意运用现代化的科学技术方法。

6. 注意保守秘密

《治安管理处罚法》第80条规定，公安机关的人民警察在办理治安案件的过程中，对涉及的国家秘密、商业秘密或者个人隐私，应当予以保密。这一要求是为了保卫国家安全及公民、法人和其他组织的合法权益。对于个人隐私的保护，更是体现了对于当事人人格尊严的尊重，体现了保障人权和文明执法的理念。

三、治安案件调查的终结

（一）治安案件结案的条件

治安案件的结案，是指治安案件经过依法调查后，全案主要事实已经查清，证据材料充分、确凿，法律手续完备、有效，可以据此作出处理，结束案件的调查。因此，治安案件的结案必须具备以下几个条件：

1. 全案主要事实已经查清

查清案件的主要事实和情节，是结案的首要条件。主要包括作案人、作案时间、地点、动机、目的、手段、情节、后果和危害程序等。只有将案件的主要事实和具体情节调查清楚，不存在自相矛盾和混乱的情况，才可以认定案件事实、情节清楚，予以结案。

2. 证据材料充分、确凿

所谓证据充分，是指嫌疑人实施违反治安管理行为的时间、地点、手段、经过、后果等基本要素，都有足够的证据加以证明，足以认定或否定某种违法事实，即为证据充分。但证据充分并不要求将案件事实的全部细节都加以证实，或把案件中的证据都收集齐全，只要所收集的证据足以认定案件性质和种类，即为充分。

所谓证据确凿，是指案件的各种证据必须经过查证属实。证据之间及证据与案件之间相互吻合，各种证据之间形成一条既相互联系又相互印证的完整证据链条。从而对案件事实认定有据，正确地证明案件事实。

3. 收集的证据能够准确认定案件的性质和种类

对案件性质和种类的认定，直接关系到对行为人的正确处理。因此，在全部案情的主要事实已经查清，证据充分、确凿的情况下，应严格按照《治安管理处罚法》及其他法律、法规的规定，确认行为人的行为性质。若构成违反治安管理行为，则要确定属于哪一类、哪一项中的哪一种违反治安管理行为，是一种行为还是数种行为。

4. 全案的法律手续齐全、有效

法律手续齐全、有效，是调查终结的一个重要条件。在调查过程中履行的法律手续和形成的法律文书，是反映办案机关依法办案的依据。因此，在调查终结时，应认真检查在传唤、讯问、询问、取证等各个环节上，收集调查材料、获取证据、制作各种法律文书时所履行的法律手续是否完备、有效。如果发现有遗漏必须设法补充完善。否则，就会失去这些证据材料和法律文书的法律效力。

以上四个条件，是对治安案件调查终结的原则性总体要求，是互相联系的统一体，只有同时具备，才能结束调查。但在把握这四个条件时要有灵活性而不能机械套用。只要能够充分证明案件的事实，不影响对案件的定性和处理，即可结束调查。

（二）结案后的处理

治安案件的立案调查作为一项法律活动，在案件调查终结后，无论是破案、销案，还是终止调查，都要对所涉及的有关人员和财物依法作出相应处理。

1. 对行为人的处理

治安案件调查终结后，应根据行为人应负的法律责任，对其采取相应的处置。根据应负法律责任的不同，对行为人的处理主要有以下几种：

（1）构成刑事犯罪的，移交刑侦部门，按照刑事案件办案程序处理。

（2）不构成刑事处罚，但需要予以劳动教养的，报劳动教养管理机构审查决定。

（3）构成违反治安管理行为、应给予治安管理处罚的，依据《治安管理处罚法》的规定予以处罚。但对符合调解条件的可先行调解。

（4）违法情节显著轻微，尚不够治安管理处罚的，可对行为人进行教育；造成损失或伤害需要赔偿或负担的，应予以调解或裁决。

2. 对与案件有关财物的处理

（1）对赃款的处理。赃款是违法犯罪的证据，在案件裁决前，应由办案单位扣押保存，并开具收据。案件需要移交其他单位处理的，赃款及收据应连同案件材料一同移交，并按有关规定填写移交清单，注明票面面值和张数，由移交单位和接收单位的具体经办人员签名盖章，写明移交的具体日期，存案备查。案件裁决后，应退还原主的，通知并退还原主，并填写返还清单备查；查不到原主或通知原主后在6个月内未领取的，按无主财产处理，上缴国库。如有特殊情况，可酌情延期处理，但延期最长不得超过3个月。属于违法行为人本人的，应予没收，按规定上缴国库。办案人员和单位不得借故不上缴或不退还。

（2）对赃物的处理。对赃物的处理与对赃款的处理基本相同。对不能及时找到原主又容易腐烂变质或其他无法保管的物品，可先委托有关部门变卖后处理；无法变卖的，登记清单后可自行销毁。

（3）对违禁品和违法行为使用工具的处理。办案中查获的违禁品，原则上应一律没收，并根据违禁品的性质采取相应的处置办法。如对枪支、弹药、易燃易爆物品、剧毒物品等危险物品，可拍照附卷，实物由治安管理部门统一保管或处理；对收缴的淫秽物品，应开列清单附卷，原物上交治安管理部门登记造册，统一保存，由省级公安机关统一销毁；对收缴的海洛因、鸦片等毒品，除经有关部门批准交由指定的医药部门处理外，一律统一销毁。

对违法行为使用的工具，应视情况分别作出处理。对属行为人本人所有或虽属他人所有，但明知被用于进行违法活动而提供给行为人使用的，应予以没收；属单位或他人所有被行为人擅自非法使用的，可不予没收，待结案后退还原主。

第四节　治安案件的裁决

一、治安案件裁决的含义和权限

（一）治安案件裁决的含义

治安案件裁决，是指公安机关及其委托的组织对调查终结的治安案件或当场发现的违反治安管理行为，依法审查并决定对行为人是否予以处罚和给予何种处罚的法律活动。

裁决治安案件应符合以下条件：

1. 有调查清楚的违反治安管理行为。对经过立案、调查的治安案件，应当符合调查终结的条件；对可以适用当场处罚的违反治安管理行为，也应当查证核实，做到事实清楚、证据充分、确凿，才能予以裁决。

2. 依据《治安管理处罚法》能够对违法行为人实施处理。包括两个方面的含义：一是行为人的违法事实必须是违反了治安管理的法律、法规，并且依照《治安管理处罚法》和相关法律规定应当予以处罚或承担相应的法律责任。二是对查清的违法事实，违法行为人还必须查获归案。否则，不能进行治安案件的裁决。

3. 办案机关和办案人员具有法律授予的裁决权。治安案件的裁决权，必须由公安机关中分工负责管辖治安案件的部门及其办案民警，或由县级公安机关委托的乡、镇人民政府及其专门的工作人员实施；其他任何机关、部门、组织和个人都不具有对治安案件的裁决权。

（二）治安案件的裁决权限

1. 值勤民警当场处罚的裁决权限。依据《治安管理处罚法》的规定，对违反治安管理的人处警告或200元以下罚款，可由值勤公安民警当场实施处罚。

当场处罚属于治安案件裁决的简易程序，被裁决的治安案件必须符合适用简易程序的条件。同时，裁决主体必须是公安机关依法执行勤务的具有治安管理处罚权的人民警察，包括公安派出所的外勤民警，担负治安秩序管理和巡逻任务的民警，负责交通管理的外勤民警，负责消防监督的民警，客运列车、轮船的乘警。但客运列车、轮船的乘警当场处罚的裁决权，只限于警告和50元以下的罚款。

2. 公安机关的裁决权限

（1）县、市公安局、城区公安分局和相当于县一级的公安机关的裁决权限。其中相当于县一级公安机关主要包括：相当于县一级的铁路、交通、民航、林业部门依法设置的公安机构，包括铁路公安局（处）、公安段，交通、港航公安局（处）、公安分局（分处）、民航公安处、公安分处，林业公安局、公安处。这些机关和县、市公安局、城区公安分局一样，其裁决权限为：警告、罚款和拘留、吊销公安机关发放的许可证。其中吊销许可证应本着谁发证谁吊销的原则进行。

如果发证机关是县级以上人民政府，则由县级以上人民政府公安机关吊销。对于外国人的处罚裁决权，一般也由县、市级公安机关行使，但对于违反治安管理的外国人附加适用的限制出境或者驱逐出境的，则由公安部决定。

（2）公安派出所的裁决权限。警告或者500元以下的罚款。这里的公安派出所除地方公安机关的派出所外，还包括铁道、交通、民航、林业等部门的公安派出所。

（3）其他机关的裁决权限。在农村，没有公安派出所的地方，由县公安局委托乡、镇人民政府代行相当于派出所一级的治安管理处罚裁决权。

县公安局所属的林业公安分局，可以行使警告、罚款的裁决权。

二、治安案件裁决的简易程序

（一）简易程序的含义和适用条件

简易程序，即当场处罚程序，是指值勤公安民警对情节简单、因果关系明确的违反治安管理行为当场作出裁决决定的法律活动。

当场处罚只能由公安机关的人民警察行使。受公安机关委托的乡、镇人民政府负责承办治安案件的工作人员，不能适用简易程序裁决治安案件。人民警察如果在非工作时间发现有违反治安管理行为，应当予以制止，并将违法行为人送交当地公安机关或正在值班的民警处理。

简易程序适用的条件：

1. 情节较轻微。根据《治安管理处罚法》和有关法律法规，违反治安管理行为情节轻微，且不涉及其他违法犯罪案件的行为。《公安机关办理行政案件程序规定》第30条规定，对违反治安管理行为人或者道路交通违法行为人处200元以下罚款或者警告的；对有其他违法行为的个人处50元以下罚款或者警告、对单位处1000元以下罚款或者警告的；法律规定可以当场处罚的其他情形。

2. 不需要进一步调查取证。已发生的违反治安管理行为必须是案情简单，因果关系明确，证据确凿，违法行为人承认违法事实，被害人对认定的违法事实没有异议，无须进一步查证；如果案情复杂，证据不实，当事人对违法事实有异议，则需要适用普通程序。

3. 被裁决人服从当场处罚裁决决定。对警告、50元以下罚款，无论被裁决人是否同意均可适用简易程序。但若罚款超过50元，被处罚人提出异议、不予接受，则不能适用简易程序。卖淫、嫖娼、引诱、容留、介绍卖淫，拉客招嫖和赌博案件，不适用当场处罚。

（二）简易程序的法律手续

1. 查清违反治安管理的事实。值勤民警应当出示工作证件，表明身份，向违反治安管理的行为人和被害人了解案情。若在现场不方便，或一时难以查清，可将违法行为人口头传唤到公安机关讯问，并可以制作笔录。

2. 填写《治安管理当场处罚书》。《治安管理当场处罚书》是值勤公安民警依法决定对违反治安管理的行为人给予治安管理处罚或免予处罚、不予处罚以及决定没收的法律文书。对治安案件事实清楚，证据确凿的，应填写《治安管理当场处罚书》。如果行为人有两个以上的违法行为，应当分别裁决，制作裁决书。《治安管理当场处罚书》填好后，交给被裁决人，裁决即生效。对当场处罚的，可以不通知被处罚人单位和其常住地的公安派出所。

3. 收缴违法财物。如果违法行为中有违法所得的财物、作案工具和违禁品，应予以收缴，并在《治安管理当场处罚书》上注册，不再另开收据。收缴的违法财物按照有关规定分别处理，不得丢失、留用、调换、私分。

4. 及时备案。人民警察当场作出行政处罚决定的，应当于作出决定后的 24 小时内报所属公安机关备案。在旅客列车、民航飞机、水上作出行政处罚决定的，应当在返回后的 24 小时内报所属公安机关备案。

三、治安案件裁决的普通程序

（一）普通程序的含义

普通程序也叫一般程序，是指裁决机关依法对适用当场处罚以外的治安案件，经过受理、立案、传唤、询问、取证、听证，作出处理决定的法律过程。

普通程序包括受理、立案、传唤、询问、取证、听证、作出处理决定 7 个阶段。其中受理、立案、询问和取证在前几节中已有论述，这里只就传唤、听证、作出裁决进行分析。

1. 传唤。是指治安案件的办案机关对违反治安管理的行为人或嫌疑人，依法限令其在指定的时间到指定的地点接受讯问的一项法律措施。

依据《治安管理处罚法》和公安部的有关规定，对当场发现的违反治安管理的人，可以口头传唤。在进行口头传唤时，执法人员应当出示工作证件，表明自己的身份,并向被传唤人说明传唤的理由、地点和目的。如果被传唤人不接受传唤,值勤民警可以强制传唤。

除口头传唤外,治安案件的办案机关对需要传唤的违反治安管理行为人或嫌疑人,必须使用《传唤证》传唤。《传唤证》由派出所所长以上负责人签发,由治安案件的办案人员送交被传唤人;被传唤人应在回执上签名后交办案人员带回或自行交回办案机关。被传唤人无正当理由不接受传唤或逃避传唤,公安机关可以强制传唤。

强制传唤由公安人员执行,强制的方法以能将被传唤人带到公安机关为限度,必须使用手铐等械具时,须经派出所所长以上负责人批准;执行传唤时,应注意不得侮辱、伤害被传唤人。

对经传唤、讯问和违反治安管理行为人或嫌疑人,如需要再次讯问查证,应重新办理传唤手续。

2. 听证。依据《治安管理处罚法》和《公安机关办理行政案件程序规定》,听证是适用普通程序办理治安案件的过程中依法作出裁决前的一个特殊程序。公安机关在作出下列行政处罚决定之前,应当告知违法嫌疑人有要求举行听证的权利:责令停产停业;吊销许可证或者执照;较大数额罚款;法律、法规和规章规定违法嫌疑人可以要求举行听证的其他情形。上述情形,违反治安管理人要求举行听证的,公安机关应当及时依法举行听证。这里所称"较大数额罚款",是指对个人处以2000元以上罚款,对单位处以10000元以上罚款,对违反边防出入境管理法律、法规和规章的个人处以6000元以上罚款。

3. 作出裁决决定。即裁决机关对违反治安管理的行为人依法作出是否给予处罚和给予何种处罚的决定,同时,决定没收、赔偿损失和负担医疗费用;需要听证的,听证结束后予以裁决。

(二)普通程序的法律手续

1. 填写《治安管理处罚审批表》

《治安管理处罚审批表》是治安案件的办案人员根据违反治安管理的事实,依据《治安管理处罚法》和有关规定,提出对违反治安管理行为人的裁决意见,报裁决机关领导批示的法律文书。它是制作《治安管理处罚决定书》的依据。

2. 制作《治安管理处罚决定书》

《治安管理处罚决定书》是治安案件的办案人员根据《治安管理处罚审批表》制作的对违反治安管理的人作出裁决决定的法律文书。是公安机关执行裁决的依据，也是当事人不服裁决向上一级公安机关提出复议申请的凭证。

3. 制作其他法律文书

其他法律文书，是指与处理治安案件有关的法律文书。主要包括：

（1）裁决拘留处罚的，填写《治安管理处罚执行拘留通知书》。

（2）没收财物的，填写《违反治安管理没收财物收据》，并填写处理扣押物品清单（包括没收、移交、销毁、退还原主等）。

（3）需要裁决赔偿、负担的，填写赔偿损失、负担医疗费用裁决书。

4. 宣告裁决，送达有关文书

宣告裁决，即由治安案件的裁决机关或办案机关，将治安案件的裁决结果向违反治安管理的行为人宣布并通知被害人的法律活动。同时，将裁决书送达被裁决人。

宣告裁决，应当在《治安管理处罚决定书》制作完成以后，立即向被裁决人宣布，以便及时将裁决付诸执行。宣告裁决一般应将被裁决人通知到公安机关，当面宣布；在特殊情况下，也可以到被裁决人的单位或家里宣布。在向被裁决人宣告裁决后，应及时将裁决结果通知被害人，并予以记录。

宣告裁决时，要在裁决书的存根联注明裁定宣布时间，或作出宣告裁决记录。同时，将裁决书交与被裁决人。如果被裁决人拒绝接受裁决书，应将情况注明，并将裁决书留在被裁决人住处，即为送达。

送达裁决书时，应告知被裁决人依法享有申请复议的权利，以及提出复议申请的期限、机关和方式；同时，告知其应当执行裁决决定及执行的期限，拖延执行或拒绝执行裁决的法律后果。

《治安管理处罚决定书》一式三份，除送达被裁决人一份外，另外二份分别送交被裁决人的长住地公安派出所和所在单位，没有单位的交其所在的居委会或村委会，以便他们协助裁决机关执行裁决。

裁决拘留处罚的，应及时将《治安管理处罚执行拘留通知书》送交治安拘留所。

思 考 题

1. 违反治安管理行为及其特征是什么?
2. 违反治安管理行为与犯罪行为有什么区别?
3. 治安案件的管辖可分为几类?分别是如何确定的?
4. 治安案件的立案程序是怎样的?

第八章 大型群体活动治安管理

第一节 大型群体活动的概念和分类

一、大型群体活动的概念和特征

大型群体活动是指在特定的时间、空间所进行的、有众多人员参加的有益的社会活动。大型群体活动指的是有益的社会活动,一般由单位举办或政府组织,非法的聚众闹事,非法集会、游行、示威活动等,都不是我们所指的大型群体活动。大型群体活动具有以下两个明显的特征:

一是参与的人数众多。大型群体活动往往由众多人员参加,并且参与的人在一定的空间内高度集中,往往形成活动场地的饱和状态,在这种饱和状态下一旦有矛盾和摩擦,很容易激化,导致闹事事件发生,进而造成挤压伤亡事故。

二是大型群体活动场所的不特定性。根据不同的活动内容,大型群体活动的场所也有所不同。有的是临时搭建的活动场,也有的活动就在广场、公共道路或公园举行,因此公安机关对大型群体活动的治安管理不能够以场所为分类方式进行场所的治安管理,而只能针对每一次活动进行治安管理。对临时搭建的大型群体活动场地,如果举办单位忽视了设施的安全,公安机关又监督检查不力,则容易发生活动设施塌毁坠落,造成人员的伤亡和恐慌,并进一步导致挤压伤亡事故;各种矛盾的激化而导致群体闹事事件频发等等。

在特定的时间、空间所进行的一个完整的运动形式,因而具有相对的独立性和整体性;二是一项有众多人参与的活动,活动的内容丰富,参加活动的人员多且高度集中,成分复杂,活动规模大,影响范围广,活动场所多样。

二、大型群体活动的分类

从活动内容来分类,我们可将大型群体活动分为群众性文化体育活动,集会、游行、示威活动两类。

(一) 群众性文化体育活动

群众性文化体育活动包括大型文化活动和大型体育活动。大型文化活动主要是指大型文艺演出,如音乐会、演唱会以及民间的一些娱乐活动(如风筝比赛、龙舟赛等)。这些活动有的在营业性演出场所举办,也有在临时搭建或者租借的其他非营业性演出场所举办。大型体育活动主要包括:具有国际性、全国性、综合性的体育比赛,以及其他体育邀请赛、表演赛等,在这些活动中,有在固定场、馆进行的,如篮球赛、足球赛、排球赛、游泳比赛等,有沿着一定路线进行的,如马拉松赛、汽车接力赛等,也有在其他公共场所举行的龙舟赛、风筝比赛、民间竞技活动等等。在这些活动中,足球比赛是最容易发生球迷闹事、挤压伤亡事故等治安问题的体育活动,也是大型群体活动安全保卫工作的重点。

群众性文化体育活动治安管理的法律依据主要是公安部1999年11月18日发布施行的《群众性文化体育活动治安管理办法》和1997年8月1日国务院通过,自1997年10月1日起施行的《营业性演出管理条例》。

(二) 集会、游行、示威活动

《中华人民共和国宪法》规定,公民有集会、游行、示威的自由。但是,公民在行使集会、游行、示威的权利的时候,必须遵守宪法和法律,不得损害国家的、社会的、集体的利益和其他公民合法的自由和权利。为了使宪法的这一原则规定具体化,1989年10月31日第七届全国人民代表大会第十次会议通过了《中华人民共和国集会、游行、示威法》(以下简称《集会、游行、示威法》),1992年6月16日公安部经国务院批准又发布了《中华人民共和国集会、游行、示威法实施条例》。这两部关于集会、游行、示威的法律法规,正是为了保障公民依法行使集会、游行、示威的权利,维护公共秩序和社会安定而制定的。

第二节　群众性文化体育活动治安管理

随着人民生活水平的提高，文化生活的丰富，近年来群众性的文化体育活动逐渐增多。一些地方已经根据当地情况制定了有关群众性文化体育活动的治安管理办法，但是，直到1999年11月18日《群众性文化体育活动治安管理办法》发布施行以前，全国对群众性文化体育活动还没有形成统一的立法，在这部法规中，规定了举办群众性文化体育活动首先要经过审批的程序。

一、群众性文化体育活动的审批范围

根据《群众性文化体育活动治安管理办法》的规定，以下群众性文化体育活动，如果参加人数在200人以上的，是公安机关治安管理的范围，需要经过公安机关治安管理部门的批准，才可举办：

1. 在公园、风景游览区、游乐园、广场、体育场（馆）、展览馆、俱乐部、公共道路、居民生活区等公共场所举办的下列活动：

（1）演唱会、音乐会等文艺活动；

（2）游园、灯会、花会、龙舟会等民间传统活动；

（3）体育比赛、民间竞技、健身气功等群众性体育活动；

（4）其他群众性文化体育活动。

2. 在影剧场（院）举办其经营范围之外的活动。

3. 租赁、借用、利用机关、团体、企业事业单位内部设施，举办面向社会的群众性文化体育活动。

二、群众性文化体育活动的审批程序

凡是拟举办群众性文化体育活动的，必须经过一个审批的程序。由申请人向当地县级以上公安机关提出书面申请，公安机关进行审查，作出许可举办或不许可举办的决定。特别重要、影响力大的活动，还将由人民政府作出审查批准，并作出是否许可举办的决定。

（一）申请人提出申请

群众性文化体育活动的申请人，是指向公安机关提出举办群众性文化体育申请的公民、法人或其他组织。只有必须具备一定的资格和条件的公民、法人或其

他组织才能提出申请，非法的机构和组织不得举办大型群体活动；无行为能力人、限制行为能力人或者正在被依法采取限制人身自由措施的人不得申请举办大型群体活动。如果公民个人申请举办群众性文化体育活动的，必须具有国家主管部门授予的文化或体育专业技能资格证明及举办活动的相应条件，具有合法的身份证件。

举办群众性文化体育活动的公民、法人和其他组织，应当向所在地县级以上公安机关提出书面申请，并在申请时提交以下文件：

1. 活动安案和说明。
2. 活动安全保卫工作方案。安全保卫工作方案应当包括以下内容：
（1）活动的时间、地点、人数、规模、内容及组织方式；
（2）安全工作人员情况、数量和任务分配、识别标志；
（3）场地建筑和设施的消防、安全情况；
（4）入场票证的管理、查验措施；
（5）场地人员的核定容量；
（6）迅速疏散人员的预备措施。
3. 场地管理者出具的同意使用证明。
4. 申请人身份证明及无违法犯罪记录等。
5. 法律、法规和规章规定须经有关主管部门批准的活动，应当同时提交有关批准文件。

（二）审批机关受理申请

大型群体活动的审批机关，一般是举行地的县一级公安机关。但3000人以上的群众性文化体育活动，由地（市）级公安机关审批；跨地区的群众性文化体育活动，由共同的上一级公安机关审批；公安机关受理大型群体活动的申请后，应当在接到申请书后30日内，作出许可或者不许可的书面决定，并通知申请人。对群众性文化体育活动公安机关经审查批准作出许可决定的，应当向上一级公安机关备案。

特殊情况下，群众性文化体育活动必须由人民政府审批。特殊情况指的是在举行全国性或者地方性重要会议、重大活动期间，在重点文物保护单位内、航空港、火车站、港口等重要场所，举办群众性文化体育活动的，由县级以上人民政府批准。

（三）审查决定

公安机关在作出决定过程中，必要时应当进行实地检查，检查的内容包括大型群体活动的内容，举办活动的时间，活动的场地或路线，有关活动设备是否采取了必要的安全措施以及安全措施是否得力，等等。

1. 申请举办群众性文化体育活动有下列九种情形之一的，公安机关不予许可：

（1）违反宪法基本原则，危害国家安全和社会稳定的；

（2）侵害少数民族风俗习惯、破坏民族团结、煽动民族分裂的；

（3）宣扬迷信邪说、色情、淫秽或者渲染暴力，有害群众身心健康的；

（4）违背社会公德或者侮辱、诽谤他人的；

（5）申请的公民、法人和其他组织不符合法律规定的条件的；

（6）举办的活动按规定需经有关主管部门批准，而未获批准的；

（7）场地管理者不同意使用其场地的；

（8）在县级以上国家机关周边地区，广播电台、电视台、外国使领馆、军事设施及其他要害部位周边地区举行的；

（9）举办活动场地不符合安全条件，以及举办的活动可能严重妨碍治安交通秩序和社会生产生活秩序的。

2. 未经公安机关许可擅自举办活动的，以及虽然经过公安机关许可举办，但举办者擅自变更活动的时间、地点和内容的，以及在活动进行期间发生以上9项内容之一的，公安机关可以责令其立即停止活动，并对举办者和场地管理者进行治安管理处罚，并依法没收非法财物和违法所得。经公安机关责令停止活动而举办单位拒不停止的，公安机关有权采取强制措施强行予以解散并对有关人员进行处罚。

3. 经公安机关许可举办的群众性文化体育活动，因特殊情况需变更活动的时间、地点和内容的，举办者应当在举行日期的五日前向原作出许可决定的公安机关重新提出书面申请。

三、群众性文化体育活动的安全保卫

（一）举办人的治安责任

群众性文化体育活动的举办者、负责人，应考虑到活动的安全问题，并对大

型群体活动期间的安全保卫措施以及有关设备的安全情况负责。在活动的准备期间以及活动进行期间，负责人应按照向公安机关提交的安全保卫工作方案落实举办单位应承担的安全保卫工作责任。具体地讲，群众性文化体育活动的负责人、举办者应落实以下安全保卫工作：

1. 举办单位应对活动开始和结束的时间加以明确规定，并对活动的具体内容及进行顺序等作出计划。

2. 确定参加活动的人数不超过活动场地的核定容量，并确保活动的内容和规模在公安机关许可的范围内进行。

3. 落实负责活动安全工作的人员，并对安全工作人员的任务进行具体分工。

4. 确定安全工作人员的识别标志，以便于执行安全保卫任务的人民警察迅速识别，同时也便于举办单位的安全工作人员彼此识别和联系。必要时，还应确定安全工作人员的通讯联络设备。

5. 指派工作人员发放或出售入场票证，确定活动场地的人出口，确保各出入口有专人负责查验票证和组织人员退场。

6. 确保场地建筑和设施的安全、消防状况符合公安机关的要求，落实有关安全及防护措施。

7. 备好应急照明设备，保障应急出口畅通，并预先确定紧急疏散路线及方案等。

（二）公安机关的安全保卫措施

公安机关对许可举办的群众性文化体育活动，要指导和督促举办单位落实安全保卫措施，并可以根据具体情况组织相应警力，协助维持现场秩序，以保障活动的安全进行。

1. 在活动开始前的安全检查。

群众性文化体育活动的举办者在申请阶段，已经向公安机关提交了活动的安全保卫方案，公安机关经审查同意后才作出许可举办的决定的。因此，公安机关在开始前要检查举办人是否落实安全保卫方案，如果没有落实，要督促其落实。

在大型群体活动开始前，公安机关还应对活动场所及附属设施的安全情况进行实地检查。检查内容包括：举办场所的建筑物或露天场地设施是否符合安全规定；通道及进出口是否畅通，电器设备是否符合用电标准并具备保护措施；是否已与电业部门取得联系,保证供电,并配备用电源;消防器材是否配置齐全、有效;场内危险物品管理是否合格;场地内外的污物、砖瓦及有碍通行的障碍物是否彻底清除,等等。通过安全检查,以确保大型群体活动在安全的场所内举办。公安机关的检查中,发现不安全隐患和需要调整补充的措施,应当书面通知举办者予以整改,对拒不整改的,公安机关可以责令其停止举行活动。

2. 在活动进行期间,维护活动现场内外及周围的治安秩序。

公安机关的人民警察维护活动现场内外及周围的治安秩序工作,又分为以下几个方面:

(1) 在活动现场外,公安机关可以根据需要在一定时间和范围内进行交通管制。有时,群众性文化体育群体活动在市中心、露天广场、公共交通要道举行,如为庆祝国庆、庆香港回归等,北京曾在开安门广场及长安街举行过大型集体舞会、演唱会、灯车展示等,不仅参与群众众多,而且涉及范围文,影响面大,公安机关必须在一定时间段内对活动现场进行交通管制。即由公安机关规定在一定时间和范围内,不准机动车辆通行,或者在特定时间内禁止一切车辆、行人进入现场,由交通警察及治安警察在各路口设定警戒线,指挥机动车辆或行人绕行。必要时,可请武警协同执行交通管制任务。

(2) 划定活动的停车场地并指挥机动车辆的停放。群众性文化体育活动现场必然会有许多机动车辆出入和停放,公安机关应划定机动车停车场,或在已有的停车场地安排警力指挥机动车辆的停放。此任务可由交警来完成,也可由其他执行安全保卫任务的警察或者由人民警察与单位的安全工作人员协同完成,还可以由停车场地原有的保安人员完成。

(3) 在各入口处协助工作人员维护入场秩序。执行安全保卫任务的民警应提前一定时间到达各自岗位,承担各自的保卫任务及执勤区域,以争取工作主动权。在活动的人口处,由主办单位负责查验人场券或入场的有关证件,公安人员负责监督,协助现场工作人员组织群众有秩序地入场,必要时要求活动举办单位在出入口安装危险物品探测装置及报警装置,防止群众携带不安全物品进场。

(4) 配备警卫力量警卫首长和重要来宾的安全。警卫重点包括首长和重要来宾就座的主席台,休息室,以及入出场路线等,防止其他无关人员随意进入和接近。若是体育活动,还要加强裁判员、运动员的警卫工作。

（5）公开警力和秘密警力相结合，维护好大型群体活动现场秩序。到活动现场维护秩序的警力应分为两类和两部分，两类是：着装警察和便衣警察；两部分是：一是按场内观众的自然席区，分片负责维护现场秩序的"定位"警力，他们主要负责其岗位周围的治安秩序，也可以在分管区域内进行巡逻；另一部分警力负责全场的巡逻，发现问题可以及时和指挥中心联系，及时解决。

维护好现场秩序，场内的公开警力和秘密警力尤其要注意控制场内观众数量，避免超饱和状态，并密切注意场内动向，发现场内有激情行为时，应设法控制群众激情，制止过激行为。

（6）指挥、控制出场、散场秩序。在活动即交结束时，各出口及主要交通路口的警力应当到位，准备维护出场、散场秩序，指挥人流、车辆有序离开现场，防止不法分子乘散场混乱之机捣乱破坏，以保障活动的顺利完成。公安机关可以事先和有关公共交通公司联系，在散场时段增派公交车辆及时疏散出场人群，以免由于乘坐交通工具困难致使散场后人们拥挤在现场周围。

3. 控制活动现场的治安秩序，发现有秩序混乱或者严重危害公共安全情况的，公安机关可以现令停止活动。

群众性文化体育活动进行中，遇有下列情形之一的，公安机关可以责令其停止活动：

（1）发生公安机关不予许可举办活动的九种情形之一的（指公安机关在审查群众性文化体育活动申请时，不予许可的九种情形）。

（2）举办者未落实安全保卫工作方案，公安机关责令整改而拒不整改的。

（3）人员严重超过核准人数的。

（4）现场秩序混乱，对群众生命财产安全构成威胁的。如由于举办单位组织无序，安全工作人员工作不当，或者由于参加活动人员不听从指挥的原因，导致活动现场秩序混乱；由于天气骤变，人们缺乏心理和物质准备导致现场秩序混乱；由于现场有关设施不坚固而发生倒塌等事故，继而导致秩序混乱，对群众生命财产安全构成威胁的，公安机关可以当即责令停止活动。如果确因举办者或者场地管理者失职等原因造成治安事故的，公安机关还应依法追究其负责人和事故主要责任人的治安责任或刑事责任。

（5）扰乱活动现场的交通秩序，影响车辆、行人通行的。

（6）违反有关规定，影响群众正常工作、生活的。如活动现场声响过大，超过国家规定的标准，影响周围群众正常工作、生活等情形。

（7）发生其他可能导致治安事故紧急情况的。

4. 注意发现在活动现场有违法犯罪行为的人员，采取有关措施予以制止，及时处置紧急事件。

在活动进行中，活动现场人民警察对发现的违法犯罪活动要及时查处，现场可以处理的，在现场处理。参加群众性文化体育活动的人员有以下行为的，公安机关可以责令其退出活动场所或者将其带离现场：有不遵守国家法律、法规和社会公德，不尊重人民群众风俗习惯行为的；有不遵守活动场所治安、消防等管理制度，不服从疏导和管理的；有防碍社会治安、影响社会秩序行为的。

被强行带离现场的人员，以及发现有违法行为在现场不方便处理的，人民警察可将他们带回公安机关进一步调查处理。构成违反治安管理行为的，依照《中华人民共和国治安管理处罚法》予以处罚；构成犯罪的，依法追究刑事责任。

公安机关的人民警察对活动中发生的突发事件和紧急情况，应按预案计划并结合具体情况进行处置，把事态控制在最小状态。

第三节 集会、游行、示威管理

一、集会、游行、示威的概念及管理范围

根据《集会、游行、示威法》的规定，集会，是指公民聚集于露天公共场所，发表意见、表达意愿的活动；游行，是指公民在公共道路、露天公共场所列队行进、表达共同意愿的活动；示威，是指公民在露天公共场所或者公共道路上以集会、游行、静坐等方式，表达要求、抗议或者支持、声援等共同意愿的活动。这里的露天公共场所是指公众可以自由出入的或者凭票可以进入的室外公共场所，不包括机关、团体、企业事业组织管理的内部露天场所；公共道路是指除机关、团体、企业组织内部的专用道路以外的道路和水路，如城市街道、公路、水路等。

《集会、游行、示威法》规定，集会、游行、示威活动，必须经过公安机关的批准。未得到公安机关批准的非法的集会、游行、示威活动，必须予以严厉

取缔。

集会、游行、示威的主管机关是举行地的县级公安机关,如县公安局、大中城市的公安分局,县级市的市分安局。发生在学校、厂矿企事业等单位内部的集会、游行、示威,应当由学校、厂矿企事业等单位党政组织和行政领导及其上级主管部门管理。文娱、体育活动,正常的宗教活动,传统的民间习俗活动,由各级人民政府或者有关主管部门依照有关法律、法规和国家其他有关规定进行管理,不属于集会、游行、示威的管理范围。

二、集会、游行、示威的审批程序

(一) 集会、游行、示威的申请

举行集会、游行、示威,必须向主管公安机关提出申请并获得许可。申请书必须由集会、游行、示威活动的负责人向主管公安机关亲自递交,并应当出示本人的居民身份证或者其他有效证件,并如实填写申请登记表。

但是,根据《集会、游行、示威法》的规定,下列活动不需申请:

1. 国家举行或者根据国家决定举行的庆祝、纪念等活动;

2. 国家机关、政党、社会团体、企业事业组织依照法律、组织章程举行的集会。

集会、游行、示威的负责人在提出申请后接到主管机关通知前,可以撤回申请;接到主管机关许可的通知后,决定不举行集会、游行、示威的,应当及时告知主管机关,参加人已经集合的,应当负责解散。

(二) 集会、游行、示威的受理

公安机关接到要求举行集会、游行、示威的申请时,要对申请人及申请书的内容进行初步审核,以决定是否受理。初步审核的内容主要是以下三个方面:

一是申请人的资格。集会、游行、示威的负责人必须是在集会、游行、示威的举行地方有常住户口或者是在举行地户口登记机关办理了暂住登记并持续居住半年以上的人来担任。否则,公安机关不予受理。

二是申请书的递交时间。即必须在举行日期的五日前向主管公安机关递交书面申请,不足五日的不予受理。但是确实由于突然发生的事件临时要求举行集会、游行、示威的除外。

三是申请书的内容。集会、游行、示威的申请书应当载明集会、游行、示威的目的、方式、标语、口号、人数、车辆数、使用音响器材的种类与数量、起止时间、地点（包括集会地和解散地）、路线和负责人的姓名、职业、地址。申请书内容不完备的，不予受理。

（三）集会、游行、示威的审批

公安机关受理集会、游行、示威的申请后，应当进行详细、具体的审查，并在申请举行集会、游行、示威日的二日前将许可决定及许可的内容，或者不许可的书面决定及不许可的理由送达其负责人。公安机关审查的内容主要是以下五项：

1. 审查集会、游行、示威负责人的资格。下列人员不得担任集会、游行、示威的负责人：无行为能力人或者限制行为能力人；被判处刑罚尚未执行完毕的人；正在被劳动教养的人；正在被依法采取刑事强制措施或者法律规定的其他限制人身自由措施的人。

2. 审查集会、游行、示威的参加人员。参加集会、游行、示威的人员必须在举行地有常住户口或者在举行地户口登记机关办理了暂住登记并持续居住半年以上。公民不得在居住地以外的城市发动、组织、参加当地公民的集会、游行、示威。

3. 审查集会、游行、示威和地点、路线和时间。公安机关在审查集会、游行、示威活动的场所及路线时，还要考虑到是否影响到公共安全或社会治安秩序，如果集会、游行、示威活动对举行地及其周边的治安秩序或公共安全会有危害，则不予许可举行。申请在下列场所周边距离①十米内至三百米内举行集会、游行、示威活动的，公安机关一般不予许可，但经国务院或者省、自治区、直辖市的人民政府批准的除外：（1）全国人民代表大会常务委员会、国务院、中央军事委员会、最高人民法院、最高人民检察院的所在地；（2）国宾下榻处；（3）重要军事设施；（4）航空港、火车站和港口。

公安机关在审查集会、游行、示威申请时，还要考虑到不同时间举行活动对社会秩序及公共安全的影响不同。在节日、重要会议期间、敏感日期举行集会、

---

① 根据《集会、游行、示威法》的规定，具体的周边距离，由省、自治区、直辖市的人民政府规定。

游行、示威活动，公安机关要慎重决定。一天之中的不同时段举行集会、游行、示威活动对社会秩序的影响不同，《集会、游行、示威法》规定，"举行集会、游行、示威的时间限于早六时至晚十时，经当地人民政府决定或者批准的除外。"这样，凡是申请在早六时至晚十时以外的时间进行集会、游行、示威活动的，除了由当地人民政府的批准以外，公安机关一律不予许可。否则，夜间的集会、游行、示威活动对社会正常的生活秩序将造成严重影响，并且给人民警察维持秩序工作带来诸多不便。

4. 审查集会、游行、示威的内容、举行目的、标语、口号。申请举行的集会、游行、示威的目的和内容反对宪法所确定的基本原则的；危害国家统一、主权和领土完整的；以及煽动民族分裂的，公安机关不予许可。

5. 审查集会、游行、示威的方式。集会、游行、示威应当和平地进行，如果公安机关有充分根据认定申请举行的集会、游行、示威将直接危害公共安全或者严重破坏社会秩序的，公安机关应不予许可举行。例如，公安机关有充分根据认定申请举行的集会、游行、示威有携带武器、管制刀具和爆炸物、使用暴力或者煽动使用暴力等直接危害公共安全或者严重破坏社会秩序的，不予许可。

6. 审查国家机关工作人员和以国家机关、社会团体、企事业组织名义组织、参加的集会、游行、示威活动。对国家机关工作人员组织或者参加违背有关法律、法规规定的国家机关工作人员职责、义务的集会、游行、示威和盗用国家机关、社会团体、企事业单位的名义组织参加、集会、游行、示威的，不予许可。

三、集会、游行、示威的特殊程序

在特殊情况下，公安机关可以对集会、游行、示威申请进行非常规性审批和变通处置的程序，主要适用在以下情况：

（一）对常规申请时限和审查时限的变通处理。即对确因突然发生的事件临时要求举行集会、游行、示威的，申请人必须立即报告主管机关，公安机关接到报告后，应立即审查决定许可或者不予许可。如1999年5年8日以美国为首的北约轰炸中国驻南斯拉夫大使馆后，全国各地学生及各界人士立即提出游行、示威的申请，由于情况紧急，当地公安机关均立即进行审批，而不受一般审批期限的限制。

（二）协商处理。即对申请举行集会、游行、示威要求解决具体问题的，公安机关接到申请后,可以通知有关机关或者单位同集会、游行、示威的负责人协商解决问题,并可以将申请举行的时间推迟5日。若协商不成,可以再按一般程序办理。

(三)变更处理。即公安机关在决定许可时或决定许可后,认为按照申请的时间、地点、路线举行集会、游行、示威,将对交通秩序和社会秩序造成严重影响的,可以变更时间、地点、路线,并及时通知其负责人。

公安机关接到举行集会、游行、示威的申请书后,在决定许可时,有下列情形之一的,可以变更举行集会、游行、示威的时间、地点和路线,但应当在许可决定书中写明,并及时通知其负责人:

1. 举行时间在交通高峰期,可能造成交通较长时间严重堵塞的;
2. 举行地或者行经路线正在施工,不能通行的;
3. 举行地为渡口、铁路道口或者是毗邻国(边)境的;
4. 所使用的机动车辆不符合道路养护规定的;
5. 在申请举行集会、游行、示威的同一时间、地点有重大国事活动的;
6. 在申请举行集会、游行、示威的同一时间、地点、路线已经许可他人举行集会、游行、示威的。

在决定许可后,申请举行集会、游行、示威的地点、经过的路段发生自然灾害事故、治安灾害事故,尚在进行抢险救灾,举行日前不能恢复正常秩序的,主管公安机关可以变更举行集会、游行、示威的时间、地点、路线,但是应当将《集会游行示威事项变更决定书》于申请举行之日前送达集会、游行、示威的负责人。

集会、游行、示威的负责人对主管机关不许可的决定不服的,可以自接到决定通知之日起三日内,向同级人民政府申请复议,人民政府应当自接到申请复议书之日起三日内作出决定。

四、集会、游行、示威的现场管理

人民警察如果发现有集会、游行、示威的队伍,未接到公安机关有关指示或指令的,应首先对其合法性进行审查。发现未向公安机关申请以及虽然申请但未获许可而举行的非法的集会、游行、示威活动,人民警察有权命令停止非法集会、游行、示威活动及命令解散。非法的集会、游行、示威活动,公安机关应按照治安事件进行处置。

公安机关对已经许可和批准的集会、游行、示威活动，应派人民警察维护现场的秩序，人民警察有权监督和检查集会、游行、示威负责人是否按照公安机关的许可组织和实施集会、游行、示威活动，有权监督和检查集会、游行、示威的参加人员是否遵守有关的法律规定，并且有权对超出公安机关许可范围的行为予以制止或责令立即改正，对不听制止的，还有权采取其他强制措施予以制止，如可以命令解散，强行驱散，强行带离现场，立即拘留等。人民警察主要从以下几个方面维护集会、游行、示威现场的秩序：

（一）对集会、游行、示威现场进行安全检查。安全检查的内容主要包括：

1. 对集会场所和游行、示威经过的街道、公路等仔细检查，注意发现是否有易燃易爆等危险物品，排除路障等障碍，以消除不安全隐患。

2. 检查集会、游行、示威的标语、口号、起止时间、地点、路线等是否在公安机关许可的范围内，如有违反的或者超出许可范围的，应责令其负责人立即改正。

3. 检查参加人的情况。既可以抽查参加人的有关身份证件，防止无关人员混进游行队伍进行破坏活动，也可以检查参加人有无携带武器、管制刀具或者易燃易爆危险物品的，如有发现，应予收缴。

4. 检查集会、游行、示威使用的音响设备的数量、功率是否在公安机关许可的范围内，以免影响其他单位及公民的正常工作及生活秩序；检查有关车辆（如宣传车）是否符合安全要求，有无超高、超长、超宽情况，以免堵塞和影响交通秩序。

（二）督促集会、游行、示威的负责人维持集会、游行、示威队伍的秩序，严防其他人员加入

集会、游行、示威的负责人及被指定协助维持秩序的人发现其他人参与活动或加入游行、示威队伍时，应当予以劝阻；对不听劝阻的，应立即报告现场维持秩序的人民警察。人民警察接到报告后，应当予以制止其他人员加入，对不听制止的，可以强行将其带离现场。如果人民警察发现集会、游行、示威的负责人明知其他人员参与活动或加入队伍而放任不管时，可以责令负责人履行其义务。由于其他人员参与活动或加入队伍而致使集会、游行、示威秩序混乱，无法按原计

划进行的，公安机关可以命令停止或解散。

（三）设置警戒区域

集会、游行、示威在国家机关、军事机关、广播电台、电视台、外国使、领馆等单位所在地举行或者经过的，公安机关为了维持秩序，根据需要设置警戒区域，可以在附近划定临时警戒线，必要时还可以设置障碍物。未经人民警察许可，任何人不得逾越。

参加集会、游行、示威的人员越过人民警察设置的临时警戒线、进入警戒区域内的，人民警察可以将其强行带离现场或者立即予以拘留。

（四）维持交通秩序，视情况可以临时改变游行、示威队伍的行进路线

负责维持交通秩序的人民警察应当对游行、示威经过的路线或者集会地点的交通予以疏导，为了保障集会、游行、示威的顺利进行，必要时还可以临时变通执行有关的交通规则。

当游行队伍在行进中遇有前方路段临时发生自然灾害事故、交通事故及其他治安灾害事故时，或者游行队伍之间、游行队伍和周围群众之间发生严重冲突和混乱，以及突然发生其他不可预料的情况，致使游行队伍不能按照许可的路线行进时，人民警察现场负责人有权临时决定改变游行队伍的行进路线。人民警察现场负责人应当把临时改变游行队伍行进路线的决定立即告知游行负责人，游行负责人及其他参加游行人同应当服从人民警察现场负责人的决定。

（五）及时处置集会、游行、示威中出现的违法行为

在处置集会、游行、示威中出现的违法行为时，人民警察可以根据现场情况，依法采取相应的处置措施，并依法追究违法人员的法律责任。

对未按公安机关许可的内容进行集会、游行、示威的，或在集会、游行、示威行进中出现危害公共安全或者严重破坏社会秩序情况的，或者其他人员扰乱、冲击、破坏依法举行的集会、游行、示威以及其他违反集会、游行、示威规定行为，人民警察有权立即予以制止。对不听制止，需命令解散的，应当通过喊话等明确方式告知在场人员在限定时间内按照指定通道离开现场。对在限定时间内拒不离去的，人民警察现场负责人有权依照国家有关规定，命令使用警械或者其他警用手段强行驱散；对继续滞留现场的人员，可以强行带离现场或者立即拘留。

人民警察对被依法强行带离现场或者立即予以拘留的人员，应当在二十四小

时以内进行讯问。不需要追究法律责任的,可以令其具结悔过后释放;需要追究法律责任的,依照有关法律规定办理;经审查发现发动、组织集会、游行、示威的人不具有本地常住户口或半年以上暂住登记的,公安机关应将其强行遣回原地。

思 考 题

1. 大型群体活动的概念和分类是什么?
2. 群众性文化体育活动的审批范围及程序是怎样的?
3. 群众性文化体育活动的安全保卫措施有哪些?
4. 什么是集会、游行、示威?
5. 集会、游行、示威的审批程序及其特殊程序是什么?
6. 公安机关对集会、游行、示威活动的现场管理有哪些内容?

第九章 治安事件的预防及处置

第一节 治安事件的概念及特征

一、治安事件的概念

治安事件,是指群体或个人出于某种动机、目的,而在特定环境中实施危害公共安全,破坏社会秩序行为,并导致事态加剧、扩大,造成一定社会影响的事件。

这个概念说明,构成治安事件必须具备以下四个条件:

(一)引发治安事件的主体是群体或个人

治安事件的主体可以分为引发事件的主体和参与事件的主体两个方面。群体或个人都可以引发治安事件。

群体引发的治安事件如例一:1994年3月13日至28日,江苏仪往市化纤纺织厂工人因工资收入低,企业未实行新的工时制等问题,连续到市政府上访、请愿,都没能解决问题,于是工人们组织一些老人堵塞交通,向市民们反映这个问题,多达400人,同时造成上万人围观,严重影响了该市的治安秩序和社会稳定。

个体引发的治安事件如例二:某县农民王某在其夫被村里大队党支部书记蔡某吊打致死后,把尸体拉到蔡某家中,王某抱着尸体大喊大闹、喊冤叫屈,引来1000多人围观,乡亲们对她表示同情,王某于是让乡亲们为她伸张正义、惩治

第九章 治安事件的预防及处置

蔡某，得到围观群众的同情，群情激愤，最终导致群众将蔡家所有财物砸个净光。

引发治安事件的主体既可以是群体，也可以是个人，但是参与事件的主体只能必须是群体。即使是个体引发的治安事件，必须有群体的参与才可能将事态加剧和扩大，并造成一定的影响，否则只是一般的违法行为，而不能构成对社会治安秩序影响力大的治安事件。

（二）引发事件的人，主观上都是为了达到某种目的

引发治安事件的主体，虽然实施了危害公共安全、破坏社会秩序行为，但并不以扰乱和破坏社会秩序为最终目的，他们另有其他目的。他们采取引发治安事件的方法，借以宣泄情绪，制造社会影响，以期引起有关部门的注意，解决有关问题，这是他们引发事件的真正目的。如在例二中，五某闹丧的真正目的是借助群众的力量"惩罚"党支部书记蔡某，以图报复。

（三）治安事件侵犯的客体是公共安全、社会秩序

公共安全和社会秩序是治安事件侵犯的直接客体。治安事件引发后，只要没有及时得到控制，事态就会加剧和扩大，导致对公共安全、社会秩序更严重的破坏。而对公共安全和社会秩序的维护是治安管理部门的首要职责，因此，发生治安事件后，治安管理部门应迅速赶赴现场处置事件，以维护正常的社会秩序。

（四）治安事件在客观上造成了一定的社会影响

造成了一定的社会影响，是治安事件构成的一个要素。引发治安事件的人往往在主观上有制造社会影响的意图。如例三：1995年5月24日河南交通广播电台早间热线直播节目接到一位老太太打来的投诉电话，为开出租车的儿子鸣不平。老太太说，5月21日晚8点多，儿子在郑州市区农业路西段遇到一位交警搭车，拉到指定地点后，儿子向那位交警要5元钱（起步价为6元），交警不但不给钱，还以没系安全带为由把儿子的车证给扣下。老太太请求电台呼吁有关部门查处这样不讲理的交警。郑州中联出租汽车公司的司机们听到交通电台的节目后，通过车载台自发地相互联络了100多辆出租车，一同开到河南广播电视大厦示威，寻求新闻舆论支持，要求为他们撑腰。

其间交警队和中联公司双方的领导也赶到了广电大厦。经过交涉，交警队的领导通过电台向司机们保证，如果他们反映的交警随意扣车的情况属实的话，一

定要严厉查处。随后,出租汽车司机才逐渐散去。

引发治安事件的人为了制造社会影响,一般选择在特定的环境中引发事件。这个特定的环境和场所有两个特点:人群密集和社会影响力大。如在公共场所、党政机关门前、中心广场等,在这样的环境下才能够吸引到更多的人注意和围观,才能够制造出社会影响,使事态加剧、扩大,引发群体行为,以图达到其目的。再比如非法集会、游行、示威事件等,都是向社会公开表达他们的意愿、要求,制造社会影响来促使有关问题得到解决。

治安事件不同于一般的违法犯罪行为也在于此,一般的违法犯罪行为总是秘密地进行,以防被人目击。而引发治安事件的人,总是选择人群聚集区和能产生较大影响的地方,在事件发生后,总是力求声势浩大,引人注意,甚至发表演说、打出标语、呼喊口号,吸引更多的人参与和评论,制造社会影响,得到其他人的理解和支持或通过社会影响的扩大引起有关部门重视,解决他们的问题,满足他们的需要。因而他们总是选择特定的环境,这样的环境绝对不会是荒郊野外、没有"观众"的地方。在治安事件的预防一节中,我们还要谈到对重点环境和场所的预防。

具备了以上这四个方面,就构成了治安事件,这不仅可以帮助我们来理解治安事件的概念,还可以帮助我们来认定什么是治安事件。但认定什么是治安事件,还要从治安事件的特征入手,掌握治安事件的特征,就可以对发生的事件有个清楚的认识,正确定性。

二、治安事件的特征

(一) 治安事件的主体具有群体性

虽然群体和个人都可以引发治安事件,但形成治安事件,必须具有群体基础。在例二中,虽然王某的个体行为直接起到引发事件的作用,但若没有围观群众的参与,事态就不会发生变化,也最终构不成治安事件,对王某的行为,可按"干扰他人正常生活"由公安机关给予治安管理处罚。

参与治安事件的群体具有层次性,大致可以分为以下三个层次:

第一层次是核心骨干成员,即事件的组织、策划者,重要领导人、"军师"和领袖人物。他们在事件中起酝酿、催化、煽动作用。这些人为数不多,但都有明确的思想、观点、计谋方略,具有一定的组织领导能力和权威,是参与人员中态度最明朗、意志最坚决者。他们的参与形式可分为两种：一种在台前，公开发号施令，出头露面，成为头面人物；一种在台后，出谋划策、老谋深算，是最难对付的人员。

第二层次是一般成员。他们是事件组成的基本力量，受核心成员的支配，积极参加事件活动。一般成员的构成极复杂，有的是由共同的利害关系参与的，如都是因为工资收入低、工厂待遇不高等问题没有解决，见到有一些人在进行游行、示威活动，尽管是非法的，他们也积极参与其中。有的是由群体意识卷入的。所谓群体意识简单地说就是一种集体感，我们每个人都属于某个群体中，当自己所属的群体中大部分人或一部分人进行某件事时，另一部分人感觉自己似乎有义务参与，但他们本身的积极性并不高，往往既不出头也不落后，而是随大溜。也有的人本身盲目性很大，好感情用事，容易冲动而做出过激行为，这在大学生中表现得尤其突出。他们容易受人操纵，接受蛊惑宣传，也容易很快成为摇旗呐喊、冲锋陷阵的主要力量。

第三层次是外国人员及闻讯而来的人群。这一层次是开放型的，没有严格的界限，他们是事发后在现场围观的人员，听议观局，并不立即参与。但是，随着事件发生时间的延续，围观的人员会逐渐增多，这对事件组织者和参与者会起到心理上的支持作用。围观人员受到核心人物的煽动，其中一部分人会参与到事件中来。

以上三个层次都是发展变化的，其组成人员在一定条件下可能相互转化。随着事件时间的递增，事件主体层次也在递增并引起事件范围的扩大，在这种具有一定层次性的群体基础上，通过三个层次的相互作用，事态迅速加剧、扩散和蔓延。

(二) 治安事件具有一定的违法性

治安事件具有一定的违法性，包括事件本身的违法性质和事件发生过程中容易发生其他违法犯罪行为两方面。

治安事件本身具有一定违法性，如非法集会、游行、示威事件。根据《集会、游行、示威法》的规定，未向公安机关申请的集会、游行、示威，虽然申请但未经公安机关批准的集会、游行、示威，以及虽然经过批准但未按批准的时间、地点、路线、口号举行的集会、游行、示威活动，都是非法的。

治安事件发生过程中还往往伴随着违法或犯罪行为的发生。这是由于治安事件引发后参与及围观的人数多，其中的某个个体做出违法或犯罪行为，在众人的掩盖下不易被发现，因此容易有人乘机作乱，实施违法、犯罪的行为。治安事件发展到一定程度还常常伴随有打、砸、抢、烧、流氓、偷窃行为的发生。

（三）治安事件具有突发性

治安事件常常表现为突发性，如突然发生球迷闹事事件，突然发生非法集会、游行、示威事件等，给人以突发或事先不预知的感觉。实际上，许多治安事件的发生都有一个酝酿、组织、策划的过程，当时机成熟时便突然引发治安事件，它从隐秘阶段到公开制造影响，发动进攻显得很突然，所以说它带有突发的性质。

（四）治安事件引发后，其发展的规模和程度难以控制和估测

治安事件的后果和危害主要取决于事件的群体规模，涉及的范围，指向目标的社会地位，群体行为的后果等。治安事件发生后，其事态得以加剧或扩大，危害了公共安全和社会秩序，并造成一定的后果和危害，若不及时加以控制，有的甚至会危害到国家的政权。因此，公安机关及有关部门应意识到治安事件的严重性，一方面防止治安事件的发生，另一方面，一旦发生了治安事件，应立即予以制止和处置，以防事态的扩大和蔓延。

三、治安事件的分类

由于不同种类事件具有不同的性质和特点，因此，处置各类事件的方法也不相同。以下是几种常用的分类方法：

（一）按照引发事件的主体规模划分，可分为个体型和群体型

1. 个体引发的事件。主要是因为个别单独人员突然实施了异常行为，并且招来了围观的群众，引起了众多人的同情和支持，阻塞了交通，造成了不良影响，成为更大事件的"起爆剂"。例如在党政机关门前或者在其他重要场所喊冤叫屈，拦截首长、外宾的汽车，在公共场所自焚等等，都会引来大批围观、尾随的群众，引发治安事件，危害社会秩序，妨害公共安全，造成恶劣影响。

2. 群体引发的事件。主要是指由群体引发并参与的治安事件，大多数治安事件都是由群体引发的，少至一二十人，多至上百或上千人，对社会秩序的影响极大。例如当前比较突出的由于某些企业不能按时发工资而引致工人上街游行、

阻塞交通的事件等。

（二）按照事件的性质，可分为政治性事件、经济性事件、激情性事件和涉外性事件四种

1. 政治性事件，是指事件主体以满足某种政治要求为目的引发的事件。如具有政治目的的罢工、罢课、罢市、非法集会、游行、示威等事件。

2. 经济性事件，是指事件主体以满足某种经济要求为目的引发的事件。如因土地、水域、山林的归属而引发的群众性械斗，哄抢国家、集体或个人的物资、财产等事件，以及为实现某种经济目的而引发的罢工、罢市、集会、游行等事件。

3. 激情性事件，是指事件主体因某种精神因素而引发的群体性越轨或违法行为。如球迷闹事、大型封建迷信活动等。

4. 涉外性事件，是指涉及不同国家之间的关系，需要通过外交途径解决的事件。如两国边民之间发生的矛盾纠纷事件，包围、冲击外国驻华机构的事件，外国在华人员或留学生举行的抗议活动等事件。

（三）按照事件是否采用暴力方式可分为非暴力型事件和暴力型事件

非暴力型事件通常指不采用暴力方式的集会、游行、请愿、静坐等事件；暴力型事件如群众性械斗事件、冲击党政机关与要害部门、骚乱等事件。

（四）按照1994年5月30日中共中央办公厅、国务院办公厅《关于处置紧急治安事件有关事项的通知》中的分类，治安事件可以分为以下八类：

1. 人数较多的非法集会、游行、示威；

2. 聚众包围、冲击党和国家机关、重要警卫目标、广播电台、电视台、通讯枢纽以及外国驻华使馆、领馆或者其他驻华机构；

3. 聚众包围、冲击金融机构以及电厂、水厂等关系国计民生的要害单位；

4. 聚众堵塞公共交通枢纽、交通干线或者非法占据公共场所；

5. 聚众哄抢国家仓库、重点工程物资以及其他公私财产；

6. 在大型体育比赛、文娱、商贸等活动中聚众滋事、制造混乱或者破坏公共设施；

7. 较大规模的聚众械斗；

8. 严重危害公共安全、社会秩序的其他紧急治安事件。

第二节　治安事件的成因

任何事物的发生都有一定的原因。治安事件也不例外。治安事件的发生和发展，是多种因素综合作用的结果，极其复杂。但并非无规律可循。在众多因素中，总有一个或几个主要因素导致事件的发生。目前，治安事件发生的原因，主要是社会的原因，此外，还有历史的原因、自然的原因、一些特殊个体的原因等。研究发生治安事件的原因及其规律，我们就可以积极采取有效措施，科学地预测和预防治安事件，防患于未然。

一、社会原因

我国社会主义制度虽然是现今世界上先进的社会制度，但由于其正处于初级阶段，许多方面还都在摸索之中，没有以往的经验可寻，各种矛盾和问题必然会大量出现。所有一切来自社会方面的矛盾、消极因素，积聚到一定程度，必将通过一定的方式和形式得以体现，其中一种主要的表现形式就是治安事件，它对我国社会的稳定、国家的安全构成极大的威胁。近年来，治安事件的急剧增加，多是由各种社会原因引起的。

（一）经济因素

社会经济的发展状况，从根本上影响社会稳定和社会治安。在我国社会主义经济建设中，经济发展给社会稳定、社会治安带来诸多的积极因素，但也引起一些不可避免的社会震动，尤其是新旧经济体制转换过程中，控制机制的弱化，现阶段各种经济成分之间的利益冲突，商品经济的消极因素的影响，经济体制改革中的失误，等等。各种矛盾的相应增加、激化，成为社会不稳定、影响社会治安的潜在因素，进而导致治安事件的发生、发展。

1. 经济运行机制中出现矛盾

在市场经济体制下，社会主义经济是通过市场机制为主的经济机制的作用而运行的。经济运行的目标、经济运行的决定、经济运行的动力、经济运行的调控，要通过经济主体——企业、市场、国家来实现。

我国的经济体制正在由计划经济向市场经济体制转换。我国经济体制改革的目标，是在坚持公有制和按劳分配为主体，其他经济成分和分配方式为补充的基础上，建立和完善社会主义市场经济体制。建立社会主义市场经济体制是一个复杂的过程，需要不断破除和改变在计划经济体制下形成的观念、习惯和各种陈规。同时，向市场经济转轨的过程又是一个艰苦的探索过程。世界上已经建立起市场经济体制的国家，都是以生产资料私有制为基础的，我国是要建立以生产资料公有制为基础的社会主义市场经济体制，这是一个全新的课题，更是需要经过试验，只能在探索中逐步前进。在这个复杂又艰苦的体制转轨过程中，必然要经过探索——改进——再探索——成功的过程，必然会产生这样那样的矛盾和问题，甚至也可能出现挫折。近年来，大量治安事件都是在经济体制转轨过程中发生的。

（1）建立社会主义市场经济体制，涉及市场的主体——企业的改革，主要是要转换国有企业的经营机制。由于以往国有企业是在适应于计划经济的体制上建立并按计划经济的模式运行的，其人、财、物及产、供、销都严格按照计划进行，而在市场经济下，由市场调节社会的资源配置，供求、价格和竞争决定企业的生存与发展。这样，许多国有企业没有及时转换思路和经营模式，加上本身固有的问题，不适应市场经济的要求，出现严重的亏损甚至破产的情况。一些企业因不景气出现停产、半停产，使职工收入减少，生活受到影响。有的国有企业不能按时发给职工工资，甚至发不出工资，企业职工成为直接的利益受损者，职工对企业、对社会、对国家的抱怨情绪不断增多，一遇时机就有可能出现罢工、集体上访、非法游行、示威、请愿等事件，影响社会正常秩序的稳定。

（2）社会主义市场经济体制还涉及市场的载体——市场。在市场体系的培育过程中，由市场调节社会资源、劳动及人力在各部门间的分配，可以提高各种资源的使用效率，使物质资源、技术资源、人力资源得到最佳的利用和节约。这样，适应市场经济体制的要求，许多企业提高了效率，也节约了人力，一些人员在企业的"优化组合"中被淘汰下来，许多职工进入"下岗"大军。有些人在"下岗"后能很快接受现实并适应新的情况，迎接新的挑战，通过各种途径又找到新的岗位。另有一部分人很难一下子接受和适应这种状况，亦难以找到新的工作岗位，生活遇到困难，他们便转而把责任推到国家，以各种形式表达自己的不满，这种矛盾和不满积聚到一定程度便引发治安事件。

（3）社会主义市场经济体制涉及市场的管理者——政府，要求政府转变职能。政企分开是转变政府职能的根本途径，但是其涉及面广、难度大，直到目前,仍是我国改革中的大问题。政企不分开,现代企业制度就建立不起来,企业的效益就不可能真正好转,方方面面的利益得不到解决,企业、政府、社会与企业职工之间的矛盾将愈积愈烈,成为引发治安事件不可忽视的一个重要根源。

(4) 社会主义市场经济体制还涉及分配制度和社会保障制度的改革。现有的工资制度及待业、养老、医疗等制度都在探索、改进和改革之中,目标是建立适应社会主义市场经济体制要求的分配制度和社会保障制度。在计划经济体制下企业办社会现象严重,企业不仅解决职工就业问题,还负担职工的医疗、养老、住房、子女教育等许多本应由社会解决的问题。在市场经济体制下,随着社会保障制度的建立和完善,这些问题都将由社会负担。在这个转变过程中新的矛盾会产生,有时甚至还可能会激化。目前,许多国有企业由于负担过重而疲于应付,企业及职工的切身利益都得不到保障,职工转而引发治安事件以发泄不满情绪。

2. 各种经济利益之争

经济利益往往是人们相争的对象,大量治安事件的发生都源于各种经济利益之争。

在商品生产、交换、流通等领域及居民日常生活中,由于追求不同的经济利益常致使人与人之间、群体与群体之间产生矛盾和纠纷,如果纠纷未得到及时解决,就可能激化,导致违法犯罪案件、民事侵权案件的发生,有的在一定条件下成为治安事件引发的诱因。

改革开放后,我国农村普遍实行了承包责任制,农民们通过开发和承包土地、山林、水利、矿产资源、滩涂获得了巨大财富。但由于历史与自然界的原因,一些自然资源的权属问题几经变动,情况复杂。一些个人、乡村以至县际、省际为开发利用自然资源,产生的矛盾此起彼伏。在一些农村地区常常引发村与村之间、族与族之间、乡与乡之间甚至更大范围的群体械斗事件。同时商品意识也刺激一些自私、狭隘的农民,为了个人或小集体的利益,窜入他人或异乡群众的山林、矿山、种植园进行滥砍林木、枪挖矿产,引发地域性、宗族性的纷争。这些矛盾、纷争日益突出尖锐,在一定条件下激化,引发大规模聚众械斗的治安事件。

(二) 政治因素

1. 行政管理机制不完善

我国现行的行政管理机制基本上能够正常运行,对社会生产力的发展,起着积极促进的作用。但必须看到这一机制本身还并不完善，导致一些消极因素产生，带来许多矛盾和问题，有时也会出现行政管理机制的失调，成为治安事件发生的另一方面原因。

在社会生活中，许多问题需要行政部门的管理，而有的问题的管理部门不确定，造成有利可图时管理部门多、婆婆多、程序复杂，而群众有困难需要解决时则各行政部门互相推诿，以致矛盾长期积压，激起群众不满情绪。有的行政人员在具体工作中又会由于管理不当造成各种失误。如在实施行政管理过程中由于管理方式的不当，在某个环节或某个方面产生"一管就死、一死就放、一放就乱、一乱就管"的恶性循环现象，使得群众对管理部门失去信心，出现问题时采取极端的"自己的方式"解决。也有行政人员利用行政管理机制的不完善和漏洞，为个人谋取利益，甚至进行违法犯罪活动，激起民愤。

我国现行的监督机制尚不健全，监督的手段及力度不够，在一些行政管理人员中大量滋生官僚主义和腐败现象。这些消极因素交织存在，综合作用，不能为公众所接受、理解或被人利用，在一定条件下就可能引发治安事件。

2. 官僚主义与腐败现象

官僚主义和腐败现象原是剥削制度下剥削阶级和旧社会衙门作风的反映。但由于历史的局限性及客观社会环境等因素，现今世界各国无不存在腐败问题。在我国现行的行政管理机制下也存在着严重的官僚主义和腐败现象。它严重阻碍了社会主义民主与法制的进程，阻碍社会主义建设和改革开放的顺利进行，从而影响了社会主义生产力的发展，侵害了人民群众的民主权利及其他正当权益，不可能不引起广大公众的强烈不满与愤慨，从而酝酿了社会的不安定因素。如果公众被一些不适宜的宣传所引导或被少数别有用心的人加以渲染、利用、煽动破坏，则往往会激发他们的对立情绪，形成一种难以抑制的反抗力量。这样便很可能导致非法集会、游行、示威，集体上访闹事，冲击党政机关、国家重要机构等治安事件的发生。因此，官僚主义与腐败现象是诱发治安事件的一个不可忽视的政治因素。

3. 政治体制改革中的问题

我国的政治体制改革，目标是建设有中国特色的社会主义民主政治。建国以来，我国民主政治逐步发展，尤其近几年民主制度与法制建设发展较快。但由于生产力水平不高及其他历史与现实的因素，我国现行政治体制存在某些弊端，法制亦不尽健全，现阶段也不可能立即建立起高度发展的民主。人们的政治参与需要还难以全面实现，使人们时常感到参与政治途径很不完善，未能真正享受到社会主义的广泛民主。在这种情况下，群众参政的需要不能顺利地通过正常渠道表达出来，加之其他一些主客观因素的刺激或影响，人们就可能采取不正常的方式与方法来表达，如非法集会、游行、示威、罢工、罢课、聚众演讲扰乱公共秩序等。

建设社会主义民主政治不能忽视全体人民对于极少数敌人实行专政的一面，我们既要充分发挥社会主义民主，又不能脱离一定社会阶段的经济基础而奢望高度又广泛的民主，更不能错误地认为民主就是绝对的民主与自由。因此，有一些不法分子歪曲民主的真实内容，以"民主"为借口，为自己的无政府主义、个人主义行为辩护。少数别有用心的人，打着"民主"的旗号，宣扬资产阶级的"民主"与"自由"，攻击、否定社会主义民主，否定四项基本原则，借机滋事扰乱，聚众闹事，并不惜制造骚乱、动乱乃至反革命暴乱，成为诱发治安事件的原因。

4. 国内阶级矛盾在一定范围内仍将存在，境外敌对势力也在伺机破坏我国政权

在我国现阶段，尽管作为阶级矛盾对立一面的剥削阶级已经消灭了，但是，敌视我国社会主义制度的国内外势力依然存在，阶级矛盾和阶级斗争仍将在一定范围内长期存在，甚至有时还可能表现得十分尖锐。境外的敌对势力从来也没有停止过阴谋策划，一有机会就跳出来煽风点火，挑拨离间，甚至直接插手，使阶级矛盾激化，妄图从根本上推翻我国的社会主义制度。他们或组织制造恐怖活动，或与国内的敌对势力联结在一起，遥相呼应，内外配合，煽动引发治安事件。而煽动引发治安事件则既隐蔽又容易得逞，是国内外敌对势力惯常使用的破坏手段。

（三）宗教、民族因素

宗教是一种社会意识形态，就其本质来说，它是与马克思主义的世界观相对立的，我国执政党并不鼓励公民信仰宗教。但宗教是一种历史现象，有它发生、发展和消亡的过程，因此我国宪法赋予公民有宗教信仰的自由。我国是一个多民族的国家，各民族之间是团结合作的关系。但宗教问题往往与民族问题相联系，

由于历史的原因，个别少数民族之间、各教派之间以及它们内部存在一些矛盾、纠纷，如民族归属问题、教派地位问题等；一些少数民族地区，由于地方基层组织在执行落实民族与宗教政策中难免有这样那样的失误；同时，国外宗教敌对势力的煽动与民族分裂主义者的破坏等等，这些问题时常会激发民族间、教派间的矛盾对立，成为治安事件的诱因。

近年来，一小撮民族分裂分子，在国外敌对势力煽动支持下，酝酿、组织、引发治安事件，以破坏民族团结，达到分裂民族、分裂国家的目的。我国境内新疆部分地区民族分裂和宗教极端势力活动日益突出，如1990年4月发生在新疆阿克陶县的武装暴乱就是由于民族因素引起的。近几年，在西藏自治区拉萨市发生的各种严重骚乱事件，也是在国外一些敌对势力的煽动下，由达赖集团和隐藏在藏区的少数民族分裂主义者策划制造的。这种利用信教群众的宗教感情，策划、组织、煽动不明真相的群众集体闹事，企图通过骚乱、武装暴乱，达到分裂祖国的目的，作为政治性治安事件，其民族与宗教因素不能不引起人们的关注与探究。

（四）文化、意识因素

治安事件作为一种社会现象，必然同社会文化教育背景有密切联系。文化教育水平不高，新旧观念及思想意识的存在与冲突，不良的社会风气，从不同角度、在不同层次上影响着人们的价值观与人生观，进而在思想意识上、观念上对人们产生许多消极作用。这些消极因素在一定条件下受到催化，将对社会治安构成威胁，直接影响治安事件的形成与发展。

1. 封建思想残余的影响

封建社会在我国有两千多年的历史，有着深厚的思想基础。剥削阶级虽然已被消灭，但封建社会的思想残余，如封建伦理道德观念及封建宗族意识等，仍然在现阶段遗留不少的痕迹，在思想意识领域占据着一定的位置，并在一定程度和范围内指导、规范着社会成员的行为。它包含的狭隘性、自私性等消极因素往往同社会化生产、生活存在着极大的冲突，而冲突的激化则会影响到人们的团结和社会的稳定。

在我国农村，传统文化积淀较为深厚，那里滋生着一种畸形的凝聚力和向心力，即封建宗族意识。在农村中认宗、归宗的活动方兴未艾，一些人利用封建宗族意识将本属个人或少数人的矛盾挑拨成带有封建宗族色彩的事件,封建宗族意识日渐蔓延,甚至影响、干预农村基层组织建设。在有些农村地区,宗族势力形成了一定气候,致使有些问题被认为是"在自己的宗族范围"内,因而运用"宗规"、"族法"解决,而不是依靠政府和法律解决。这样,使我国的法制建设受到破坏,并直接威胁了农村直至城市的社会稳定。尤其在经济发展和文化教育落后地区,还有许多不了解法、不遵守法、不尊重法律的人,因此,群体械斗事件,哄抢、"闹丧"以及冲击基层政权组织、围攻执法人员等现象屡屡发生,其主要原因往往就是封建宗族意识从中作祟。

2. 资产阶级腐朽思想和腐朽文化的影响

改革开放之后,我国在引进西方资本主义国家先进技术与管理经验的同时,一些资产阶级的腐朽思想也随之渗透、传播进来。有些人错误地评价资产阶级宣扬的个性解放与人道主义,信奉他们鼓吹的自由、平等、人权,沉迷于西方世界的"自由"生活,对我国现行的民主制大加贬低,甚至推行资产阶级自由化。他们认为民主就是绝对的自由,想干什么就干什么,因而自由散漫、目无政府、无组织无纪律性。在这种观念支配下,个体或局部利益一旦受到损失,或者稍有不合理因素存在,或对社会现象不理解、误解,他们就会不顾社会秩序和国家安定,滥用宪法赋予的言论、出版、集会、结社的自由,采用所谓西方的"民主"方式去加剧矛盾与冲突,动辄非法集会、游行、示威;或挑拨群众与社会、单位的矛盾,故意制造事端,唯恐天下不乱;或聚众闹事、在大型文化活动中借机骚乱等。

3. 社会不良风气的影响

所谓社会风气,是指一个社会的广大社会成员的道德境界水平及其精神面貌的总体体现。它普遍渗透于社会生活的各个领域,广泛地表现在社会成员的各种复杂的社会关系中,以强大的舆论和社会习惯势力的形式,左右人们的言论和行动,成为推动或阻碍社会前进的巨大力量。

在我国现阶段,新旧体制交替,人们的价值观念、伦理观念、消费观念和生活方式都在发生变化,社会主义新的文化观、价值观、伦理观正在形成过程中,封建的、西方的、传统的、现代的、先进的、落后的、跨地域的、各民族各教派的等等,各种文化、意识相互渗透交织,而一些社会不良风气也夹杂其中乘机得以传播蔓延,成为直接或间接影响社会安全与稳定的重要因素。社会不良风气对人们的心理特别是青少年的心理产生恶劣的影响，并且会形成恶性循环。如国家公务员没有树立为人民服务的思想而是大兴官僚主义、腐败作风；社会生活中人际关系淡漠，对别人遭遇的危难表现冷漠，甚至纵容违法犯罪；传统道德观念受到冲击，愿意和敢于助人为乐、见义勇为的人越来越少；一些自私自利、贪图奢侈、放荡物质生活与精神享受的人不以为耻；堕落、腐化的生活方式甚至成为一些无知青年的追求目标，在这种不良风气的影响下，社会不正之风蔓延，人们的行为举止不当，成为治安事件得以发生的又一方面原因。

4. 文化素质低的群体在我国大量存在，导致治安事件频繁发生

在我国目前还有相当一部分人受教育程度低和文化素质低下，尤其是在经济落后的广大农村地区、偏远地区。农民的文化素质普遍低下，他们的民主、法制观念淡薄，思想简单。素质低下人的行为往往缺乏既定的目标和方针、原则、规范，多是在一些个人的任意行为导向的作用下和一些别有用心的人煽动下而产生的。大部分人并不了解自己的行为目的、意义和后果，只是在一定的情绪支配下的盲目行动。而这些盲目行动相互诱导、相互暗示、相互模仿，在一定的外界因素刺激之下，以群体非社会化行为的集中形式表现出来，这是治安事件中大多数成员的心理状况和行为背景，其主要原因在于文化素质低所致。

二、历史原因

自新中国建立以来，有些历史遗留问题在当时的历史条件下及受客观因素的影响，一直未能处理好。因此就有人或组织（如一些非法宗教势力）企图借口解决历史问题，以推翻历史上作出的正确结论，如果其要求得不到满足，则对现行政策与制度消极抵抗，一有机会就采用非法行动。

也有些历史遗留问题是由于我们党和政府造成的。我国政府正在积极地通过各种途径解决这些问题。如在不同历史时期，我们党实行过不同的政策，发起过多次运动，其中有过"左"倾、"右"倾错误，给一些人的生产、生活和工作造成了一定的困难和不便。在现今政策下，我们党对以往的错误予以纠正。在纠正错误的时候，由于当时的情况与政策规定与现在有些不同，处理此类问题也比较复杂，很难一下子解决好，从而不可避免地会产生矛盾。也有个别的政府工作人员搞官僚主义，对本应及时解决的问题迟迟不予解决。这样，就使一些人产生强烈的不满情绪，到处上访喊冤，并取得其他群众的同情与支持，在一定情况下可

能引发治安事件。也有个别人借历史问题没解决好为理由，蓄意扰乱社会秩序和安定团结的局面，他们或冲击党政机关、重要单位，或在交通要道拦截首长车辆，或在闹市区演讲煽动，引人同情，继而引发事件。历史遗留问题，历来都是治安事件形成的一个不可忽视的原因。

三、自然灾害原因

现今世界虽然是科学发达、技术先进的世界，但是，人们对自然界的了解还远远不够，还远不能抵御自然界的风云突变。因此自然灾害时有发生，对我们业已建立的世界带来不同程度的毁灭。每当自然灾害发生时，容易引发诸多的矛盾，使社会矛盾突然激化。如重大自然灾害的突然袭击，使受灾群众生产、生活发生严重困难，各种流行病、传染病在灾区蔓延，灾区的治安秩序受到影响，治安问题增多，如果受灾群众得不到妥善的处置，很容易发生各种治安事件，如集体哄抢粮库、救济品、运输物资、农药、化肥等事件，因未及时得到救灾物资而发生的集体上访、游行、示威事件，灾区的群体械斗事件，等等。

第三节　治安事件的预防

一、预防治安事件的意义

（一）预防是公安工作总的指导思想

当前，我国公安工作总的指导思想就是"预防为主，防打结合"。对各种治安问题，仅靠打击是不够的，要防患于未然。虽然我国当前的社会治安基本稳定，但面临的形势相当严峻，预防工作不容忽视。我国公安工作曾经一味地强调打击和狠狠打击，但进入20世纪90年代后，中央进一步重视"社会治安综合治理"，提出"预防为主，打防结合"的指导思想。

对治安事件也是一样，我们研究它的形成、发展规律等都是为了更好地预防它的发生，要坚持总体预防，防处结合，将治安事件消灭在萌芽状态，不使其成为祸患，达到维护社会政治安定，秩序井然，促进改革开放顺利进行的目的。

（二）治安事件已成为当前影响我国社会安定和政局稳定的一个十分突出的问题

改革开放后，我国实行了一系列的改革措施，经济有了迅速发展，人民生活水平显著提高，同时新情况新问题不断出现。人、财、物的流动急剧加大，人与人之间约束少、监督少，但人的思想活跃，自我意识增强，一些违法犯罪现象重新抬头，社会治安状况存在许多不尽人意之处，有些人眷恋过去，对当今社会产生不满情绪，一有机会，便趁机作乱，发泄自己的不满。近年来治安事件空前增多，给社会安定和公共安全造成了很大危害。

改革、发展和稳定是事关我国全局的重大问题。而治安事件频发则直接影响我国的改革环境和政治安定，闹事、动乱不制止，改革和建设就无法正常进行。特别是一些突发性的群体型治安事件，波及面广，影响大，危害严重，甚至危及到国家政局的稳定。因此，治安事件的预防工作极其重要。

二、预防治安事件是全社会共同的任务

预防治安事件，必须从消除矛盾、缓解矛盾入手。而治安事件的引发，是各种社会矛盾综合作用的结果。因此，治安事件的预防工作，不是单凭公安机关一家的努力就能做好的，必须发动全社会的力量，形成合力，进行全社会的宏观预防。在宏观预防中，发展社会生产力，是协调各方面利益关系的物质基础，是消除引发治安事件各种诱因的根本措施；形成良好的社会风气是稳定社会秩序、消除引发治安事件不安定因素的必要条件；加强教育，提高公民素质，尤其是提高公民的法制素质，使公民养成运用法律武器解决有关矛盾和问题的习惯，而不是以违法的形式、以破坏社会秩序的形式来解决问题；最后，各部门、单位都要认真贯彻社会治安综合治理方针，做到"管好自己的人，看好自己的门，办好自己的事"。

各部门、单位都有责任在自己的职权范围内，认真贯彻党的各项政策规定，解决群众中的实际问题，做好相关的工作。防止在工作中造成失误，损害群众的切身利益，危害公共安全；同时，还要对本部门、单位的职工负责加强教育，保证本部门、单位、企业、团体不发生危害公共安全、破坏社会秩序的群众性违法活动并引发治安事件。如果所有的部门、单位和企业、团体都能够把这些工作做好了，治安事件的防范就有了可靠的保障。

三、公安机关对治安事件的预防

全社会各部门应共同预防治安事件的发生，其中公安机关在预防治安事件工作中担负着特殊的重要任务。

(一) 研究和分析治安事件发生、发展的规律

任何事件的发生和发展都有一定的规律性，治安事件也是一种社会现象。越是在社会变革、历史转型时期，产生治安事件的原因就越多，出现治安事件的可能也越大。我们要根据各种不同性质的事件，去研究和分析它的规律，做好预防和处置措施。

(二) 积极掌握社会动态和治安信息

这要求公安机关各个职能部门认真抓好掌握情报信息的工作。公安机关的人民警察要积极收集各种信息和情报，尤其是基层治安民警接触社会面广，并直接在居民群众中工作，能够听到、了解到各个阶层对于社会各个方面的反映，通过对群众意见的收集、积累，可以及时掌握社会动态，并及时向上级公安机关报告。

(三) 根据已掌握的信息进行科学预测

掌握治安信息的目的是为了预防治安事件的发生。公安机关根据已掌握的情报信息进行分析研究、科学地预测是否有发生治安事件的可能。预测包括三个方面：一是总体性预测。即对全社会的政治经济形势，人们的物质和精神状况，及国际因素的渗透可能对我国发生治安事件形成的大气候与影响所进行的全局性预测。二是区域性预测。即对一定社会范围内政治经济环境与治安状况等小气候可能引发治安事件的情势所进行的预测。三是个体性预测。即对社会成员中可能铤而走险的少数敌对分子、刑事犯罪分子以及可能因各种动机与目的参与群体性治安事件的人员情况所进行的预测。

通过公安机关对治安事件的预测工作，可以为党和政府提供确凿的情报，使党和政府以及各部门、单位、团体及早、多层次地运用不同的方法进行总体预防，化解各种矛盾纠纷，及时解决有关问题，消除引发治安事件的隐患。

(四) 采取各种措施进行综合预防，并突出重点预防

治安管理部门应当在职能范围内，积极会同有关部门，发挥综合预防的功能，对各种可能引发治安事件的矛盾、冲突、纠纷，特别是改革中出现的新矛盾、新问题，一经发现要积极参与调查了解，协同有关部门把矛盾、冲突和纠纷消灭在萌芽之中，把治安事件压缩在尽可能小的范围内。进行综合预防时要充分运用疏导教育的方法，敦促有关单位加强和群众的交流和对话，对有思想包袱、

产生闹事情绪的人，有针对性地进行疏导，缓解可能激化的内部矛盾。

重点预防的内容是：

1. 对重点人或群体的预防。治安管理部门对搜集到的因为受各种矛盾冲突、纠纷的刺激而不能自控和化解，并流露出或表现出对社会、单位或个人进行报复意向的，或正在策划、酝酿和煽动、组织，可能引发治安事件的个人或群体，要注意掌握并采取有关措施，通知有关单位，及早缓解或消除矛盾，防止事件的发生。

2. 对重点时间的预防。公安机关应在一些敏感日期，重要节日，在进行大型的政治、经济、文化、外事活动期间，以及人、财、物流动集中或交通高峰期间，部署公开和隐蔽力量，消除隐患，重点预防治安事件的发生。

3. 对重点环境的预防。这些重点环境包括：①党政机关所在地，重要机构和企事业单位所在地；②公共复杂场所、繁华闹市区；③正在进行文艺表演、体育比赛的场所；④节日各种群众性的庆祝活动和集会场所；⑤大型商贸活动场所等。这些环境既是事件引发的客观基础，也是事件主体主观选择的环境和目标。因此公安机关应对这些容易发生紧急治安事件的环境加大防范力量，增加巡逻时间和次数，密切注意可疑情况，积极搜集信息，适时采取措施进行重点预防。

公安机关在繁华地带、闹市区设立治安岗亭，加强巡逻力量的做法，以及在大型文艺演出、体育比赛活动现场，增派大量警力进行安全保卫工作的做法，均对预防治安事件起到积极的作用。这样可以及时地发现苗头，反馈信息，制止各种突发情况，把事件消灭在萌芽状态中。

第四节　治安事件的处置

如何处置治安事件是关系到党、国家和群众利益的大事，治安事件的涉及面广，社会影响大，政策、法律性强，处置技巧要求高。目前世界各国对此均采取灵活、果断而谨慎的策略，我们也要认真对待，科学而果断地处置。

一、处置治安事件的原则

原则是我们观察问题和处理问题的准绳。治安事件处置的原则，是指在预防和制止治安事件过程中，公安机关所必须依据的具体原则与行为标准。处置治安事件应遵循"教育疏导,缓解矛盾,因事施策,依法处置"的原则。

处置治安事件首先应对参与群众进行教育和疏导,这是因为,引发或卷入治安事件的成员,大多属于思想认识的问题;参与事件的多数成员一般尚未实施严重违法犯罪行为。只有通过教育和疏导,才能够使我数成员澄清认识,不再卷入事件或中止实施危害社会的行为,同时也使动机不纯者得以曝光,从而有利于整个事件的调查处置。因此,对于治安事件中大量的思想认识问题,不宜采取压制的办法把问题堵回去,而只能疏通引导,教育感化。

缓解矛盾,则是在教育疏导的基础上,着力缓解各种引发事件的矛盾,使事件向平息的方向逐渐转化。由于治安事件的发生、发展是诸多矛盾综合作用的结果,因此,必须排除这些引发事件的矛盾,才可以从真正意义上解决问题,使有关人员不再因为这一矛盾引发治安事件。在许多情况下,公安机关并不是解决有关具体矛盾的主管机关,例如工人由于工厂停发工资而进行非法游行、示威活动,对停发工资的矛盾,不属于公安机关的能力范围,但是公安机关应积极通知并组织有关部门研究问题、解决矛盾。

因事施策,就是要区别发生治安事件的不同情况,实施相应的对策。由于引发治安事件的原因可以是各种各样的,因此,在处置时应先摸清事件引发的症结所在,根据不同性质,实施不同的处置方法。对于大多数由于各种社会原因引起的一般性闹事事件,应当主要由主管部门出面做工作,及时指出解决问题的正当途径并说明情况,公安机关积极配合,协助主管部门缓解矛盾,维护好治安秩序。如在第一节例三中,交警队领导和出租汽车公司领导赶到现场,通过广播电台向引发治安事件的上百名出租汽车司机保证严查"不讲理的交警"后,聚集的司机们马上就散去了。对于其他类型的治安事件,处置时采取的方法也有所不同①。

处置治安事件,在讲究策略的同时,还应依法办事。这是因为不论处置哪种性质的治安事件,都具有很强的政策法律性。为了保护人民,打击少数违法犯罪分子和蓄意破坏者,公安机关必须依法行使职权,严格按法律规定办事。一方面,对煽动挑拨者、幕后操纵者及打、砸、抢的犯罪分子依法严惩,以打击其嚣

---

① 详见本节"三、对几类常见治安事件的处置"部分。

张气焰；另一方面，必须保障人民群众的人身权利、民主权利及公私财产权不受侵害，在打击敌人的同时，又要注意确保群众的安全和合法权利。

处置治安事件不能急于求成、简单从事，不能简单地用治安处罚或强制措施来代替教育疏导，这样反而会导致矛盾激化，因此应依法办事，既要严格执法，还要善于用法。处置治安事件的法律、法规及政策依据主要有：《中华人民共和国集会、游行、示威法》；1992 年 5 月经国务院批准、1992 年 6 月由公安部发布的《中华人民共和国集会游行示威法实施条例》；1994 年 5 月 30 日中共中央办公厅、国务院办公厅发布的《关于处置紧急治安事件有关事项的通知》；1996 年 1 月 16 日国务院发布的《中华人民共和国人民警察使用警械和武器条例》，以及《刑法》、《治安管理处罚法》等法律。

二、公安机关处置治安事件的一般方法及可采取的措施

由于治安事件的类型、规模各异，因此对具体事件的处置方法，没有统一的模式。以下我们介绍的是在处置治安事件的一般方法，以及在处置事件时，公安机关可以采取哪些措施，以有效控制和制止事件。如果在事件发生的现场有保安人员，保安人员可以协助人民警察控制现场、制止闹事行为等，但没有采取强制措施的权力。

（一）迅速组织力量，赶赴事件现场

公安机关获得发生治安事件的信息后，应迅速组织力量，以最快的速度赶赴现场。这样能以较少的警力将事件控制在一定范围内，有利于尽快调查了解情况，找出问题的症结所在，有利于在短时间内采取针对措施平息事态。否则便会引来众多的围观群众，导致事态加剧和扩大，给处置事件造成困难局面。

公安机关的人民警察到达现场后，应做好两项工作：一是选择便于观察全局动态、利于内外联系、宜于机动力量隐蔽和出动的有利地形，建立现场指挥部；二是根据现场情况迅速做好警力部署。

（二）采取有效的管制措施，控制现场

处置治安事件的现场指挥由负责现场处置的公安机关首长担任。现场指挥按照当地党委、政府和上级公安机关的决策、命令、指示，根据现场实际情况，可以统一组织调用各警种警力、装备、器械、交通工具、通讯工具以及其他物资，

并可以迅速采取平息事态、恢复正常社会秩序的紧急处置措施①。

控制现场局势，平息事态，应首先控制事件的规模。在不同的情形下，公安机关采取的具体管制措施有所不同：即可以命令现场参与人员及围观群众立即解散或在限定时间内解散；也可以在事件主体外围设置警戒线，对经过的有关路线进行交通管制，切断事件现场与外界的联系，控制事件现场范围，不使其扩大、蔓延；还可以动用防暴警力，运用各种防暴阵形，强行将事件主体与被指向的目标隔开，强行驱散闹事的人群，必要时，可以使用非杀伤性武器进行强行驱散；对经强行驱散仍拒不离开现场的人员，或有严重破坏行为的人员，可以强行带离现场或立即拘留。如果事件涉及一些政治及敏感问题，在请示党政领导的意见后，不便于采取强制措施的，也可以层层劝阻、教育，疏导参与及围观的人群。

控制现场时要注意"团结多数，打击少数"。有些治安事件是由少数别有用心的人蓄意制造的，采取欺骗、煽动群众等手段引发的，处置时应分清重点，区分多数与少数，首恶与胁从人员，别有用心的人与普通群众。坚决打击少数煽动、策划、组织闹事的首要分子及其他触犯刑律的犯罪分子，适时揭穿这些人的阴谋诡计，使其陷入孤立状态，形不成气候，同时对大多数不明真相，被动参与上当受骗的群众讲明政策和法律，积极做好思想工作，使其明辨是非，晓以厉害，统一认识，劝其疏散返回。

（三）保卫要害部位，制止严重危害行为

处置事件时，要防止闹事人群攻击位于事件现场附近的要害部位，如党政首脑机关、使领馆、广播电台、电视台、报社、机场、火车站、监狱、看守所、收审所、汽油库、武器库、金库、重要物资仓库和档案馆等等。在发生骚乱、游行、暴乱等重大治安事件时，必须派出足够警力，严加防守，对于冲击这些场所的行为，可当即采取强制措施坚决予以制止，确保这些部位的绝对安全。

进行现场处置的人民警察有权检查现场人员的身份证件和随身携带的物品，发现有携带枪支、管制刀具、易燃易爆等危险物品的，以及携带其他打斗械具的，应立即收缴。及时解救被劫持、围攻、殴打的人员，抓获在事件现场有打、砸、抢、烧等严重暴力行为的现行犯罪分子。

---

① 具体的紧急处置措施在第二章"治安行政措施"中已作介绍。

（四）恢复秩序，开展调查

在初步控制现场局势，主要闹事群体已被驱散后，公安机关应恢复现场周围的正常秩序，同时在事件现场开展调查工作。应以事件为主题，按照何时（事件发生的时间）、何地（事件引发的地点和指向目标）、何事（什么类型的事件）、何人（引发事件和卷入事件的人的基本情况）、何故（引发事件的直接原因以及动机、目的）、何手段（引发事件的具体方法、手段，如冲突、静坐、自杀等）、何果（事件造成的危害后果）等七要素的要求开展调查。

（五）做好善后工作

治安事件的善后工作包括了对现场的善后处理，对有关矛盾、纠纷的处理和对有关人员的处理三方面：

1. 对现场的处理。包括清理现场遗留的标语、传单和其他物品；撤除路障，恢复交通；解除现场管制，恢复正常秩序等工作。

2. 对有关矛盾、纠纷的处理。公安机关平息事件后，在客观、全面、细致调查的基础上，应提出对有关问题具体的处理方法。对有些矛盾、纠纷应由有关地区、部门、单位解决的，移送有关地区、部门、单位处理，并积极协同配合；遇有属于公安机关分管范围但处置确有困难或应当移送有关地区、部门、单位而对方拒绝受理、拖延不办的，要提出意见，报请党委、政府做决定。

3. 公安机关对在现场受伤并需要救治的人员，应及时联系医疗单位予以救治。对从事件现场被强行带离至公安机关的人员以及立即拘留的人员，应在24小时内进行审查，依法处理：对没有造成严重危害并能够认清错误及时改正的，可以不予处罚，责令其具结悔过后令其离开；对有违反治安管理行为或犯罪行为的，依治安案件或刑事案件查处程序进行处理；对经查，其居住地不在本地而组织、参加了非法集会、游行、示威活动的，根据《集会、游行、示威法》的规定，可强行遣送回原籍。

公安机关进行善后处理时，还要注意消除影响。由于治安事件在客观上已经造成了一定的社会影响，因此，应协同有关部门消除影响，打消停留在人们心中的一些疑虑，使人们安居乐业，恢复安定团结的局面。

（六）处置事件时，应谨慎使用武器警械

武器和警械包括：枪支、警棍、警笛、手铐、警绳和其他警械。人民警察使用武器和警械应当依《人民警察使用武器和警械的规定》，在具备一定的条件下，才可以使用。人民警察在遇有下列情形之一时，可以依法予以还击：

1. 执行拘留，遇有以暴力抗拒、抢夺武器、行凶等非常情况，非使用武器不能制止时；

2. 犯罪分子以暴力破坏社会秩序，危及人民生命安全，非使用武器不能制止时；

3. 人民警察保卫的对象、目标、受到暴力侵袭或者有受到暴力侵袭的紧迫危险，非使用武器不能制止时；

4. 人民警察的生命安全遭到犯罪分子的暴力威胁，非使用武器不能自卫时。

使用武器时，如果犯罪分子中止犯罪或者停止反抗确有畏服表示，应停止使用武器。使用武器时，应当避免伤及无辜。

三、对几类常见治安事件的处置

（一）非法集会、游行、示威的处置

大规模群众性非法集会、游行、示威的参加人数多，蔓延快，人们情绪比较偏激，影响大，危害严重。因此，处置这类事件的关键在于瓦解聚集的群体。在具体处置方法上，应根据事态发展的不同情况，采取相应的措施。

1. 层层劝阻。非法集会、游行、示威事件发生后，公安机关应选派知识渊博，善于雄辩，及善于排解各种矛盾的民警到现场对参与人员进行劝阻和教育，同时应尽可能联系相关的部门派人参与。如纺织女工游行，可动员劳动部门、妇联做工作；男工人请愿、静坐、游行的，可动员他们的家属去做工作，劝解他们离开事件现场。不让非法集会、游行、示威队伍形成规模和气候，将局势控制在最小的范围内。

2. 控制行进。对未申请或已申请但未被允许的集会、游行、示威的人群上街后，公安机关在配合有关部门做好劝阻工作的同时，要采取必要的措施，如设置警戒线、路障、区域性交通管制、封闭现场等办法，控制行进路线，逐步分散瓦解非法集会、游行、示威的人群，减少围观和尾随的人，尽力避免交通堵塞。

3. 制止暴力。当非法集会、游行、示威人群造成交通堵塞、妨碍党政机关办公、严重危害公共秩序时，可以调集优势警力采取强制措施，将组织者和骨干分子强行带离现场或立即拘留，带回公安机关后再做处理。对不听劝阻、违反有关禁令或限制事项,经警告无效时,可强行驱散。在引起局部骚乱时,经批准可以使用非杀伤性武器或警械将闹事人群驱散。

4. 疏散群众。当集会、游行、示威者提出要求时,公安机关应建议当地党委、政府及有关部门尽快作出明确答复。必要时要请当地党、政领导亲自出面与群众对话,稳定群众情绪,但是绝不能无原则迁就。公安机关也应协助有关部门共同做好工作,使矛盾尽快缓解,力争在民主与法制的轨道上妥善处置事件。

(二) 对个体引发的治安事件的处置方法

个体引发的治安事件,一般事先较难发现征兆,但事件发生后较易处置。处置这样的事件,主要把握好以下两个方面:

1. 迅速果断地将引发事件的人带离现场。处置个体引发的治安事件的关键,主要在于将引发事件的人迅速果断地带离闹事现场。公安机关获得报案后,应迅速派人及时将引发事件的人带离现场,进行审查,并立即对其进行搜身,注意发现和收缴身上携带的管制刀具、枪支或易燃易爆等危险物品。遇有采用服毒、上吊、自焚等自杀形式引发治安事件的,应先将其脱离危险或送往医院,在抢救过程中再逐步查明情况。与此同时,也要注意发现幕后煽动、操纵事态的可疑人员,及时布置力量进行控制。

2. 以正面宣传教育为主,积极疏导围观、滞留、尾随的人员离去,尽快使现场恢复原来的正常状态,同时为进行现场调查准备条件。对需要留下作为证人的,应征得本人同意将其留下。

(三) 对群众性械斗事件的处置

群众性械斗事件往往规模大、人员多、影响面广、危害后果严重,是治安事件中十分突出和常见的一种,一般是由不同群体之间的利益冲突引发的,尤其在农村,常常发生村与村之间为争山林、争水域、争土地,或为维持某种风俗习惯的群众性械斗事件。公安机关处置这类事件的核心是强制械斗双方脱离接触,收缴凶器。对械斗者使用的各种凶器或非法持有的枪支弹药、爆炸物品,要坚决就地收缴,然后再进行疏导、调解和处置治安事件的其他工作。

(四) 骚乱、暴乱的处置

骚乱、暴乱的处置,涉及面很广,社会影响大,政策性、技巧性都很强,多数国家对此均采取较为灵活而审慎的策略。处置的基本方式主要有三种:

一种是采取高压政策。由政府直接出动军警，以武力驱散人群，或宣布实行紧急状态，强行压制群众的骚乱行为。

第二种是采取和平化解政策。即采取拖延、僵持、谈判、说服等和平方式，缓解对立双方的紧张气氛，削弱其群众基础或使多数参与者因失去共性而自动分裂、溃散。

第三种是采取威慑政策。即政府基于保护合法、违法必究的立场，区别骚乱中的不同角色及暴力的不同程度采取相应的对策，或安抚、警告、疏散，或现场逮捕，强行驱散。

公安机关对于骚乱和暴乱应区别不同情况，采取不同的处置方法：对属于敌我矛盾性质，以反革命为目的，妄图推翻人民民主专政的暴乱、骚乱，以及严重的打、砸、抢、烧行为，攻击要害部位等事件，公安机关要坚决果断地采取措施强行制止，决不手软，可采用武装力量及武器和警械。在条件允许的情况下，可以派出武装警察采取分割包围的办法控制局势，配合民警将带头闹事者带离现场。必要时，经现场指挥员批准，可使用催泪弹、高压水枪等非致命性武器驱散骚乱人群。如果事态严重，当地公安机关可以先行封锁现场，并立即向党委和政府以及上级公安机关请示，以采取进一步的处置措施。

思 考 题

1. 什么是治安事件？其特征有哪些？
2. 治安事件形成的原因主要有哪些？
3. 公安机关预防治安事件主要有哪些措施？
4. 治安事件处置的一般方法有哪些？
5. 如何处置非法集会、游行、示威事件？

附 录

中华人民共和国治安管理处罚法

(2005年8月28日第十届全国人民代表大会常务委员会第十七次会议通过,自2006年3月1日起施行)

第一章 总 则

第一条 为维护社会治安秩序,保障公共安全,保护公民、法人和其他组织的合法权益,规范和保障公安机关及其人民警察依法履行治安管理职责,制定本法。

第二条 扰乱公共秩序,妨害公共安全,侵犯人身权利、财产权利,妨害社会管理,具有社会危害性,依照《中华人民共和国刑法》的规定构成犯罪的,依法追究刑事责任;尚不够刑事处罚的,由公安机关依照本法给予治安管理处罚。

第三条 治安管理处罚的程序,适用本法的规定;本法没有规定的,适用《中华人民共和国行政处罚法》的有关规定。

第四条 在中华人民共和国领域内发生的违反治安管理行为,除法律有特别规定的外,适用本法。

在中华人民共和国船舶和航空器内发生的违反治安管理行为,除法律有特别规定的外，适用本法。

第五条 治安管理处罚必须以事实为依据，与违反治安管理行为的性质、情节以及社会危害程度相当。

实施治安管理处罚，应当公开、公正，尊重和保障人权，保护公民的人格尊严。

办理治安案件应当坚持教育与处罚相结合的原则。

第六条 各级人民政府应当加强社会治安综合治理，采取有效措施，化解社会矛盾，增进社会和谐，维护社会稳定。

第七条 国务院公安部门负责全国的治安管理工作。县级以上地方各级人民政府公安机关负责本行政区域内的治安管理工作。

治安案件的管辖由国务院公安部门规定。

第八条 违反治安管理的行为对他人造成损害的，行为人或者其监护人应当依法承担民事责任。

第九条 对于因民间纠纷引起的打架斗殴或者损毁他人财物等违反治安管理行为，情节较轻的，公安机关可以调解处理。经公安机关调解，当事人达成协议的，不予处罚。经调解未达成协议或者达成协议后不履行的，公安机关应当依照本法的规定对违反治安管理行为人给予处罚，并告知当事人可以就民事争议依法向人民法院提起民事诉讼。

第二章 处罚的种类和适用

第十条 治安管理处罚的种类分为：

（一）警告；

（二）罚款；

（三）行政拘留；

（四）吊销公安机关发放的许可证。

对违反治安管理的外国人，可以附加适用限期出境或者驱逐出境。

第十一条 办理治安案件所查获的毒品、淫秽物品等违禁品，赌具、赌资，吸食、注射毒品的用具以及直接用于实施违反治安管理行为的本人所有的工具，应当收缴，按照规定处理。

违反治安管理所得的财物，追缴退还被侵害人；没有被侵害人的，登记造册，公开拍卖或者按照国家的有关规定处理，所得款项上缴国库。

第十二条　已满十四周岁不满十八周岁的人违反治安管理的，从轻或者减轻处罚；不满十四周岁的人违反治安管理的，不予处罚，但是应当责令其监护人严加管教。

第十三条　精神病人在不能辨认或者不能控制自己行为的时候违反治安管理的，不予处罚，但是应当责令其监护人严加看管和治疗。间歇性的精神病人在精神正常的时候违反治安管理的，应当给予处罚。

第十四条　盲人或者又聋又哑的人违反治安管理的，可以从轻、减轻或者不予处罚。

第十五条　醉酒的人违反治安管理的，应当给予处罚。

醉酒的人在醉酒状态中，对本人有危险或者对他人的人身、财产或者公共安全有威胁的，应当对其采取保护性措施约束至酒醒。

第十六条　有两种以上违反治安管理行为的，分别决定，合并执行。行政拘留处罚合并执行的，最长不超过二十日。

第十七条　共同违反治安管理的，根据违反治安管理行为人在违反治安管理行为中所起的作用，分别处罚。

教唆、胁迫、诱骗他人违反治安管理的，按照其教唆、胁迫、诱骗的行为处罚。

第十八条　单位违反治安管理的，对其直接负责的主管人员和其他直接责任人员依照本法的规定处罚。其他法律、行政法规对同一行为规定给予单位处罚的，依照其规定处罚。

第十九条　违反治安管理有下列情形之一的，减轻处罚或者不予处罚：

（一）情节特别轻微的；

（二）主动消除或者减轻违法后果，并取得被侵害人谅解的；

（三）出于他人胁迫或者诱骗的；

（四）主动投案，向公安机关如实陈述自己的违法行为的；

（五）有立功表现的。

第二十条 违反治安管理有下列情形之一的,从重处罚:

(一) 有较严重后果的;

(二) 教唆、胁迫、诱骗他人违反治安管理的;

(三) 对报案人、控告人、举报人、证人打击报复的;

(四) 六个月内曾受过治安管理处罚的。

第二十一条 违反治安管理行为人有下列情形之一,依照本法应当给予行政拘留处罚的,不执行行政拘留处罚:

(一) 已满十四周岁不满十六周岁的;

(二) 已满十六周岁不满十八周岁,初次违反治安管理的;

(三) 七十周岁以上的;

(四) 怀孕或者哺乳自己不满一周岁婴儿的。

第二十二条 违反治安管理行为在六个月内没有被公安机关发现的,不再处罚。

前款规定的期限,从违反治安管理行为发生之日起计算;违反治安管理行为有连续或者继续状态的,从行为终了之日起计算。

第三章 违反治安管理的行为和处罚

第一节 扰乱公共秩序的行为和处罚

第二十三条 有下列行为之一的,处警告或者二百元以下罚款;情节严重的,处五日以上十日以下拘留,可以并处五百元以下罚款:

(一) 扰乱机关、团体、企业、事业单位秩序,致使工作、生产、营业、医疗、教学、科研不能正常进行,尚未造成严重损失的;

(二) 扰乱车站、港口、码头、机场、商场、公园、展览馆或者其他公共场所秩序的;

(三) 扰乱公共汽车、电车、火车、船舶、航空器或者其他公共交通工具上的秩序的;

(四) 非法拦截或者强登、扒乘机动车、船舶、航空器以及其他交通工具,影响交通工具正常行驶的；

（五）破坏依法进行的选举秩序的。

聚众实施前款行为的，对首要分子处十日以上十五日以下拘留，可以并处一千元以下罚款。

第二十四条 有下列行为之一，扰乱文化、体育等大型群众性活动秩序的，处警告或者二百元以下罚款；情节严重的，处五日以上十日以下拘留，可以并处五百元以下罚款：

（一）强行进入场内的；

（二）违反规定，在场内燃放烟花爆竹或者其他物品的；

（三）展示侮辱性标语、条幅等物品的；

（四）围攻裁判员、运动员或者其他工作人员的；

（五）向场内投掷杂物，不听制止的；

（六）扰乱大型群众性活动秩序的其他行为。

因扰乱体育比赛秩序被处以拘留处罚的，可以同时责令其十二个月内不得进入体育场馆观看同类比赛；违反规定进入体育场馆的，强行带离现场。

第二十五条 有下列行为之一的，处五日以上十日以下拘留，可以并处五百元以下罚款；情节较轻的，处五日以下拘留或者五百元以下罚款：

（一）散布谣言，谎报险情、疫情、警情或者以其他方法故意扰乱公共秩序的；

（二）投放虚假的爆炸性、毒害性、放射性、腐蚀性物质或者传染病病原体等危险物质扰乱公共秩序的；

（三）扬言实施放火、爆炸、投放危险物质扰乱公共秩序的。

第二十六条 有下列行为之一的，处五日以上十日以下拘留，可以并处五百元以下罚款；情节严重的，处十日以上十五日以下拘留，可以并处一千元以下罚款：

（一）结伙斗殴的；

（二）追逐、拦截他人的；

（三）强拿硬要或者任意损毁、占用公私财物的；

（四）其他寻衅滋事行为。

第二十七条 有下列行为之一的，处十日以上十五日以下拘留，可以并处一千元以下罚款；情节较轻的，处五日以上十日以下拘留，可以并处五百元以下罚款：

（一）组织、教唆、胁迫、诱骗、煽动他人从事邪教、会道门活动或者利用邪教、会道门、迷信活动，扰乱社会秩序、损害他人身体健康的；

（二）冒用宗教、气功名义进行扰乱社会秩序、损害他人身体健康活动的。

第二十八条 违反国家规定，故意干扰无线电业务的正常进行，或者对正常运行的无线电台（站）产生有害干扰，经有关主管部门指出后，拒不采取有效措施消除的，处五日以上十日以下拘留；情节严重的，处十日以上十五日以下拘留。

第二十九条 有下列行为之一的，处五日以下拘留；情节较重的，处五日以上十日以下拘留：

（一）违反国家规定，侵入计算机信息系统，造成危害的；

（二）违反国家规定，对计算机信息系统功能进行删除、修改、增加、干扰，造成计算机信息系统不能正常运行的；

（三）违反国家规定，对计算机信息系统中存储、处理、传输的数据和应用程序进行删除、修改、增加的；

（四）故意制作、传播计算机病毒等破坏性程序，影响计算机信息系统正常运行的。

第二节 妨害公共安全的行为和处罚

第三十条 违反国家规定，制造、买卖、储存、运输、邮寄、携带、使用、提供、处置爆炸性、毒害性、放射性、腐蚀性物质或者传染病病原体等危险物质的，处十日以上十五日以下拘留；情节较轻的，处五日以上十日以下拘留。

第三十一条 爆炸性、毒害性、放射性、腐蚀性物质或者传染病病原体等危险物质被盗、被抢或者丢失，未按规定报告的，处五日以下拘留；故意隐瞒不报的，处五日以上十日以下拘留。

第三十二条 非法携带枪支、弹药或者弩、匕首等国家规定的管制器具的，处五日以下拘留，可以并处五百元以下罚款；情节较轻的，处警告或者二百元以下罚款。

非法携带枪支、弹药或者弩、匕首等国家规定的管制器具进入公共场所或者公共交通工具的,处五日以上十日以下拘留,可以并处五百元以下罚款。

第三十三条 有下列行为之一的,处十日以上十五日以下拘留:

(一)盗窃、损毁油气管道设施、电力电信设施、广播电视设施、水利防汛工程设施或者水文监测、测量、气象测报、环境监测、地质监测、地震监测等公共设施的;

(二)移动、损毁国家边境的界碑、界桩以及其他边境标志、边境设施或者领土、领海标志设施的;

(三)非法进行影响国(边)界线走向的活动或者修建有碍国(边)境管理的设施的。

第三十四条 盗窃、损坏、擅自移动使用中的航空设施,或者强行进入航空器驾驶舱的,处十日以上十五日以下拘留。

在使用中的航空器上使用可能影响导航系统正常功能的器具、工具,不听劝阻的,处五日以下拘留或者五百元以下罚款。

第三十五条 有下列行为之一的,处五日以上十日以下拘留,可以并处五百元以下罚款;情节较轻的,处五日以下拘留或者五百元以下罚款:

(一)盗窃、损毁或者擅自移动铁路设施、设备、机车车辆配件或者安全标志的;

(二)在铁路线路上放置障碍物,或者故意向列车投掷物品的;

(三)在铁路线路、桥梁、涵洞处挖掘坑穴、采石取沙的;

(四)在铁路线路上私设道口或者平交过道的。

第三十六条 擅自进入铁路防护网或者火车来临时在铁路线路上行走坐卧、抢越铁路,影响行车安全的,处警告或者二百元以下罚款。

第三十七条 有下列行为之一的,处五日以下拘留或者五百元以下罚款;情节严重的,处五日以上十日以下拘留,可以并处五百元以下罚款:

(一)未经批准,安装、使用电网的,或者安装、使用电网不符合安全规定的;

(二)在车辆、行人通行的地方施工,对沟井坎穴不设覆盖物、防围和警示

标志的,或者故意损毁、移动覆盖物、防围和警示标志的;

(三)盗窃、损毁路面井盖、照明等公共设施的。

第三十八条 举办文化、体育等大型群众性活动,违反有关规定,有发生安全事故危险的,责令停止活动,立即疏散;对组织者处五日以上十日以下拘留,并处二百元以上五百元以下罚款;情节较轻的,处五日以下拘留或者五百元以下罚款。

第三十九条 旅馆、饭店、影剧院、娱乐场、运动场、展览馆或者其他供社会公众活动的场所的经营管理人员,违反安全规定,致使该场所发生安全事故危险,经公安机关责令改正,拒不改正的,处五日以下拘留。

第三节　侵犯人身权利、财产权利的行为和处罚

第四十条 有下列行为之一的,处十日以上十五日以下拘留,并处五百元以上一千元以下罚款;情节较轻的,处五日以上十日以下拘留,并处二百元以上五百元以下罚款:

(一)组织、胁迫、诱骗不满十六周岁的人或者残疾人进行恐怖、残忍表演的;

(二)以暴力、威胁或者其他手段强迫他人劳动的;

(三)非法限制他人人身自由、非法侵入他人住宅或者非法搜查他人身体的。

第四十一条 胁迫、诱骗或者利用他人乞讨的,处十日以上十五日以下拘留,可以并处一千元以下罚款。

反复纠缠、强行讨要或者以其他滋扰他人的方式乞讨的,处五日以下拘留或者警告。

第四十二条 有下列行为之一的,处五日以下拘留或者五百元以下罚款;情节较重的,处五日以上十日以下拘留,可以并处五百元以下罚款:

(一)写恐吓信或者以其他方法威胁他人人身安全的;

(二)公然侮辱他人或者捏造事实诽谤他人的;

(三)捏造事实诬告陷害他人,企图使他人受到刑事追究或者受到治安管理处罚的;

(四)对证人及其近亲属进行威胁、侮辱、殴打或者打击报复的;

(五)多次发送淫秽、侮辱、恐吓或者其他信息,干扰他人正常生活的;

（六）偷窥、偷拍、窃听、散布他人隐私的。

第四十三条　殴打他人的，或者故意伤害他人身体的，处五日以上十日以下拘留，并处二百元以上五百元以下罚款；情节较轻的，处五日以下拘留或者五百元以下罚款。

有下列情形之一的，处十日以上十五日以下拘留，并处五百元以上一千元以下罚款：

（一）结伙殴打、伤害他人的；

（二）殴打、伤害残疾人、孕妇、不满十四周岁的人或者六十周岁以上的人的；

（三）多次殴打、伤害他人或者一次殴打、伤害多人的。

第四十四条　猥亵他人的，或者在公共场所故意裸露身体，情节恶劣的，处五日以上十日以下拘留；猥亵智力残疾人、精神病人、不满十四周岁的人或者有其他严重情节的，处十日以上十五日以下拘留。

第四十五条　有下列行为之一的，处五日以下拘留或者警告：

（一）虐待家庭成员，被虐待人要求处理的；

（二）遗弃没有独立生活能力的被抚养人的。

第四十六条　强买强卖商品，强迫他人提供服务或者强迫他人接受服务的，处五日以上十日以下拘留，并处二百元以上五百元以下罚款；情节较轻的，处五日以下拘留或者五百元以下罚款。

第四十七条　煽动民族仇恨、民族歧视，或者在出版物、计算机信息网络中刊载民族歧视、侮辱内容的，处十日以上十五日以下拘留，可以并处一千元以下罚款。

第四十八条　冒领、隐匿、毁弃、私自开拆或者非法检查他人邮件的，处五日以下拘留或者五百元以下罚款。

第四十九条　盗窃、诈骗、哄抢、抢夺、敲诈勒索或者故意损毁公私财物的，处五日以上十日以下拘留，可以并处五百元以下罚款；情节较重的，处十日以上十五日以下拘留，可以并处一千元以下罚款。

第四节 妨害社会管理的行为和处罚

第五十条 有下列行为之一的,处警告或者二百元以下罚款;情节严重的,处五日以上十日以下拘留,可以并处五百元以下罚款:

(一)拒不执行人民政府在紧急状态情况下依法发布的决定、命令的;

(二)阻碍国家机关工作人员依法执行职务的;

(三)阻碍执行紧急任务的消防车、救护车、工程抢险车、警车等车辆通行的;

(四)强行冲闯公安机关设置的警戒带、警戒区的。

阻碍人民警察依法执行职务的,从重处罚。

第五十一条 冒充国家机关工作人员或者以其他虚假身份招摇撞骗的,处五日以上十日以下拘留,可以并处五百元以下罚款;情节较轻的,处五日以下拘留或者五百元以下罚款。

冒充军警人员招摇撞骗的,从重处罚。

第五十二条 有下列行为之一的,处十日以上十五日以下拘留,可以并处一千元以下罚款;情节较轻的,处五日以上十日以下拘留,可以并处五百元以下罚款:

(一)伪造、变造或者买卖国家机关、人民团体、企业、事业单位或者其他组织的公文、证件、证明文件、印章的;

(二)买卖或者使用伪造、变造的国家机关、人民团体、企业、事业单位或者其他组织的公文、证件、证明文件的;

(三)伪造、变造、倒卖车票、船票、航空客票、文艺演出票、体育比赛入场券或者其他有价票证、凭证的;

(四)伪造、变造船舶户牌,买卖或者使用伪造、变造的船舶户牌,或者涂改船舶发动机号码的。

第五十三条 船舶擅自进入、停靠国家禁止、限制进入的水域或者岛屿的,对船舶负责人及有关责任人员处五百元以上一千元以下罚款;情节严重的,处五日以下拘留,并处五百元以上一千元以下罚款。

第五十四条 有下列行为之一的,处十日以上十五日以下拘留,并处五百元以上一千元以下罚款；情节较轻的，处五日以下拘留或者五百元以下罚款：

（一）违反国家规定，未经注册登记，以社会团体名义进行活动，被取缔后，仍进行活动的；

（二）被依法撤销登记的社会团体，仍以社会团体名义进行活动的；

（三）未经许可，擅自经营按照国家规定需要由公安机关许可的行业的。

有前款第三项行为的，予以取缔。

取得公安机关许可的经营者，违反国家有关管理规定，情节严重的，公安机关可以吊销许可证。

第五十五条　煽动、策划非法集会、游行、示威，不听劝阻的，处十日以上十五日以下拘留。

第五十六条　旅馆业的工作人员对住宿的旅客不按规定登记姓名、身份证件种类和号码的或者明知住宿的旅客将危险物质带入旅馆，不予制止的，处二百元以上五百元以下罚款。

旅馆业的工作人员明知住宿的旅客是犯罪嫌疑人员或者被公安机关通缉的人员，不向公安机关报告的，处二百元以上五百元以下罚款；情节严重的，处五日以下拘留，可以并处五百元以下罚款。

第五十七条　房屋出租人将房屋出租给无身份证件的人居住的，或者不按规定登记承租人姓名、身份证件种类和号码的，处二百元以上五百元以下罚款。

房屋出租人明知承租人利用出租房屋进行犯罪活动，不向公安机关报告的，处二百元以上五百元以下罚款；情节严重的，处五日以下拘留，可以并处五百元以下罚款。

第五十八条　违反关于社会生活噪声污染防治的法律规定，制造噪声干扰他人正常生活的，处警告；警告后不改正的，处二百元以上五百元以下罚款。

第五十九条　有下列行为之一的，处五百元以上一千元以下罚款；情节严重的，处五日以上十日以下拘留，并处五百元以上一千元以下罚款：

（一）典当业工作人员承接典当的物品，不查验有关证明、不履行登记手续，或者明知是违法犯罪嫌疑人、赃物，不向公安机关报告的；

（二）违反国家规定，收购铁路、油田、供电、电信、矿山、水利、测量和城市公用设施等废旧专用器材的；

（三）收购公安机关通报寻查的赃物或者有赃物嫌疑的物品的；

（四）收购国家禁止收购的其他物品的。

第六十条　有下列行为之一的，处五日以上十日以下拘留，并处二百元以上五百元以下罚款：

（一）隐藏、转移、变卖或者损毁行政执法机关依法扣押、查封、冻结的财物的；

（二）伪造、隐匿、毁灭证据或者提供虚假证言、谎报案情，影响行政执法机关依法办案的；

（三）明知是赃物而窝藏、转移或者代为销售的；

（四）被依法执行管制、剥夺政治权利或者在缓刑、保外就医等监外执行中的罪犯或者被依法采取刑事强制措施的人，有违反法律、行政法规和国务院公安部门有关监督管理规定行为的。

第六十一条　协助组织或者运送他人偷越国（边）境的，处十日以上十五日以下拘留，并处一千元以上五千元以下罚款。

第六十二条　为偷越国（边）境人员提供条件的，处五日以上十日以下拘留，并处五百元以上二千元以下罚款。

偷越国（边）境的，处五日以下拘留或者五百元以下罚款。

第六十三条　有下列行为之一的，处警告或者二百元以下罚款；情节较重的，处五日以上十日以下拘留，并处二百元以上五百元以下罚款：

（一）刻划、涂污或者以其他方式故意损坏国家保护的文物、名胜古迹的；

（二）违反国家规定，在文物保护单位附近进行爆破、挖掘等活动，危及文物安全的。

第六十四条　有下列行为之一的，处五百元以上一千元以下罚款；情节严重的，处十日以上十五日以下拘留，并处五百元以上一千元以下罚款：

（一）偷开他人机动车的；

（二）未取得驾驶证驾驶或者偷开他人航空器、机动船舶的。

第六十五条　有下列行为之一的，处五日以上十日以下拘留；情节严重的，处十日以上十五日以下拘留，可以并处一千元以下罚款：

（一）故意破坏、污损他人坟墓或者毁坏、丢弃他人尸骨、骨灰的；

（二）在公共场所停放尸体或者因停放尸体影响他人正常生活、工作秩序，不听劝阻的。

第六十六条　卖淫、嫖娼的，处十日以上十五日以下拘留，可以并处五千元以下罚款；情节较轻的，处五日以下拘留或者五百元以下罚款。

在公共场所拉客招嫖的，处五日以下拘留或者五百元以下罚款。

第六十七条　引诱、容留、介绍他人卖淫的，处十日以上十五日以下拘留，可以并处五千元以下罚款；情节较轻的，处五日以下拘留或者五百元以下罚款。

第六十八条　制作、运输、复制、出售、出租淫秽的书刊、图片、影片、音像制品等淫秽物品或者利用计算机信息网络、电话以及其他通讯工具传播淫秽信息的，处十日以上十五日以下拘留，可以并处三千元以下罚款；情节较轻的，处五日以下拘留或者五百元以下罚款。

第六十九条　有下列行为之一的，处十日以上十五日以下拘留，并处五百元以上一千元以下罚款：

（一）组织播放淫秽音像的；

（二）组织或者进行淫秽表演的；

（三）参与聚众淫乱活动的。

明知他人从事前款活动，为其提供条件的，依照前款的规定处罚。

第七十条　以营利为目的，为赌博提供条件的，或者参与赌博赌资较大的，处五日以下拘留或者五百元以下罚款；情节严重的，处十日以上十五日以下拘留，并处五百元以上三千元以下罚款。

第七十一条　有下列行为之一的，处十日以上十五日以下拘留，可以并处三千元以下罚款；情节较轻的，处五日以下拘留或者五百元以下罚款：

（一）非法种植罂粟不满五百株或者其他少量毒品原植物的；

（二）非法买卖、运输、携带、持有少量未经灭活的罂粟等毒品原植物种子或者幼苗的；

（三）非法运输、买卖、储存、使用少量罂粟壳的。

有前款第一项行为，在成熟前自行铲除的，不予处罚。

第七十二条　有下列行为之一的，处十日以上十五日以下拘留，可以并处二千元以下罚款；情节较轻的，处五日以下拘留或者五百元以下罚款：

（一）非法持有鸦片不满二百克、海洛因或者甲基苯丙胺不满十克或者其他少量毒品的；

（二）向他人提供毒品的；

（三）吸食、注射毒品的；

（四）胁迫、欺骗医务人员开具麻醉药品、精神药品的。

第七十三条 教唆、引诱、欺骗他人吸食、注射毒品的，处十日以上十五日以下拘留，并处五百元以上二千元以下罚款。

第七十四条 旅馆业、饮食服务业、文化娱乐业、出租汽车业等单位的人员，在公安机关查处吸毒、赌博、卖淫、嫖娼活动时，为违法犯罪行为人通风报信的，处十日以上十五日以下拘留。

第七十五条 饲养动物，干扰他人正常生活的，处警告；警告后不改正的，或者放任动物恐吓他人的，处二百元以上五百元以下罚款。

驱使动物伤害他人的，依照本法第四十三条第一款的规定处罚。

第七十六条 有本法第六十七条、第六十八条、第七十条的行为，屡教不改的，可以按照国家规定采取强制性教育措施。

第四章　处罚程序

第一节　调　查

第七十七条 公安机关对报案、控告、举报或者违反治安管理行为人主动投案，以及其他行政主管部门、司法机关移送的违反治安管理案件，应当及时受理，并进行登记。

第七十八条 公安机关受理报案、控告、举报、投案后，认为属于违反治安管理行为的，应当立即进行调查；认为不属于违反治安管理行为的，应当告知报案人、控告人、举报人、投案人，并说明理由。

第七十九条 公安机关及其人民警察对治安案件的调查，应当依法进行。严禁刑讯逼供或者采用威胁、引诱、欺骗等非法手段收集证据。

以非法手段收集的证据不得作为处罚的根据。

第八十条 公安机关及其人民警察在办理治安案件时,对涉及的国家秘密、商业秘密或者个人隐私,应当予以保密。

第八十一条 人民警察在办理治安案件过程中,遇有下列情形之一的,应当回避;违反治安管理行为人、被侵害人或者其法定代理人也有权要求他们回避:

(一)是本案当事人或者当事人的近亲属的;

(二)本人或者其近亲属与本案有利害关系的;

(三)与本案当事人有其他关系,可能影响案件公正处理的。

人民警察的回避,由其所属的公安机关决定;公安机关负责人的回避,由上一级公安机关决定。

第八十二条 需要传唤违反治安管理行为人接受调查的,经公安机关办案部门负责人批准,使用传唤证传唤。对现场发现的违反治安管理行为人,人民警察经出示工作证件,可以口头传唤,但应当在询问笔录中注明。

公安机关应当将传唤的原因和依据告知被传唤人。对无正当理由不接受传唤或者逃避传唤的人,可以强制传唤。

第八十三条 对违反治安管理行为人,公安机关传唤后应当及时询问查证,询问查证的时间不得超过八小时;情况复杂,依照本法规定可能适用行政拘留处罚的,询问查证的时间不得超过二十四小时。

公安机关应当及时将传唤的原因和处所通知被传唤人家属。

第八十四条 询问笔录应当交被询问人核对;对没有阅读能力的,应当向其宣读。记载有遗漏或者差错的,被询问人可以提出补充或者更正。被询问人确认笔录无误后,应当签名或者盖章,询问的人民警察也应当在笔录上签名。

被询问人要求就被询问事项自行提供书面材料的,应当准许;必要时,人民警察也可以要求被询问人自行书写。

询问不满十六周岁的违反治安管理行为人,应当通知其父母或者其他监护人到场。

第八十五条 人民警察询问被侵害人或者其他证人,可以到其所在单位或者住处进行;必要时,也可以通知其到公安机关提供证言。

人民警察在公安机关以外询问被侵害人或者其他证人,应当出示工作证件。

询问被侵害人或者其他证人,同时适用本法第八十四条的规定。

第八十六条 询问聋哑的违反治安管理行为人、被侵害人或者其他证人,应当有通晓手语的人提供帮助,并在笔录上注明。

询问不通晓当地通用的语言文字的违反治安管理行为人、被侵害人或者其他证人,应当配备翻译人员,并在笔录上注明。

第八十七条 公安机关对与违反治安管理行为有关的场所、物品、人身可以进行检查。检查时,人民警察不得少于二人,并应当出示工作证件和县级以上人民政府公安机关开具的检查证明文件。对确有必要立即进行检查的,人民警察经出示工作证件,可以当场检查,但检查公民住所应当出示县级以上人民政府公安机关开具的检查证明文件。

检查妇女的身体,应当由女性工作人员进行。

第八十八条 检查的情况应当制作检查笔录,由检查人、被检查人和见证人签名或者盖章;被检查人拒绝签名的,人民警察应当在笔录上注明。

第八十九条 公安机关办理治安案件,对与案件有关的需要作为证据的物品,可以扣押;对被侵害人或者善意第三人合法占有的财产,不得扣押,应当予以登记。对与案件无关的物品,不得扣押。

对扣押的物品,应当会同在场见证人和被扣押物品持有人查点清楚,当场开列清单一式二份,由调查人员、见证人和持有人签名或者盖章,一份交给持有人,另一份附卷备查。

对扣押的物品,应当妥善保管,不得挪作他用;对不宜长期保存的物品,按照有关规定处理。经查明与案件无关的,应当及时退还;经核实属于他人合法财产的,应当登记后立即退还;满六个月无人对该财产主张权利或者无法查清权利人的,应当公开拍卖或者按照国家有关规定处理,所得款项上缴国库。

第九十条 为了查明案情,需要解决案件中有争议的专门性问题的,应当指派或者聘请具有专门知识的人员进行鉴定;鉴定人鉴定后,应当写出鉴定意见,并且签名。

第二节 决 定

第九十一条 治安管理处罚由县级以上人民政府公安机关决定;其中警告、五百元以下的罚款可以由公安派出所决定。

第九十二条 对决定给予行政拘留处罚的人，在处罚前已经采取强制措施限制人身自由的时间，应当折抵。限制人身自由一日，折抵行政拘留一日。

第九十三条 公安机关查处治安案件，对没有本人陈述，但其他证据能够证明案件事实的，可以作出治安管理处罚决定。但是，只有本人陈述，没有其他证据证明的，不能作出治安管理处罚决定。

第九十四条 公安机关作出治安管理处罚决定前，应当告知违反治安管理行为人作出治安管理处罚的事实、理由及依据，并告知违反治安管理行为人依法享有的权利。

违反治安管理行为人有权陈述和申辩。公安机关必须充分听取违反治安管理行为人的意见，对违反治安管理行为人提出的事实、理由和证据，应当进行复核；违反治安管理行为人提出的事实、理由或者证据成立的，公安机关应当采纳。

公安机关不得因违反治安管理行为人的陈述、申辩而加重处罚。

第九十五条 治安案件调查结束后，公安机关应当根据不同情况，分别作出以下处理：

（一）确有依法应当给予治安管理处罚的违法行为的，根据情节轻重及具体情况，作出处罚决定；

（二）依法不予处罚的，或者违法事实不能成立的，作出不予处罚决定；

（三）违法行为已涉嫌犯罪的，移送主管机关依法追究刑事责任；

（四）发现违反治安管理行为人有其他违法行为的，在对违反治安管理行为作出处罚决定的同时，通知有关行政主管部门处理。

第九十六条 公安机关作出治安管理处罚决定的，应当制作治安管理处罚决定书。决定书应当载明下列内容：

（一）被处罚人的姓名、性别、年龄、身份证件的名称和号码、住址；

（二）违法事实和证据；

（三）处罚的种类和依据；

（四）处罚的执行方式和期限；

（五）对处罚决定不服，申请行政复议、提起行政诉讼的途径和期限；

（六）作出处罚决定的公安机关的名称和作出决定的日期。

决定书应当由作出处罚决定的公安机关加盖印章。

第九十七条 公安机关应当向被处罚人宣告治安管理处罚决定书,并当场交付被处罚人;无法当场向被处罚人宣告的,应当在二日内送达被处罚人。决定给予行政拘留处罚的,应当及时通知被处罚人的家属。

有被侵害人的,公安机关应当将决定书副本抄送被侵害人。

第九十八条 公安机关作出吊销许可证以及处二千元以上罚款的治安管理处罚决定前,应当告知违反治安管理行为人有权要求举行听证;违反治安管理行为人要求听证的,公安机关应当及时依法举行听证。

第九十九条 公安机关办理治安案件的期限,自受理之日起不得超过三十日;案情重大、复杂的,经上一级公安机关批准,可以延长三十日。

为了查明案情进行鉴定的期间,不计入办理治安案件的期限。

第一百条 违反治安管理行为事实清楚,证据确凿,处警告或者二百元以下罚款的,可以当场作出治安管理处罚决定。

第一百零一条 当场作出治安管理处罚决定的,人民警察应当向违反治安管理行为人出示工作证件,并填写处罚决定书。处罚决定书应当当场交付被处罚人;有被侵害人的,并将决定书副本抄送被侵害人。

前款规定的处罚决定书,应当载明被处罚人的姓名、违法行为、处罚依据、罚款数额、时间、地点以及公安机关名称,并由经办的人民警察签名或者盖章。

当场作出治安管理处罚决定的,经办的人民警察应当在二十四小时内报所属公安机关备案。

第一百零二条 被处罚人对治安管理处罚决定不服的,可以依法申请行政复议或者提起行政诉讼。

第三节 执 行

第一百零三条 对被决定给予行政拘留处罚的人,由作出决定的公安机关送达拘留所执行。

第一百零四条 受到罚款处罚的人应当自收到处罚决定书之日起十五日内,到指定的银行缴纳罚款。但是,有下列情形之一的,人民警察可以当场收缴罚款:

（一）被处五十元以下罚款，被处罚人对罚款无异议的；

（二）在边远、水上、交通不便地区，公安机关及其人民警察依照本法的规定作出罚款决定后，被处罚人向指定的银行缴纳罚款确有困难，经被处罚人提出的；

（三）被处罚人在当地没有固定住所，不当场收缴事后难以执行的。

第一百零五条 人民警察当场收缴的罚款，应当自收缴罚款之日起二日内，交至所属的公安机关；在水上、旅客列车上当场收缴的罚款，应当自抵岸或者到站之日起二日内，交至所属的公安机关；公安机关应当自收到罚款之日起二日内将罚款缴付指定的银行。

第一百零六条 人民警察当场收缴罚款的，应当向被处罚人出具省、自治区、直辖市人民政府财政部门统一制发的罚款收据；不出具统一制发的罚款收据的，被处罚人有权拒绝缴纳罚款。

第一百零七条 被处罚人不服行政拘留处罚决定，申请行政复议、提起行政诉讼的，可以向公安机关提出暂缓执行行政拘留的申请。公安机关认为暂缓执行行政拘留不致发生社会危险的，由被处罚人或者其近亲属提出符合本法第一百零八条规定条件的担保人，或者按每日行政拘留二百元的标准交纳保证金，行政拘留的处罚决定暂缓执行。

第一百零八条 担保人应当符合下列条件：

（一）与本案无牵连；

（二）享有政治权利，人身自由未受到限制；

（三）在当地有常住户口和固定住所；

（四）有能力履行担保义务。

第一百零九条 担保人应当保证被担保人不逃避行政拘留处罚的执行。

担保人不履行担保义务，致使被担保人逃避行政拘留处罚的执行的，由公安机关对其处三千元以下罚款。

第一百一十条 被决定给予行政拘留处罚的人交纳保证金，暂缓行政拘留后，逃避行政拘留处罚的执行的，保证金予以没收并上缴国库，已经作出的行政拘留决定仍应执行。

第一百一十一条 行政拘留的处罚决定被撤销，或者行政拘留处罚开始执行的，公安机关收取的保证金应当及时退还交纳人。

第五章　执法监督

第一百一十二条　公安机关及其人民警察应当依法公正、严格、高效办理治安案件，文明执法，不得徇私舞弊。

第一百一十三条　公安机关及其人民警察办理治安案件，禁止对违反治安管理行为人打骂、虐待或者侮辱。

第一百一十四条　公安机关及其人民警察办理治安案件，应当自觉接受社会和公民的监督。

公安机关及其人民警察办理治安案件，不严格执法或者有违法违纪行为的，任何单位和个人都有权向公安机关或者人民检察院、行政监察机关检举、控告；收到检举、控告的机关，应当依据职责及时处理。

第一百一十五条　公安机关依法实施罚款处罚，应当依照有关法律、行政法规的规定，实行罚款决定与罚款收缴分离；收缴的罚款应当全部上缴国库。

第一百一十六条　人民警察办理治安案件，有下列行为之一的，依法给予行政处分；构成犯罪的，依法追究刑事责任：

（一）刑讯逼供、体罚、虐待、侮辱他人的；

（二）超过询问查证的时间限制人身自由的；

（三）不执行罚款决定与罚款收缴分离制度或者不按规定将罚没的财物上缴国库或者依法处理的；

（四）私分、侵占、挪用、故意损毁收缴、扣押的财物的；

（五）违反规定使用或者不及时返还被侵害人财物的；

（六）违反规定不及时退还保证金的；

（七）利用职务上的便利收受他人财物或者谋取其他利益的；

（八）当场收缴罚款不出具罚款收据或者不如实填写罚款数额的；

（九）接到要求制止违反治安管理行为的报警后，不及时出警的；

（十）在查处违反治安管理活动时，为违法犯罪行为人通风报信的；

（十一）有徇私舞弊、滥用职权，不依法履行法定职责的其他情形。

办理治安案件的公安机关有前款所列行为的,对直接负责的主管人员和其他直接责任人员给予相应的行政处分。

第一百一十七条 公安机关及其人民警察违法行使职权,侵犯公民、法人和其他组织合法权益的,应当赔礼道歉;造成损害的,应当依法承担赔偿责任。

第六章 附 则

第一百一十八条 本法所称以上、以下、以内,包括本数。

第一百一十九条 本法自 2006 年 3 月 1 日起施行。1986 年 9 月 5 日公布、1994 年 5 月 12 日修订公布的《中华人民共和国治安管理处罚条例》同时废止。

后 记

当《保安职业技术培训教材》（系列）所有书稿杀青之后，并由本人初审交到出版社之时，心里涌动起从未有过的激情。是啊，我和我的同事们，经过近两年的努力，共同完成了一件意义重大的事情。

从1987年起，在繁重的教学科研任务中，我选择了保安这一研究领域。十余年过去了，中国的保安业从起步到今天已初具规模。我们在广泛地接触和收集国外保安业发展的理论研究成果和成功的经验后，对保安服务业的认识也逐步清晰。我们感到保安服务业在中国有着广阔的前景，其研究领域之广，是其他学科无法比拟的。它涉及人类对安全需求的基本认识，涉及人类对犯罪和损失的防控，涉及安全防范技术，安全防范工程；同时，它还要研究人类对犯罪和损失所作的行为，内容涉及方方面面，各个领域。在社会主义市场经济的条件下，保安服务公司作为企业，为我们进一步研究保安服务业的经营、发展战略又提供了崭新的课题。我们站在保安服务职业化的角度，提出了构建保安职业技术教育的学科体系和课程系列，正是在一步步地对一个个理论问题的研究而逐渐成熟起来的。这是我们作为保安理论研究工作者的一份心意，献给尚不很成熟的保安服务业。

我们的心情既兴奋，又紧张。兴奋的是，我们完成了一项可以说是开先河的工程，为构建保安教育培训体系尽了微薄之力；而我们更多的是紧张，在系列教材的12本书中，有许多问题还有待于我们和尊敬的同仁们进一步地探讨。我们斗胆地把我们的东西和盘托出的目的，就是想请同仁们、专家们把我们当成靶子，以进一步完善保安教育体系。为此，我们心甘情愿地接受批评和教导。

在这套丛书的撰写过程中，我们自始至终地得到中国人民公安大学治安系，福建省公安厅保安协会的支持和关注。受到中国人民公安大学前辈、同仁和朋友们的鼎力帮助，他们是：王文林编审、许肇荣教授、郭太生副教授、孙崴勤副教授、张强编辑等。同时也得到中国商业出版社的大力支持，他们为这套丛书的出版倾注了大量的心血。借本丛书出版之际，一并向他们表示感谢。

张　弘

2000 年 5 月 12 日